¡Viva!

Edexcel GCSE (9–1) Spanish
Foundation

Rachel Hawkes, Christopher Lillington

Pearson

Published by Pearson Education Limited, 80 Strand, London, WC2R 0RL.

www.pearsonschoolsandfecolleges.co.uk

Copies of official specifications for all Edexcel qualifications may be found on the website: www.edexcel.com

Text © Pearson Education Limited, 2016

Written by Rachel Hawkes and Christopher Lillington
Additional material written by Leanda Reeves

Designed and typeset by Tek-Art, West Sussex.

Illustrated by: Tek-Art, West Sussex, Oxford Designers & Illustrators Ltd., KJA Artists (Mark, Andy, Neale), Beehive Illustration (Alan Rowe, Peter Lubach, Esther Pérez-Cuadrado) and John Hallett.

First published 2016

19 18 17

10 9 8 7 6 5 4 3 2

British Library Cataloguing in Publication Data
A catalogue record for this book is available from the British Library

ISBN 9781292118970

All rights reserved. No part of this publication may be reproduced in any form or by any means (including photocopying or storing it in any medium by electronic means and whether or not transiently or incidentally to some other use of this publication) without the written permission of the copyright owner, except in accordance with the provisions of the Copyright, Designs and Patents Act 1988 or under the terms of a licence issued by the Copyright Licensing Agency, Saffron House, 6–10 Kirby Street, London EC1N 8TS (www.cla.co.uk). Applications for the copyright owner's written permission should be addressed to the publisher.

Printed in the UK by Bell & Bain

Acknowledgements

We would like to thank Christopher Lillington, Rachel Hawkes, Leanda Reeves, Teresa Martínez-Arteaga, Samantha Alzuria, Marina Barrull, Clive Bell, Gillian Eades, Nicola Lester, Ruth Manteca, Clare Dobson and Melissa Wilson for their invaluable help in the development and trialling of this course. We would also like to thank María José Sierras Jimeno and the Colegio M. Mª Rosa Molas in Zaragoza, Spain.

The authors and publisher would like to thank the following individuals and organisations for permission to reproduce photographs:

(Key: b-bottom; c-centre; l-left; r-right; t-top)

123RF.com: 10 (i), 79 (b), anatols 6cl, Andrey Tsidvintsev 137 (a), Anton Gvozdikov 71 (b), auremar 6tl, 19, Cathy Yeulet 32 (c), darios 94 (c), Deborah Kolb 27 (a), Dmitrijs Gerciks 10 (p), Fabio Lamanna 143 (a), fiphoto 98 (c), joserpizzaro 98 (f), nutthawit wiangya 166 (a), rosipro 138 (a), villorejo99 94 (d), Wavebreakmedia Ltd 192 (a); **© 2016 Maraworld:** 122 (b); **Alamy Images:** ableimages 205, age fotostock 97, 195 (a), age fototock 116 (b), Agencja Fotograficzna Caro 31 (b), 32 (e), 36 (d), Alex Segre 182, Alibi Productions 10 (e), Angela Hampton Picture Library 32 (d), Ashley Cooper 152 (a), Ashley Cooper pics 194, Azk Waters 92 (b), Bailey Cooper Photography 72 (f), Bill Cheyrou 56 (e), Blend Images 134 (b), Brownstock 98 (k), Cal Vornberger 20, Chris Mattison 13cr, Chris Rout 197 (b), Christian Bertrand 123, Christopher Scott 146, Colin Underhill 187, Con O'Donoghue 197 (e), Cultura Creative (RF) 207, Cultura Creative RF 30, Cultura Creative (RF) 93 (a), Daniel Dempster 134 (a), Denkou Images 126, Denys Bilytskyi 197 (a), dzmitry shyshkouski 94 (a), epa european pressphoto agency b.v 116 (a), epa european pressphoto agency b.v. 78 (b), 85 (b), 168, Eric Nathan / Alamy Stock Photo 22cr, Finnbarr Webster 12cl, Francisco Javier Fernandez Bordonarda 10 (k), Geraint Lewis 106, Gianni Muratore 156 (c), GoGo Images Corporation 176b, Greg Balfour Evans 138 (f), Hero Images 32 (h), 61, Hollywood Headshots 179, Iain Sharp 104, Ian Allenden 169, Ian Dagnall 35 (b), 99 (b), Image Source 82, 135 (b), Images & Stories 192 (d), Iryna Shpulak 158 (b), Jack Sullivan 90 (c), jacky chapman 186, Jean Schweitzer 29, JLImages 52 (a), Johner Images 72 (a), Juice Images 157, 196 (a), Julia Gavin 31 (a), Julie Woodhouse 92 (c), Ken Walsh 77 (b), 90 (e), 98 (g), Kumar Sriskandan 162 (a), 163 (a), Kumar Sriskandan 162 (d), 163 (a), Lawrence Rigby Latin Stock 100 (f), Marc Soler 158 (d), Maria Galen 164, Maria Galen Still 195 (d), MBI 72 (h), 98 (i), Nick Lylak 36 (b), Paul Matzner 156 (e), Peter Titmuss 173, philipus 34 (f), Prisma Bildagentur AG 129, Robert Harding World Imagery 116 (c), robertharding 99 (a), Rolf Richardson 14, RosaBetancourt 0 people images 176 (a), Sergio Azenha 12r, Simon Reddy 13c, Speedpix 90 (a), 162 (a), Steve Davey 113, STOCKFOLIO® / Alamy Stock Photo 17bl, Ted Foxx 72 (e), Tetra Images 199, Tetyana Kochneva 102, Tim Graham 158 (a), ton koene 140 (a), Travel Pictures 100 (d), YAY Media AS 91 (c), zixia 78 (c), Zoonar GmbH 178, Zuma Press 140 (b); **Art Directors and TRIP Photo Library:** Helene Rogers 91 (b), 91 (f); **Colegio M.M.Rosa Molas:** 34 (c), 34 (d), 34 (e), 34 (h); **Complejo Deportivo San Benito:** 94 (e); **Fotolia.com:** 135Pixels 195 (b), adwo 217, alain wacquier 110 (h), Aleksandar Todorovic 95 (b), AlenKadr 27 (b), amophoto.net 34 (g), Andres Rodriguesz 132 (b), Antonioguillem 149 (a), asikkk 10 (b), beataaldridge 100 (b), belahoche 62, BillionPhotos.com 110 (c), bortnikau 103, Brad Pict 93 (d), canovass 110 (g), Christian Schwier 177, corepics 31 (g), Darren Baker 98 (j), diego cervo 6cr, Dragon Images 81, efired 10 (m), Eugenio Marongiu 52 (b), eurobanks 192 (c), fotos593 98 (e), Galina Barskaya 6l, GalinaSt 190, Gelia 10 (l), gemenacom 90 (d), goodluz 98 (d), grafikplusfoto 203, Halfpoint 125, hurricanehank 163 (c), Igor Mojze 132 (e), Iozochka 197 (d), Jacek Chabraszewski 209, Javier Castro 53, JJAVA 156 (b), jkraft5 221, Joanna wnuk 35 (a), jolopes 6tr, Jose Hernaiz 180, Kablonk Micro 56 (d), kegfire 98 (l), kitcomer 110 (e), Konstantin Kulikov 187 (a), Leonid Andronov 90 (b), Lldi 115 (a), LuckyImages 8cl, M Studio 110 (a), Maksym Gorpenyuk 101, markos86 174, Martinan 6r, mavoimages 192 (b), Max Topchii 8tc, Maygutyak 10 (h), Mila Supynska 185, mishel77 165, Monkey Business Images 10 (f), 56 (c), Morenovel 162 (c), Nebojsa Bobic 98 (a), Nina Nagovitsina 94 (b), Nobilior 35 (c), Olaf Speier 110 (l), olgavoldina 145, papa 75 (a), Sergey Nivens 72 (g), stocksolutions 107, Syda Productions 6br, 57, terrylesswhite 197 (c), Tetra Images 127, Theirry Ryo 10 (o), tonda55 55 (c), Travelbook 219, uzkiland 16l, ViewApart 51, Viktor 110 (d), Vladislav Gajic 10 (j), WavebreakmediaMicro 69 (b), xalanx 137 (b), Yuri Timofeyev 7tl; **Fran Fernandez Photography/Photographers Direct:** 91; **Getty Images:** AFP 132 (c), Alfredo Maiquez 16r, altrendo images 40, ANDER GILLENEA / AFP 72 (b), Bloomberg 120 (b), C Flanigan 71 (a), Camilla Watson 156 (g), Catherine Lane 156 (d), CBS Photo Archive 75 (b), Chian FotoPress 78 (b), Dave M Bennet 69 (a), David Young-Wolff 149 (b), Dennis Doyle 193, FanXiaNuo 196 (b), Fuse 76 (a), Gaelle Beri 122, Hill Street Studios 37 (a), Hubert Stadler 152 (b), Ingolf Pompe / Look Foto 12bl, Inti St Clair 72 (c), John Lund / Marc Romanelli 147, jr2 152 (c), JTB Photo 93 (c), Katarnina Wittkamp 32 (a), Malinalli Garcia / CON / Contributor 117 (b), Michael Tran 49, Michele Falzone 100 (c), Naki Kouyioumtzis 17br, Nigel Waldren 79 (a), OJO Images 83, Pawel Toczynski 124, Peter Norton - The FA 163 (d), Rubberball / Mike Kemp 32 (i), Score / Aflo 36 (a), Sergei Supkinsky 138 (e), Shane Hansen 72 (d), Stockbyte 162 (b), tap10 213, Tino Soriano 117 (a), Trevor Williams 8tr, Zero Creatives 55 (a); **Ira de Reuver/Photographers Direct:** 115 (b); **© Juma, 2011:** 119; **Pascal Saez:** 156 (f); **Pearson Education Ltd:** Gareth Boden 10 (g), 135 (a), Jon Barlow 159, Jules Selmes 85 (a), 98 (b), 139, MindStudio 38, Rafał Trubisz, Marcin Rosinski. Pearson Central Europe SP. Z.O.O. 32 (g), Sozaijiten 110 (f), Studio 8 95 (a), 96 (a), 96 (b), 96 (c), 96 (d), 96 (e), 96 (f); **Peter Menzel/menzelphoto.com:** 114; **PhotoDisc:** Kevin Sanchez, Cole Publishing Group 110 (k); **Rex Shutterstock:** Max Baron 78 (a); **Sergio Santana:** 34 (c); **Shutterstock.com:** 571906 158 (c), 81257 55 (b), Andresr 196 (c), Arieliona 6bl, Bananastock 32 (b), Blend Images 60, 153, Chris Pole 10 (c), Christian Vinces 100 (e), Dainis Derics 158 (e), Darren Baker 77 (a), David Pereiras 56 (b), David Sprott 98 (h), David W Leindecker 156 (a), DenisNata 7cr, Dieter H. 100 (g), Elzbieta Sekowska 13tr, everydaysunshine 110 (j), Fotokostic 73, Gordon Swanson 118, holbox 132 (a), Ivan Cumzin 93 (b), JeniFoto 10 (r), JX Photography 143 (b), Ksenia Ragozina 92 (a), LD Prod 163 (b), Leah-Anne Thompson 166 (b), leungchopan 138 (d), mangostock 140 (c), marco meyer 110 (b), Martin Good 67 (a), michaeljung 43, 138 (b), 160 (d), Mikadun 94 (f), 156 (f), Minerva Studio 32 (f), MJTH 160 (b), Monkey Buiness Images 31 (d), Monkey Business 211, Monkey Business Images 47, 50, 191, paol_ok 120 (c), Paul Brighton 195 (c), Poznyakov 31 (c), Pressmaster 31 (e), PT Images 138 (c), Quality Master 91 (d), rigelp 59, Rob Bayer 56 (a), Robert Wolkaniec 91 (e), SandiMako 128, sanupot 160 (c), savageultralight 56 (f), Signature Message 158 (f), slava296 13tc, Subbontina Anna 110 (i), Tetra Images 160 (a), Timothy Epp 100 (a), tommaso79 17t, Tracy Whiteside 34 (a), 37 (b), Tyler Olson 27 (c), u20 132 (d), Vaclav P3k 23tr, vichie81 120 (a), VICTOR TORRES 67 (b), Wavebreakmedia 31 (f), WDG Photo 10 (a); **www.imagesource.com:** Moosboard 76 (b)

Cover images: *Front:* **Alamy Images:** Kevin George

All other images © Pearson Education

Every effort has been made to contact copyright holders of material reproduced in this book. Any omissions will be rectified in subsequent printings if notice is given to the publishers. We are grateful to the following organisations for permission to reproduce copyright material:

©Grupo 20minutos S.L., ©Creative Commons p9; ©Julia Montenegro p19; ©Edebé (Mallorquí, C 2003) p58; ©Academia de las Artes y las Ciencias Cinematográficas de España p69; ©INJUVE – Instituto de la Juventud p70; ©Laura Gallego 2010 p80; ©Grupo Anaya SA (Alcolea, A 2007) p102; ©Sandra Bruna Agencia Literaria S.L. (Palomas, A 2014) p119; ©Maraworld p128; ©Blodestudio S.L p135; ©Gurman Agency LLC (Galcerán, J 2003) p144; ©Roca Editorial (Cervera, L 2011) p175; ©Grupo 20minutos S.L., ©Creative Commons p193; ©Salud180 p196

A note from the publisher

In order to ensure that this resource offers high-quality support for the associated Pearson qualification, it has been through a review process by the awarding body. This process confirms that this resource fully covers the teaching and learning content of the specification or part of a specification at which it is aimed. It also confirms that it demonstrates an appropriate balance between the development of subject skills, knowledge and understanding, in addition to preparation for assessment.

Endorsement does not cover any guidance on assessment activities or processes (e.g. practice questions or advice on how to answer assessment questions), included in the resource nor does it prescribe any particular approach to the teaching or delivery of a related course.

While the publishers have made every attempt to ensure that advice on the qualification and its assessment is accurate, the official specification and associated assessment guidance materials are the only authoritative source of information and should always be referred to for definitive guidance.

Pearson examiners have not contributed to any sections in this resource relevant to examination papers for which they have responsibility.

Examiners will not use endorsed resources as a source of material for any assessment set by Pearson.

Endorsement of a resource does not mean that the resource is required to achieve this Pearson qualification, nor does it mean that it is the only suitable material available to support the qualification, and any resource lists produced by the awarding body shall include this and other appropriate resources.

Contenidos

Módulo 1 ¡Desconéctate! *Theme: Local area, holiday and travel*

Punto de partida 6
- Discussing holiday activities and weather
- Revising the present tense of regular verbs

Unidad 1 ¿Cómo prefieres pasar las vacaciones? 8
- Talking about holiday preferences
- Revising the present tense of irregular verbs
- Using verbs of opinion to refer to different people

Unidad 2 ¿Adónde fuiste? 10
- Talking about a past holiday
- Using the preterite tense
- Writing a longer text

Unidad 3 ¡Destino Barcelona! 12
- Describing a trip to Barcelona
- Using two past tenses
- Giving opinions in the past

Unidad 4 Quisiera reservar… 14
- Booking accommodation and dealing with problems
- Using verbs with *usted*
- Understanding higher numbers

Unidad 5 Mis vacaciones desastrosas 16
- Giving an account of a holiday in the past
- Using three tenses together
- Identifying positive and negative opinions

Leer y escuchar 18
Prueba oral 20
Prueba escrita 22
Palabras 24

Módulo 2 Mi vida en el insti *Theme: School*

Punto de partida 1 26
- Giving opinions about school subjects
- Describing subjects and teachers

Punto de partida 2 28
- Describing school uniform and the school day
- Using adjectives

Unidad 1 ¡Mi nuevo insti! 30
- Describing your school
- Using negatives
- Distinguishing between the present and the imperfect

Unidad 2 ¡Está prohibido! 32
- Talking about school rules and problems
- Using phrases followed by the infinitive
- Tackling harder listening exercises

Unidad 3 ¡Destino Zaragoza! 34
- Talking about plans for a school exchange
- Using the near future tense
- Asking and answering questions

Unidad 4 Mis clubs y mis éxitos 36
- Talking about activities and achievements
- Understanding object pronouns
- Using three tenses together

Leer y escuchar 38
Prueba oral 40
Prueba escrita 42
Palabras 44

Módulo 3 Mi gente *Theme: Identity and culture*

Punto de partida 1 46
- Talking about socialising and family
- Using verbs in the present tense

Punto de partida 2 48
- Describing people
- Using adjectival agreement

Unidad 1 Mis aplicaciones favoritas 50
- Talking about social networks
- Using *para* with infinitives
- Extending responses by referring to others

Unidad 2 ¿Qué estás haciendo? 52
- Making arrangements
- Using the present continuous
- Improvising dialogues

Unidad 3 Leer es un placer 54
- Talking about reading preferences
- Using a range of connectives
- Recognising similar ideas expressed differently

Unidad 4 Retratos y relaciones 56
- Describing relationships
- Using *ser* and *estar*
- Understanding more detailed descriptions

Leer y escuchar 58
Prueba oral 60
Prueba escrita 62
Palabras 64

tres 3

Contenidos

Módulo 4 Intereses e influencias *Theme: Identity and culture*

Punto de partida 1 66
- Talking about free-time activities
- Using stem-changing verbs

Punto de partida 2 68
- Talking about TV programmes and films
- Using adjectives of nationality

Unidad 1 ¿Qué sueles hacer? 70
- Talking about what you usually do
- Using *suelo* + infinitive
- Looking at context to identify missing words

Unidad 2 ¡Fanático del deporte! 72
- Talking about sports
- Using the imperfect tense to say what you used to do
- Listening for different tenses

Unidad 3 #Temas del momento 74
- Talking about what's trending
- Using the perfect tense
- Listening for clues

Unidad 4 En directo 76
- Discussing different types of entertainment
- Using *algunos / otros / muchos / demasiados*
- Agreeing and disagreeing

Unidad 5 Modelos a seguir 78
- Talking about who inspires you
- Using the 'he/she' form of the perfect tense
- Translating a text into English

Leer y escuchar 80
Prueba oral 82
Prueba escrita 84
Palabras 86

Módulo 5 Ciudades *Theme: Local area, holiday and travel; identity and culture*

Punto de partida 1 88
- Talking about places in a town or city
- Asking for and understanding directions

Punto de partida 2 90
- Talking about shops
- Shopping for souvenirs

Unidad 1 ¿Cómo es tu zona? 92
- Describing the features of a region
- Using *se puede* and *se pueden*
- Asking and responding to questions

Unidad 2 ¿Qué harás mañana? 94
- Planning what to do
- Using the future tense
- Using exclamations

Unidad 3 De compras 96
- Shopping for clothes and presents
- Using demonstrative adjectives
- Explaining preferences

Unidad 4 Los pros y los contras de la ciudad 98
- Talking about problems in a town
- Using *tan* and *tanto*
- Using antonyms

Unidad 5 ¡Destino Arequipa! 100
- Describing a visit in the past
- Using different tenses together
- Extending spoken answers

Leer y escuchar 102
Prueba oral 104
Prueba escrita 106
Palabras 108

Módulo 6 De costumbre *Theme: Identity and culture*

Punto de partida 1 110
- Describing mealtimes
- Talking about daily routine

Punto de partida 2 112
- Talking about illnesses and injuries
- Asking for help at the pharmacy

Unidad 1 Dietas del mundo 114
- Talking about typical foods
- Using *me gusta / me gustaría*
- Using quantity expressions

Unidad 2 ¡De fiesta! 116
- Comparing different festivals
- Using verbs in the 'we' and 'they' form
- Working out the meaning of new words

Unidad 3 Un día especial 118
- Describing a special day
- Using reflexive verbs in the preterite
- Inferring meaning in a literary text

Unidad 4 ¡A comer! 120
- Ordering in a restaurant
- Using *estar* to describe a temporary state
- Understanding adjectives ending in *-ísimo*

Unidad 5 El festival de música 122
- Talking about a music festival
- Saying 'before' / 'after' (doing)
- Using *acabar de* + infinitive

Leer y escuchar 124
Prueba oral 126
Prueba escrita 128
Palabras 130

cuatro

Contenidos

Módulo 7 ¡A currar! *Theme: Future aspirations, study and work*

Punto de partida 132
- Talking about different jobs
- Discussing job preferences

Unidad 1 ¿Qué haces para ganar dinero? 134
- Talking about how you earn money
- Using verbs followed by the infinitive
- Words with more than one meaning

Unidad 2 Mis prácticas laborales 136
- Talking about work experience
- Using the preterite and imperfect together
- Extending your answers when speaking

Unidad 3 ¿Por qué aprender idiomas? 138
- Talking about languages and travel
- Using *lo* + adjective
- Using the 24-hour clock

Unidad 4 Solicitando un trabajo 140
- Applying for a summer job
- Revising the perfect tense
- Writing a formal letter

Unidad 5 El futuro 142
- Discussing plans for the future
- Using different ways to express future plans
- Using 'if' clauses

Leer y escuchar 144
Prueba oral 146
Prueba escrita 148
Palabras 150

Módulo 8 Hacia un mundo mejor *Theme: International and global dimension*

Punto de partida 1 152
- Describing types of houses
- Talking about the environment

Punto de partida 2 154
- Talking about healthy eating
- Discussing diet-related problems

Unidad 1 ¡Piensa globalmente…! 156
- Considering global issues
- Using the superlative
- Listening for high numbers

Unidad 2 ¡Actúa localmente! 158
- Talking about local actions
- Using *se debería*
- Using synonyms

Unidad 3 ¡Vivir a tope! 160
- Discussing healthy lifestyles
- Understanding different tenses
- Giving extended reasons

Unidad 4 ¡El deporte nos une! 162
- Talking about international sporting events
- Using verbs in the third person plural
- Understanding equivalent expressions

Leer y escuchar 164
Prueba oral 166
Prueba escrita 168
Palabras 170

¡A repasar!

Módulo 1 ¡Desconéctate! 172
Módulo 2 Mi vida en el insti 174
Módulo 3 Mi gente 176
Módulo 4 Intereses e influencias 178
Módulo 5 Ciudades 180
Módulo 6 De costumbre 182
Módulo 7 ¡A currar! 184
Módulo 8 Hacia un mundo mejor 186
General Conversation Questions 188

Te toca a ti 190
Gramática 198
Verb Tables 222

cinco **5**

1 ¡Desconéctate!
Punto de partida

- Discussing holiday activities and weather
- Revising the present tense of regular verbs

1 Escucha y escribe las <u>dos</u> letras correctas. (1–5)

¿Qué haces en verano?

Ejemplo: **1** *g, a*

a **Monto** a caballo.
b **Juego** a los videojuegos.
c **Veo** la tele.
d **Escucho** música.
e **Hago** deporte.
f **Toco** la guitarra.
g **Salgo** con mis amigos.
h **Voy** al parque.

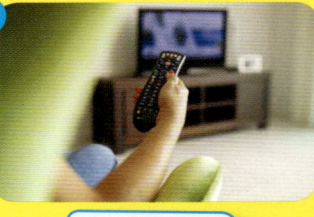

2 Escucha otra vez. Indica la actividad que hace cada persona <u>más</u> frecuentemente. (1–5)

Ejemplo: **1** *g, a*

nunca — casi nunca — a veces — una vez a la semana — a menudo — todos los días

3 Con tu compañero/a, haz diálogos. Utiliza las palabras del recuadro y el verbo correcto del ejercicio 1.

- ¿Qué haces en verano?
- Todos los días **monto** en bici, pero casi nunca **juego**…

a la playa
al baloncesto
un partido de fútbol
en bici
la radio
con mi hermano/a
los deberes
el piano

G Regular verbs in the present tense > Page 198

Remember how the **present tense** works:

	regular		
	nad**ar** (to swim)	le**er** (to read)	viv**ir** (to live)
(yo)	nad**o**	le**o**	viv**o**
(tú)	nad**as**	le**es**	viv**es**
(él/ella/usted)	nad**a**	le**e**	viv**e**
(nosotros/as)	nad**amos**	le**emos**	viv**imos**
(vosotros/as)	nad**áis**	le**éis**	viv**ís**
(ellos/ellas/ustedes)	nad**an**	le**en**	viv**en**

Some verbs change their stem: j**ue**go (*jugar* – to play)

Some verbs are irregular: **voy** (*ir* – to go), **hago** (*hacer* – to do/make), **salgo** (*salir* – to go out), **veo** (*ver* – to see/watch)

seis

Módulo 1

4 Escucha y lee el texto. Copia y completa la tabla.

activity	when
surfs the Internet	normally

En verano normalmente navego por Internet, pero casi nunca leo libros. ¡Qué aburrido! Cuando hace buen tiempo, monto en bici porque me encanta. Cuando hace mucho calor, juego al voleibol en la playa. Sin embargo, cuando hace frío, mis amigos y yo escuchamos música o comemos pizza en casa. A veces también vamos a un campamento de verano. Creo que es muy divertido porque siempre hacemos muchas actividades diferentes allí.

Jorge

siempre — always
allí — there

Cuando	
	hace buen tiempo…
	hace mal tiempo…
	hace calor…
	hace frío…
	hace sol…
	hace viento…
	llueve…
	nieva…

5 Lee el texto otra vez. Apunta los datos.

- four verbs in the 'I' form
- four verbs in the 'we' form

Ejemplo: navego = I surf, …

Zona Cultura

Cada año muchos jóvenes en España y Latinoamérica pasan quince días, o más, en un **campamento de verano**, donde participan en actividades educativas, deportivas y recreativas.

6 Escucha a Iker. Completa las frases.

1 When it's sunny he _____.
2 When it's _____ he plays the guitar.
3 When it's cold he _____.
4 When it's _____ or _____ he doesn't go out.
5 In summer it never _____.

7 Escribe un texto. Utiliza el texto del ejercicio 4 como modelo.

Include:
- Expressions of frequency (*A menudo…*)
- Weather phrases (*Cuando hace calor, …*)
- Some verbs in the 'we' form (*vamos, …*)
- Opinion phrases (*Es aburrido, ¡Qué divertido!*)

En verano siempre voy…
También…
Cuando hace…, juego…

⭐ In exercise 4 Jorge uses lots of **connectives**. Find the following words in his text and try to use them to extend your sentences.

and	or	but
however	also	when

siete 7

1 ¿Cómo prefieres pasar las vacaciones?

- Talking about holiday preferences
- Revising the present tense of irregular verbs
- Using verbs of opinion to refer to different people

1 Escucha y lee. Completa los textos con las palabras del recuadro.

¿Qué haces en verano?

Vivo en Cádiz, en el sur de España. En verano tengo once semanas de vacaciones. ¡Qué suerte! Todos los días **1** ——— a la playa, donde juego al voleibol. ¡**2** ——— una fanática de la playa, ya que vivo en la costa! También hago kárate.
Florencia

En Mendoza, en el oeste de Argentina, **3** ——— las vacaciones de verano en enero y febrero. Siempre compro un montón de libros y revistas, dado que **4** ——— más tiempo libre. A veces voy al centro comercial.
Ana

Vivo en Veracruz, en el este de México. En verano nado en el mar y hago submarinismo. Mi hermana y yo **5** ——— adictos al cine y **6** ——— dos o tres veces a la semana.
Héctor

| soy | voy | tengo |
| somos | vamos | tenemos |

dado que / ya que — since / given that

★ Can you work out the pronunciation of these words?
norte, oeste, este, sur

2 Lee los textos otra vez. Escribe el nombre correcto.

Ejemplo: **1** *Héctor*

1. Me gusta hacer deportes acuáticos.
2. Me gusta mucho tomar el sol.
3. Me encanta ir de compras.
4. Me encanta leer.
5. Me mola hacer artes marciales.
6. Me chifla ver películas.

G Irregular verbs in the present tense › Page 200

These key verbs are irregular in the **present tense** (i.e. they don't follow the normal pattern).

	ser (to be)	**tener** (to have)	**ir** (to go)
(yo)	**soy**	ten**g**o	**voy**
(tú)	**eres**	t**ie**nes	**vas**
(él/ella/usted)	**es**	t**ie**ne	**va**
(nosotros/as)	**somos**	tenemos	**vamos**
(vosotros/as)	**sois**	tenéis	**vais**
(ellos/ellas/ustedes)	**son**	t**ie**nen	**van**

3 Escucha. Copia y completa la tabla. (1–6)

	likes	activity / frequency
1	doing martial arts	judo – every day

Prefiero	hacer	deportes acuáticos
Me gusta		artes marciales
Me chifla	ir	de compras
Me encanta		al parque
Me mola		a la playa
No me gusta	ver	películas
Odio		
	estar	al aire libre
	usar	el ordenador

4 Imagina que hablas con un(a) chico/a español(a). Con tu compañero/a, haz diálogos.

- ¿Dónde vives?
- ¿Cuándo tienes vacaciones?
- ¿Qué te gusta hacer?
- ¿Qué actividades haces en verano?

■ *Vivo en (Leeds) en (el norte) de (Inglaterra).*
■ *Tengo… semanas de vacaciones en…*
■ *Me chifla (ir de compras), pero no me gusta…*
■ *A menudo (voy)…*

ocho

Módulo 1

5 Escucha a Luisa, Martín, Pau y Eva. Escribe las letras correctas.

Ejemplo: **Luisa** – 1a, 2…

> The words in **purple** are all question words. What do they mean in English? Which other question words do you know?

Tus vacaciones ideales

1 ¿**Cuándo** prefieres ir de vacaciones?
Prefiero ir de vacaciones en…
   a primavera.
   b verano.
   c otoño.
   d invierno.

2 ¿**Adónde** te gusta ir de vacaciones?
Me gusta ir…
   a a la costa.
   b al campo.
   c a la montaña.
   d a la ciudad.

3 ¿**Dónde** prefieres alojarte?
Prefiero ir…
   a a un hotel.
   b a un camping.
   c a un apartamento.
   d a una casa rural.

4 ¿**Qué** te gusta hacer?
Me encanta…
   a ir de excursión.
   b hacer deporte.
   c leer.
   d ¡no hacer nada!

5 ¿**Por qué**?
Porque es…
   a divertido.
   b barato.
   c interesante.
   d relajante.

6 Haz una encuesta en clase. Utiliza las preguntas del ejercicio 5.
● ¿Cuándo prefieres ir de vacaciones?
■ *Prefiero…*

7 Lee el artículo. Apunta <u>seis</u> detalles en inglés.
Ejemplo: 17% prefer to go abroad

Los españoles prefieren las vacaciones… en España.

○ Según una encuesta, el 83% de los españoles prefiere pasar las vacaciones en España y solo un 17% en el extranjero.
○ La costa es el destino preferido (60%), comparado con el campo (17%), la montaña (14%) y la ciudad (9%).
○ Alicante, Cádiz y Málaga son los tres destinos preferidos.

En términos de alojamiento, la opción preferida es ir a un hotel (33%). El 27% prefiere alquilar un apartamento o una casa rural, el 15% tiene una segunda residencia, y solo el 6% prefiere los campings.

según	according to
en el extranjero	abroad
el alojamiento	accommodation

8 Traduce las frases al español.
1 I prefer to spend the holidays abroad.
2 I love doing sport because it's fun.
3 I never go to the beach because I hate sunbathing. How boring!
4 My dad goes to the cinema often because he likes watching films.

G Verbs of opinion

The verbs *gustar*, *encantar*, *chiflar* and *molar* all work like this:
Me gusta *bailar*. — I like *dancing*.
Te gusta *leer*. — You (singular) like *reading*.
Le gusta *comer*. — He/She likes *eating*.

If you use a <u>noun</u> you need to add the word **a**:
A <u>mi padre</u> **le** chifla *cocinar*. — My Dad loves *cooking*.

nueve **9**

2 ¿Adónde fuiste?

- Talking about a past holiday
- Using the preterite tense
- Writing a longer text

1 Escucha y escribe las <u>cuatro</u> letras correctas para cada persona. (1–5)
Ejemplo: **1** d, g, …

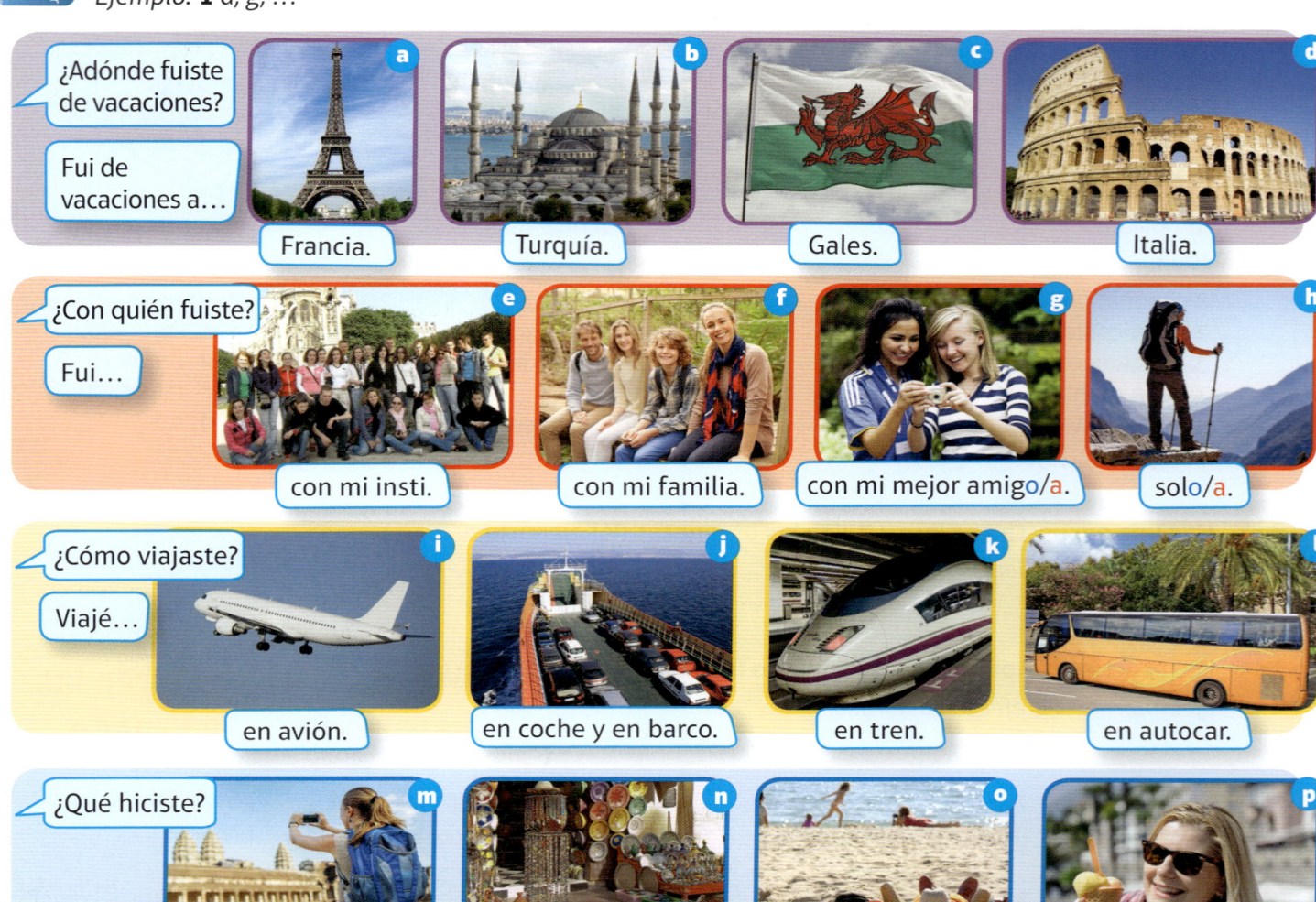

¿Adónde fuiste de vacaciones?
Fui de vacaciones a…
- a Francia.
- b Turquía.
- c Gales.
- d Italia.

¿Con quién fuiste?
Fui…
- e con mi insti.
- f con mi familia.
- g con mi mejor amigo/a.
- h solo/a.

¿Cómo viajaste?
Viajé…
- i en avión.
- j en coche y en barco.
- k en tren.
- l en autocar.

¿Qué hiciste?
- m Hice turismo y saqué fotos.
- n Compré recuerdos.
- o Tomé el sol y descansé.
- p Comí muchos helados.

2 Con tu compañero/a, inventa diálogos. Utiliza las preguntas del ejercicio 1.

⭐ Some verbs have a spelling change in the 'I' form only:
jugar → jug**u**é   I played
sacar → sa**qu**é   I took (photos)

G The preterite tense ▶ Page 202

Use the **preterite tense** to talk about completed actions in the past.

visit**ar** (to visit)	beb**er** (to drink)	sal**ir** (to leave / to go out)	irregular verbs
			ir (to go) **ser** (to be)
visit**é**	beb**í**	sal**í**	fui
visit**aste**	beb**iste**	sal**iste**	fuiste
visit**ó**	beb**ió**	sal**ió**	fue
visit**amos**	beb**imos**	sal**imos**	fuimos
visit**asteis**	beb**isteis**	sal**isteis**	fuisteis
visit**aron**	beb**ieron**	sal**ieron**	fueron

Other irregular verbs in the preterite include:
hacer (**hice** – I did / made) and **ver** (**vi** – I saw / watched).

Módulo 1

3 Lee los textos y escribe el nombre correcto. Luego traduce el texto de Pedro al inglés.

El verano pasado fui de vacaciones a México. Fui con mis padres y mi hermana y fue flipante. Todos los días fuimos a la playa porque hizo mucho sol, excepto el martes, cuando llovió. Tomé el sol y descansé, pero no hice windsurf porque no hizo viento.
Marta

El año pasado fui de vacaciones a Francia, donde hice esquí en la montaña. Hizo frío porque nevó mucho. ¡Qué bien! También hice turismo, pero no saqué muchas fotos porque, en mi opinión, fue un poco aburrido. Sin embargo, compré muchos recuerdos para mis amigos.
Pedro

Who…
1 went shopping?
2 had sunny weather?
3 had rain?
4 went sightseeing?
5 thought their holiday was awesome?
6 went with their family?

¿Qué tiempo hizo?
Hizo… buen tiempo / mal tiempo
calor / frío / sol / viento
Llovió / Nevó

4 Escucha. Copia y completa la tabla en inglés. (1–5)

	when	where	weather
1	e	Peru	cold

Alemania	Germany

¿Cuándo fuiste?
a Hace una semana   b Hace un mes   c El año pasado
d Hace dos meses   e Hace dos años   f El verano pasado

5 Escribe un texto sobre estas vacaciones.

El año pasado fui a… Fui con… Fue…
Todos los días…
También…, pero no… porque…

⭐ To write a longer, more interesting piece of work:
- Use connectives such as **pero** (but), **sin embargo** (however), **también** (also) and **donde** (where).
- Say what you did not do (**No**…).
- Include opinion phrases such as **en mi opinión**.

6 Con tu compañero/a, haz diálogos sobre tus vacaciones.

- ¿Adónde fuiste de vacaciones?   ▪ Fui de vacaciones a…
- ¿Cuándo fuiste?   ▪ Fui…
- ¿Con quién fuiste?   ▪ Fui con…
- ¿Cómo viajaste?   ▪ Viajé en…
- ¿Qué tiempo hizo?   ▪ Hizo…, (excepto el martes cuando…)
- ¿Qué hiciste?   ▪ … y… También…, pero no…

once 11

3 ¡Destino Barcelona!

- Describing a trip to Barcelona
- Using two past tenses
- Giving opinions in the past

1 Escucha y apunta los datos. (1–6)
Ejemplo: **1** *Lo mejor, c, fue flipante*

Lo mejor / peor fue cuando…

- **a** vi un partido en el Camp Nou.
- **b** aprendí a hacer vela. 
- **c** visité el Park Güell. 
- **d** perdí mi móvil. 
- **e** tuve un accidente en la playa. 
- **f** vomité en una montaña rusa. 

Zona Cultura
Destino:	BARCELONA
Ubicación:	Noreste de España, en la costa
Población:	1,6 millones (2ª ciudad de España)
Famosa por:	La arquitectura de Antoni Gaudí El club de fútbol FC Barcelona ('el Barça')

Use a variety of ways to give opinions about the past:
- Lo pasé… fenomenal / bien / mal / fatal
- Fue… inolvidable / flipante / horroroso
- ¡Qué… miedo! / guay! / desastre!

2 Lee el texto. Copia y completa las frases.

¡Explora Barcelona en Segway!
con Vamosensegway.com

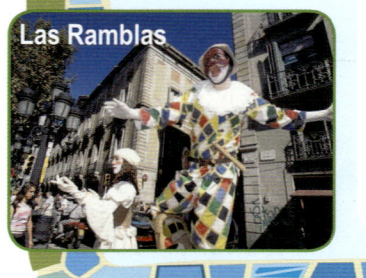

- Una manera rápida y fácil de visitar la ciudad.
- Ideal para toda la familia.
- Visitas de dos o tres horas.

Recomiendo la visita

"Visité Barcelona en Segway con mi familia y lo pasé fenomenal.
Primero vimos los barcos en el puerto.
Luego visitamos el Museo Picasso. Fue muy interesante.
Después fuimos al Barrio Gótico. Fue guay.
Pero lo mejor fue cuando saqué fotos de la Sagrada Familia con mi nueva cámara más tarde.
Finalmente compré un helado en las Ramblas. ¡Qué rico!"

Enrique Casillas (15 años)

Port Vell
Las Ramblas

1. A Segway tour is a quick and…
2. Visits last…
3. First Enrique saw…
4. The Picasso Museum was…
5. The best thing was when…
6. He bought…

Look at how Enrique uses sequencers to structure his writing:
primero (first), **luego** (then), **después** (after), **más tarde** (later), **finalmente** (finally)
He also uses three verbs in the 'we' form. Can you spot them?

Módulo 1

3 Con tu compañero/a, haz diálogos sobre una visita a Barcelona. Inventa los detalles.

- ¿Cuándo visitaste Barcelona?
- ¿Qué hiciste?
- ¿Qué fue lo mejor de tu visita?
- ¿Y qué fue lo peor?

■ Visité Barcelona (hace… años).
■ Primero (visité…). Fue (flipante). Luego…
■ Lo mejor fue cuando…
■ Lo peor fue…

4 Escucha y lee los textos. Escribe la letra correcta para cada persona. Sobra <u>una</u> foto.

¿Dónde te alojaste en Barcelona?

Me alojé en un camping. Era muy tranquilo y había mucho espacio. No era muy lujoso, pero era animado y tenía una piscina climatizada. **Asun**

Me quedé en una pensión pequeña y antigua. Estaba en el centro de la ciudad, y por eso era un poco ruidosa. Además, no tenía ni restaurante ni bar. **Fernando**

No me quedé en un hotel porque era demasiado caro. Me alojé en un albergue juvenil. Estaba cerca de la playa y tenía una cafetería. Era bastante moderno, ¡y muy barato! **Hassan**

Me alojé / Me quedé	I stayed
Por eso	So / Therefore
No tenía ni… ni…	It didn't have either… or…

5 Lee los textos del ejercicio 4 otra vez. Escribe el nombre correcto.

Who stayed somewhere…
1 cheap?
2 lively?
3 by the beach?
4 with a pool?
5 noisy?
6 quiet?

G Using two past tenses > Pages **202, 216**

To say <u>what you did</u> in the past you use the **preterite tense**.
Fui a la playa. I **went** to the beach.

To <u>describe things</u> in the past you use the **imperfect tense**.
El hotel **estaba** en la costa. The hotel **was** on the coast.
Tenía una piscina. It **had** a swimming pool.

era	it was (descriptions)
estaba	it was (location)
tenía	it had
había	there was / were

6 Escucha y apunta los datos. (1–5)

Ejemplo: **1** guest house, city centre, …

el parador — luxury hotel, usually in a historic building

7 Imagina que visitaste Barcelona. Escribe un texto.

(El año pasado) fui a Barcelona y lo pasé…
Me alojé en… Estaba en… Era… Había…, pero no tenía…
Un día visité la ciudad (en bici) con…
Primero fuimos a… Luego…
Lo mejor/peor fue cuando…

Estaba	cerca de la playa en el centro de la ciudad en el campo	
(No) Era	(un poco) (bastante) (muy) (demasiado)	moderno/a antiguo/a animado/a lujoso/a caro/a barato/a tranquilo/a ruidoso/a cómodo/a
Tenía/Había… No tenía (ni… ni…) Además, (no) tenía…	(un) bar / (un) gimnasio (un) restaurante / (una) sauna (una) discoteca / (una) cafetería (una) piscina climatizada	

trece 13

4 Quisiera reservar…

- Booking accommodaton and dealing with problems
- Using verbs with usted
- Understanding higher numbers

1 **Lee la página web. Escribe el precio para cada persona.**

Ejemplo: **Isa** 95 € + 14 € = 109 €

- **Isa:** Single room, full board
- **David:** Double room, half board
- **Juan:** Double room, breakfast, sea view
- **Águeda:** Single room, full board, sea view
- **Pilar:** Single room, breakfast, three nights

Hotel Dos Palomas, Alicante

Tenemos habitaciones:

- con baño
- con ducha
- con balcón
- con vistas al mar (suplemento 18 €)

Tipo de habitación	Opciones	Precio por noche
Habitación individual	con desayuno	79 €
	con media pensión*	95 €
Habitación doble • con dos camas • con cama de matrimonio	con desayuno	116 €
	con media pensión*	Oferta especial 122 €

*Con pensión completa – suplemento de 14 €

2 **Escucha y escribe el nombre correcto del ejercicio 1. (1–5)**

Ejemplo: **1** David

3 **Mira la página web y escucha los diálogos. Escribe las palabras que faltan. Luego escucha otra vez y comprueba tus respuestas. (1–6)**

Ejemplo: **1** tienda de recuerdos

- piscina climatizada
- tienda de recuerdos
- gimnasio
- aire acondicionado
- wifi gratis
- aparcamiento

4 **Empareja las preguntas con las respuestas. ¿Qué significan las expresiones en negrita?**

1 **¿Cuánto cuesta** una habitación doble con desayuno?
2 **¿Hay gimnasio** en el hotel?
3 **¿A qué hora se sirve** el desayuno?
4 **¿Cuándo está abierta** la recepción?
5 **¿Hasta qué hora está abierto** el bar?
6 **¿Se admiten mascotas** en el hotel?

a Está abierta 24 horas.
b Entre las 7.00 y las 10.00 de la mañana.
c Sí, pero hay un suplemento para los perros.
d No, pero hay una piscina climatizada.
e Está abierto hasta medianoche.
f Son ciento dieciséis euros por noche.

Módulo 1

5 Escucha y lee. Completa la tabla para los <u>cuatro</u> diálogos. (1–4)

	room / meals	when	cost	question asked
1	single, half board, balcony	4 nights 8–12 May		

- Hotel Dos Palomas, ¿dígame?
- Quisiera reservar una habitación <u>individual</u> con <u>media pensión</u>.
- ¿Quiere una habitación <u>con balcón</u> o <u>sin balcón</u>?
- Pues, <u>con balcón</u>, por favor.
- ¿Para cuántas noches?
- Para <u>cuatro noches</u>, del <u>ocho</u> al <u>doce</u> de <u>mayo</u>. ¿Cuánto es, por favor?
- A ver … Son <u>noventa y cinco</u> euros por noche.
- De acuerdo. ¿<u>Hay wifi gratis</u>?

⭐ Listening out for the word **y** can help you to understand higher numbers:

| 49 | cuarenta **y** nueve | forty <u>and</u> nine |
| 259 | doscientos cincuenta **y** nueve | two hundred fifty <u>and</u> nine |

Take care with numbers over a hundred.

100	cien
110	ciento diez
200	doscientos
500	quinientos

6 Con tu compañero/a, haz diálogos. Utiliza el ejemplo del ejercicio 5 y cambia los detalles.

7 Escucha y mira los dibujos. Apunta el problema, el número de habitación y el nombre. (1–4)

Ejemplo: **1** c – 530 – Mesonero

a   b   c   d

¿Cuál es el problema?
¿Qué habitación es?
¿Cómo se llama usted?

Quiero	hablar con el director cambiar de habitación un descuento
El ascensor El aire acondicionado La ducha La luz	no funciona
La habitación	está sucia
Hay	ratas en la cama
No hay Necesito	papel higiénico (un) secador / toallas champú / jabón

8 Con tu compañero/a, inventa <u>dos</u> diálogos cómicos.

- *Quiero <u>hablar con el director</u>.*
- *<u>Hay ratas en la ducha</u> y…*
- *Es la…*
- *Me llamo…*

■ ¿Cuál es el problema?
■ ¿Qué habitación es?
■ ¿Cómo se llama usted?

G Using *usted* ▶ Page **214**

Use **usted** (polite form of 'you') in formal situations (e.g. at a hotel). It uses the same verb endings as the '**he/she/it**' form of the verb.

*¿Cómo se llam**a** usted?*   What are you (polite singular) called?

Often the word **usted** is omitted.

¿Puede repetir, por favor?   Can you repeat, please?

quince **15**

5 Mis vacaciones desastrosas

- Giving an account of a holiday in the past
- Using three tenses together
- Identifying positive and negative opinions

1 Escucha y lee el texto. Pon los títulos en el orden correcto. Luego traduce las palabras en **negrita** al inglés.

Ejemplo: e, …

a Delays at the port
b Making friends at the festival
c Scary cable car ride!
d We need a mechanic!
e I love the beach!
f Sightseeing by bike

Por lo general prefiero pasar las vacaciones en el extranjero, dado que hace calor. **Normalmente** voy a un hotel en la costa donde me encanta tomar el sol. **Sin embargo**, mi padre prefiere ir a la montaña porque le encanta el paisaje.

El año pasado decidimos acampar en Cantabria, en el norte de España. **Primero**, en Dover el barco tuvo un retraso de tres horas. ¡Qué aburrido! **Luego** tuvimos una avería, y **por eso** tuve que llamar a un mecánico.

El primer día alquilé una bicicleta y visité Santillana del Mar. El pueblo era pequeño, pero precioso. **Al día siguiente** fuimos de excursión a los Picos de Europa, **donde** cogimos el teleférico a Fuente Dé. ¡Qué miedo!

El último día fui a una fiesta en un pueblo. **Por un lado**, fue inolvidable porque conocí a mucha gente, pero **por otro lado** lo pasé mal, ya que perdí mis gafas de sol nuevas.

los Picos de Europa

el teleférico — cable car

el teleférico a Fuente Dé

2 Lee el texto otra vez. Busca las frases en español en el texto.

1 he loves the landscape
2 we decided to camp
3 the boat had a delay of three hours
4 we broke down and so I had to call a mechanic
5 I hired a bike
6 The town was small but beautiful
7 I met lots of people
8 I lost my new sunglasses

G Using three tenses together ▶ Pages 198, 202, 216

Use the **present tense** to say what usually happens.
 Tomo el sol.   I **sunbathe**.
Use the **preterite tense** to say what you did / what happened.
 Visité el pueblo.   I **visited** the town.
Use the **imperfect tense** to describe what something was like.
 El pueblo *era* pequeño.   The town **was** small.

3 Traduce las frases al español.

1 In summer I go out with my friends every day.
 — Remember that this is an irregular verb.
2 I love going to the beach because it's fun.
 — Use the infinitive after verbs of opinion.
3 Last year I went to France with my best friend.
 — Which tense do you need here?
4 The best thing was when we visited the stadium in the city centre.
 — Look back at Unit 3.
5 The hotel was very modern and it had a heated pool.
 — Which tense do you need for describing things in the past?

16 *dieciséis*

Módulo 1

4 Escucha y escribe P (positivo), N (negativo) o P+N (positivo y negativo). (1–5)

Tuve / Tuvimos	un retraso / una avería
Tuve que	llamar a un mecánico / ir a la comisaría
Perdí / Perdimos	el equipaje / la cartera / las llaves

⭐ When listening for positive and negative opinions listen for clues such as **lo mejor** / **lo peor** (the best / worst thing).

Demasiado (too) usually suggests a negative opinion.

Phrases like **pero** (but), **sin embargo** (however) or **por un lado… por otro lado** (on one hand… on the other hand) may suggest a mixed opinion.

5 Con tu compañero/a, completa las preguntas.

a ¿Dónde prefieres
b ¿Adónde fuiste
c ¿Cómo
d ¿Qué
e ¿Dónde
f ¿Cómo era
g ¿Qué tiempo

hiciste?
te alojaste?
viajaste?
pasar las vacaciones?
(el hotel)?
hizo?
de vacaciones el año pasado?

6 Mira las fotos y habla de tus vacaciones. Responde a las preguntas del ejercicio 5.
- Prefiero ir a… porque…
- El año pasado fui a… Lo pasé…
- Viajé en…
- El primer día… Lo mejor fue cuando…
- Me alojé en…
- El hotel era… Tenía…
- Hizo…

⭐
- Use your imagination – don't just say what you can see in the photo!
- Extend your sentences by giving extra details (e.g. when, who with, etc.).
- Try to use some verbs in the 'we' form.
- Mention something that went wrong.
- Try to add an opinion phrase to every answer.
- Include negative phrases (e.g. No tenía ni… ni…).
- Use the **preterite** for saying what you did (e.g. Descansé en…).
- Use the **imperfect** for descriptions in the past (e.g. Era…, Había…, Estaba…).

diecisiete 17

Módulo 1   Leer y escuchar

1 *leer*   Read the extract from Lucía's holiday blog.

Viernes
Tuvimos un retraso de dos horas con el avión. Cuando llegamos, decidí hacer vela en el mar y tomar el sol. Después mi padre y yo fuimos a ver un partido. ¡Fue fantástico!

Sábado
Lo pasé fenomenal en una montaña rusa enorme. Más tarde compré recuerdos para mis amigos. Por la noche salí con mi hermana a ver una película, y luego volvimos en autobús a la pensión.

Complete the gap in each sentence using a word from the box. There are more words than gaps.

Example: On Friday they had a delay at the <u>airport</u>.
 (a) When they arrived, she decided to go to the _____.
 (b) Later, she went with her dad to the _____.
 (c) On Saturday she had a great time at the _____.
 (d) In the evening she went with her sister to the _____.
 (e) Afterwards they caught the bus back to their _____.

port	museum
shopping centre	cinema
campsite	beach
theme park	stadium
~~airport~~	accommodation
bus station	disco

2 *leer*   Lee la información sobre actividades para el verano.

Ideas para ocupar las vacaciones

① Club de prensa
¿Te interesa crear una revista para otros adolescentes? ¿Quieres escribir artículos sobre las últimas películas? ¿O prefieres la fotografía? Actividad gratis.

② Actividades para niños
¡No tienes que pasar el verano jugando a los videojuegos! Ofrecemos una variedad de actividades como dibujo, baile, teatro, cocina italiana…

③ Cursos de verano
Inscríbete en nuestras clases de windsurf para toda la familia. También ofrecemos clases de natación para principiantes. Instructores expertos.

④ Talleres deportivos
Actividades deportivas en el campo. Disfruta de unas vistas preciosas mientras practicas una variedad de deportes: baloncesto, voleibol, tenis, ciclismo…

¿Cuál es la actividad ideal? Escribe el número correcto.

 (a) No tienes mucho dinero.
 (b) Te encanta montar en bici.
 (c) Quieres aprender a nadar.
 (d) Te encantan los espaguetis y las pizzas.
 (e) Eres un fanático del cine.
 (f) Te gustan mucho los paisajes bonitos.

> ⭐ Remember that the texts and questions will usually use different words to express the same thing. Look at the questions and try to predict what clues you might find in the text. For example, the first question says that you haven't got much money. What information might you look for in the texts?

3 leer

Read the extract. The writer is describing the hotel Playamar.

Sol, Playa y Asesinato by Julia Montenegro (abridged and adapted)

El Playamar era un edificio emblemático que fue construido a principios del siglo veinte en estilo *art déco*. Cuando mi abuelo lo compró, era una ruina, pero lo restauró completamente. Añadió baños modernos, calefacción, aire acondicionado… En fin, todo lo que un hotel de calidad necesitaba. Estaba situado junto a la playa, con unas vistas preciosas.

Answer the following questions in English. You do not need to write full sentences.

(a) In which century was the hotel built?
(b) Which member of the writer's family bought the hotel?
(c) Which new features were added when the hotel was restored? Mention **two** things.
(d) What is one of the benefits of the hotel's location?

> ⭐ When reading extracts from novels, plays or poems there will be some language that you don't know. Don't panic – you are not expected to understand every word! Use the questions to give you clues about the information you are looking for. Also, use your common sense.

1 escuchar

Your exchange partner's mother, señora Muñoz, is talking about what she does in the holidays. What does she say?

Listen and choose the correct answer for each question.

(a) In the holidays señora Muñoz often goes…
   A shopping.
   B horseriding.
   C swimming.
   D cycling.

(b) She doesn't like going out when it's…
   A raining.
   B bad weather.
   C too hot.
   D too cold.

(c) The new shopping centre has excellent…
   A shops.
   B restaurants.
   C cinemas.
   D air conditioning.

(d) It also offers free…
   A wifi.
   B buses.
   C parking.
   D toilets.

2 escuchar

You are talking to your Spanish friend, Diego, about the campsite he stays at each year. What does he mention? Listen and write the three correct letters.

Example: meals

A internet access
B sports facilities
C rules regarding pets
D shopping facilities
E other guests
F weather
G washing facilities

> ⭐ Don't expect to hear the answer options in Spanish. You have to listen out for **clues** (e.g. *restaurante*, *desayuno*) and then decide which **theme** (e.g. meals) they relate to. Before you listen, try to predict which words you might hear for each option.

diecinueve 19

Módulo 1 — Prueba oral

A – Role play

1 (leer) Look at the role play card and prepare what you are going to say.

> Start with 'I would like'. There is no need to expand your answer here – focus on the **accuracy** of what you say.

> You don't need to give precise dates. Just say how many nights you want to stay.

> What could the receptionist ask you here? It might be a question about you, rather than about the room!

Topic: Travel and tourist transactions

Instructions to candidates:

You are talking to the receptionist at a hotel in Spain and want to book a room. The teacher will play the role of the receptionist and will speak first.

You must address the receptionist as *usted*.

You will talk to the teacher using the five prompts below.

- where you see – **?** – you must ask a question
- where you see – **!** – you must respond to something you have not prepared

Task

Usted está en un hotel en España. Quiere reservar una habitación y habla con el / la recepcionista.

1. Habitación – tipo
2. Habitación – cuántas noches
3. !
4. Este hotel – razón
5. ? Desayuno – ¿precio?

> What reason could you give for choosing this hotel? Keep it simple!

> Start your question with '¿Cuánto…?'.

2 (escuchar) Practise what you have prepared. Then, using your notes, listen and respond to the teacher.

3 (escuchar) Now listen to Ryan doing the role play task. **In English**, note down what he says for the first <u>four</u> bullets.

> ⭐ The final bullet point always requires you to ask a question. Look at the text in the bullet point to see if you can use it to help form the question and decide whether you need to start with a question word. Can you remember what these question words mean?
>
> ¿Qué?   ¿Cuándo?   ¿Cuánto?   ¿Dónde?
> ¿Quién?   ¿Cómo?   ¿Por qué?   ¿A qué hora?

B – Picture-based task

Topic: Holidays

Mira la foto y prepara las respuestas a los siguientes puntos:

- la descripción de la foto
- tu opinión sobre las vacaciones en el extranjero
- la última vez que fuiste de vacaciones
- las actividades de tus próximas vacaciones
- tu opinión sobre las vacaciones en un camping

Módulo 1

1 Look at the photo and read the task. Then listen to Lucy's answer to the first bullet point.
1. Why does she think this is a photo of New York?
2. Which <u>three</u> types of building does she mention?
3. Which <u>three</u> Spanish weather phrases does she use?
4. What do you think *un paraguas* could be?

2 Listen to and read Lucy's answer to the second bullet point.
1. Write down the missing word for each gap.
2. Look at the Answer Booster on page 22. Note down <u>five</u> examples of language which Lucy uses to give a strong answer.

> Me encanta pasar las vacaciones en el extranjero porque soy una **1** ──── de la playa. Siempre tomo el sol, **2** ──── y escucho música. Además, me chifla hacer deportes acuáticos, pero en Inglaterra **3** ──── mucho. Cuando vamos de vacaciones, mi hermana y yo nadamos en el mar y a veces hacemos **4** ──── también. A mi madre le encanta hacer submarinismo. ¡Qué **5** ────!

3 Listen to her answer to the third bullet point. In English, note down <u>five</u> details that she gives.

4 Prepare your own answers to all <u>five</u> bullet points. Then listen and take part in the full picture-based task with the teacher.

> ⭐ For the fourth bullet point, use the **near future tense** to say what you <u>are going to do</u>: present tense of the verb *ir* + *a* + the **infinitive**.
>
> *Voy a ir a Francia con mi familia.*
> **I'm going to go** to France with my family.
> *No vamos a viajar en coche.*
> **We aren't going to travel** by car.

C – General conversation

1 Listen to Stephen introducing his chosen topic. Read the statements and correct the mistakes.
1. Stephen lives in Northern Ireland.
2. When it's sunny he goes out with his brother.
3. He plays football on the beach.
4. Sometimes he rides his horse.

2 The teacher then asks Stephen '*¿Dónde prefieres pasar las vacaciones?*' Write down <u>four</u> examples of different verbs of opinion which Stephen uses.

Example: odio

3 Listen to Stephen's response to the second question '*¿Adónde fuiste de vacaciones el año pasado?*' Look at the Answer Booster on page 22. Write down <u>five</u> examples of language which Stephen uses to give a strong answer.

4 Prepare your own answers to Module 1 questions 1–6 on page 188. Then practise with your partner.

veintiuno 21

Módulo 1 Prueba escrita

Answer booster	Aiming for a solid answer	Aiming higher	Aiming for the top
Verbs	**'I' form verbs:** *soy, salgo, escucho* **Different time frames:** past, present, near future	**Different persons of the verb:** *mis amigos y yo vamos…, fuimos…*	**Verbs with an infinitive:** *aprendí a…, decidí…, tuve que…* **Two past tenses (preterite and imperfect):** *me alojé en… era… y tenía…*
Opinions and reasons	**Verbs of opinion + infinitive:** *me gusta ir…*	**Verbs of opinion with reasons:** *me chifla… porque…, prefiero…*	**Exclamations:** *¡Qué suerte!* **Verbs of opinion for other people:** *le encanta…*
Connectives	*y, pero, también*	*sin embargo, además*	**Add more variety:** *ya que, dado que, por eso, por un lado… por otro lado*
Other features	**Qualifiers:** *muy, un poco, bastante* **Time phrases and sequencers:** *todos los días, primero*	**Negatives:** *no… ni… ni…, nunca…* **Interesting vocabulary:** *soy un(a) fanático/a de…, voy a ir de pesca*	**Positive / Negative phrases:** *lo mejor / peor fue…* **Complex sentences with cuando, donde:** *cuando hace sol…, visitamos… donde…*

A – Picture-based task

1 The words and phrases on the right can be useful for describing a photo. What do they mean **in English**?

2 Look at the task. Which <u>two</u> things are you asked to write about?

A la derecha… A la izquierda… En el centro… En el fondo…	hay… un chico / una chica un hombre / una mujer muchos niños muchas personas	
El (hombre) La (chica)	está…	en el extranjero en la calle
Los (jóvenes) Las (mujeres)	están…	en una fiesta etc.

Las vacaciones en la playa

Estás de vacaciones con tu familia. Publicas esta foto en una red social para tus amigos.

Describe la foto **y** da tu opinión sobre las vacaciones en la playa.

Escribe aproximadamente 20–30 palabras **en español**.

3 Read Laura's answer below. **In English**, note down <u>six</u> details that she gives.

> En esta foto a la izquierda hay dos chicas. En mi opinión, están en la playa en México. Hace calor, y por eso creo que es verano. No me gusta pasar las vacaciones en la playa, porque odio tomar el sol. ¡Qué aburrido!

> The first part of the picture-based task always asks you to describe the photo. Concentrate on giving details such as:
> - **who / what** is in the photo
> - **where** they are
> - what the **weather** is like
>
> The second part of the task always asks for your opinion. Make sure you include **reasons**.

4 Now look at this task and work through the bullets below.
- Note down which two things you are asked to write about.
- Make a note of the key vocabulary you will need.
- Look at the Answer Booster and Laura's text for ideas.
- Write your answer and carefully check what you have written.

Las vacaciones de invierno

Estás de vacaciones en la montaña. Publicas esta foto en una red social para tus amigos.

Describe la foto **y** da tu opinión sobre las vacaciones de invierno.

Escribe aproximadamente 20–30 palabras **en español**.

B – Extended writing task

1 Look at the task and answer these questions:
- What is each bullet point asking you to do?
- Which tense(s) will you need to use to answer each one?

Mis vacaciones

Tu amigo Javier quiere saber cómo pasas las vacaciones.

Escribe una carta a Javier.

Debes incluir los puntos siguientes:
- lo que haces en las vacaciones normalmente
- adónde fuiste de vacaciones el año pasado
- qué tipo de alojamiento prefieres
- los planes que tienes para las vacaciones este verano.

Escribe aproximadamente 80–90 palabras **en español**.

2 Read Mohammed's answer at the bottom of the page. What do the phrases in **bold** mean?

3 Look at the Answer Booster. Note down six examples of language which Mohammed uses to write a strong answer.

> To talk about what you <u>are going to do</u> use the **near future tense**.
> *Voy a ir* a Francia.
> I'm going to go to France.
> *Vamos a ver* un partido.
> We are going to watch a match.

4 Prepare your own answer to the task.
- Look at the Answer Booster and Mohammed's text for ideas.
- Think about how you can develop your answer for each bullet point.
- Write a detailed plan. Organise your answer in paragraphs.
- Write your answer and carefully check what you have written.

Hola Javier:

Tenemos seis semanas de vacaciones en verano. **¡Qué guay!** Cuando hace sol me gusta ir al parque con mis amigos, pero cuando llueve, no salgo.

En febrero fui a **una estación de esquí** en Austria. Lo mejor fue cuando aprendí a esquiar, pero lo peor fue cuando tuve un accidente **en la pista**. Además, el albergue juvenil no tenía ni wifi ni restaurante.

Por lo general prefiero ir a **un hotel de cinco estrellas** porque es muy lujoso y hay aire acondicionado. Sin embargo, **desafortunadamente,** no se admiten perros.

Este año vamos a visitar Pakistán, ya que mis abuelos viven allí. Voy a **ir de pesca** con mi abuelo porque le encanta.

¡Hasta luego!

Mohammed

Módulo 1 — Palabras

¿Qué haces en verano?	What do you do in summer?
Compro un montón de revistas.	I buy loads of magazines.
Escucho música / la radio.	I listen to music / the radio.
Hago deporte / kárate / los deberes / submarinismo.	I do sport / karate / homework / diving.
Juego a los videojuegos / al baloncesto / al voleibol.	I play computer games / basketball / volleyball.
Monto a caballo / en bici.	I go horseriding / cycling.
Nado en el mar.	I swim in the sea.
Salgo con mis amigos / mi hermano/a.	I go out with my friends / my brother / sister.
Toco la guitarra / el piano.	I play the guitar / the piano.
Veo la tele / un partido de fútbol.	I watch TV / a football match.
Voy al parque / a la playa / al centro comercial.	I go to the park / the beach / the shopping centre.

¿Con qué frecuencia?	How often?
siempre	always
a menudo	often
todos los días	every day
a veces	sometimes
una vez a la semana	once a week
dos o tres veces a la semana	two or three times a week
casi nunca	almost never
nunca	never
Cuando…	When…
hace buen tiempo	it's good weather
hace mal tiempo	it's bad weather
hace calor / frío	it's hot / cold
hace sol / viento	it's sunny / windy
llueve / nieva	it's raining / snowing

¿Cómo prefieres pasar las vacaciones?	How do you prefer to spend the holidays?
¿Dónde vives?	Where do you live?
Vivo en el…	I live in the…
norte / sur…	north / south…
este / oeste…	east / west…
de España / México	of Spain / Mexico
de Inglaterra / Escocia	of England / Scotland
de Gales / Irlanda (del Norte)	of Wales / (Northern) Ireland
Tengo… semanas de vacaciones.	I have… weeks holiday.
Soy adicto/a a…	I'm addicted to…
Soy un(a) fanático/a de…	I'm a… fan / fanatic
ya que / dado que	given that / since
Prefiero…	I prefer…
Me gusta…	I like…
Me encanta / Me mola / Me chifla…	I love…
No me gusta (nada)…	I don't like… (at all)
Odio…	I hate…
A (mi padre) le gusta…	(My dad) likes…
estar al aire libre	being outdoors
hacer artes marciales / deportes acuáticos	doing martial arts / water sports
ir de compras / de excursión	going shopping / on an excursion
leer	reading
no hacer nada	doing nothing
tomar el sol	sunbathing
usar el ordenador	using the computer
ver películas	watching films

Mis vacaciones ideales	My ideal holidays
Prefiero ir de vacaciones en…	I prefer going on holiday in…
primavera / verano / otoño / invierno	spring / summer / autumn / winter
Me gusta ir a la costa / al campo / a la montaña / a la ciudad	I like going to the coast / countryside / mountains / city
Prefiero ir a un hotel / un camping / un apartamento / una casa rural	I prefer going to a hotel / campsite / apartment / house in the country
Es divertido / barato / interesante / relajante	It's fun / cheap / interesting / relaxing

¿Adónde fuiste de vacaciones?	Where did you go on holiday?
Hace una semana / un mes	A week / month ago
Hace dos semanas / meses / años	Two weeks / months / years ago
El año / verano pasado	Last year / summer
Fui de vacaciones a…	I went on holiday to…
Francia / Italia / Turquía	France / Italy / Turkey
¿Con quién fuiste?	Who did you go with?
Fui…	I went…
con mi familia / insti	with my family / school
con mi mejor amigo/a	with my best friend
solo/a	alone
¿Cómo viajaste?	How did you travel?
Viajé…	I travelled…
en autocar / avión	by coach / plane
en barco / coche / tren	by boat / car / train

¿Qué hiciste?	What did you do?
primero	first
luego	then
después	after
más tarde	later
finalmente	finally
Lo mejor / peor fue cuando…	The best / worst thing was when…
aprendí a hacer vela	I learned to sail
comí muchos helados	I ate lots of ice creams
compré recuerdos	I bought souvenirs
descansé	I rested
hice esquí / turismo / windsurf	I went skiing / sightseeing / windsurfing
perdí mi móvil	I lost my mobile phone
saqué fotos	I took photos
tomé el sol	I sunbathed
tuve un accidente en la playa	I had an accident on the beach
vi un partido en el estadio	I saw / watched a match at the stadium
visité el Park Güell	I visited Park Güell
visité… a pie / en bici / en Segway	I visited… on foot / by bike / by Segway
vomité en una montaña rusa	I was sick on a roller coaster
fuimos al Barrio Gótico	we went to the gothic quarter
vimos los barcos en el puerto	we saw the boats in the port
visitamos el Museo Picasso	we visited the Picasso Museum

Módulo 1

¿Qué tal lo pasaste? — **How was it?**
Lo pasé fenomenal / fatal — I had a great / awful time
Lo pasé bien / mal — I had a good / bad time
En mi opinión / Creo que… — In my opinion / I think that…
Fue inolvidable / interesante / flipante / horroroso — It was unforgettable / interesting / awesome / awful
¡Qué aburrido / miedo / guay! — How boring / scary / cool!
¡Qué desastre! — What a disaster!
¿Qué tiempo hizo? — What was the weather like?
Hizo buen / mal tiempo. — It was good / bad weather.
Hizo calor / frío. — It was hot / cold.
Hizo sol / viento. — It was sunny / windy.
Llovió / Nevó. — It rained / snowed.
excepto el martes, cuando… — except for Tuesday, when…

¿Dónde te alojaste? — **Where did you stay?**
Me alojé / Me quedé… — I stayed…
  en un albergue juvenil / un hotel — in a youth hostel / a hotel
  en un parador — in a state-run luxury hotel
  en un camping / una pensión — on a campsite / in a guest house
Estaba… — It was…
  cerca de la playa — near the beach
  en el centro de la ciudad — in the city centre
  en el campo — in the country
¿Cómo era el hotel? — What was the hotel like?
Era… — It was…
  un poco / bastante… — a little bit / quite…
  muy / demasiado… — very / too…
    antiguo/a — old
    animado/a — lively
    barato/a — cheap
    caro/a — expensive
    cómodo/a — comfortable
    grande — big
    lujoso/a — luxurious
    moderno/a — modern
    pequeño/a — small
    ruidoso/a — noisy
    tranquilo/a — quiet
Tenía… — It had…
Había… — There was/were…
No tenía ni… ni… — It had neither… nor…
Además, no tenía… — Furthermore, it didn't have…
  (un) bar — a bar
  (un) gimnasio — a gym
  (un) restaurante — a restaurant
  (una) cafetería — a café
  (una) discoteca — a disco
  (una) piscina climatizada — a heated pool
  (una) sauna — a sauna
  mucho espacio — lots of space

Quisiera reservar… — **I would like to book…**
¿Hay… — Is/Are there…
  aire acondicionado? — air conditioning?
  aparcamiento? — parking?
  wifi gratis? — free wifi?
  (una) tienda de recuerdos? — a gift shop?
¿Cuánto cuesta una habitación…? — How much does a… room cost?
Son… euros por noche. — It's… euros per night.
¿A qué hora se sirve el desayuno? — What time is breakfast served?
¿Cuándo está abierto/a el/la…? — When is the… open?
¿Hasta qué hora está abierto/a el/la…? — What time is the… open until?
¿Se admiten mascotas? — Are pets allowed?
Hay un suplemento para perros. — There's a supplement for dogs.
Quisiera reservar… — I would like to book…
  una habitación individual / doble — a single / double room
    con / sin balcón — with / without balcony
    con baño / ducha — with a bath / shower
    con vistas al mar — with sea view
    con cama de matrimonio — with double bed
    con desayuno — with breakfast
    con media pensión — with half board
    con pensión completa — with full board
¿Para cuántas noches? — For how many nights?
Para… noches — For… nights
del… al… de… — from the… to the… of…

Quiero quejarme — **I want to complain**
Quiero… — I want…
  hablar con el director. — to speak to the manager.
  cambiar de habitación. — to change room.
  un descuento. — a discount.
El aire acondicionado… — The air conditioning…
El ascensor… — The lift…
La ducha… — The shower…
La habitación… — The room…
La luz… — The light…
  no funciona. — doesn't work.
  está sucio/a. — is dirty.
Hay ratas en la cama. — There are rats in the bed.
No hay… — There is no…
Necesito… — I need…
  papel higiénico — toilet paper
  jabón / champú — soap / shampoo
  toallas / (un) secador — towels / a hairdryer
¿Cuál es el problema? — What's the problem?
¿Qué habitación es? — Which room is it?
¿Cómo se llama usted? — What are you called? (polite)
¿Cómo se escribe? — How do you spell that?
¿Puede repetir, por favor? — Can you repeat, please?

Mis vacaciones desastrosas — **My disastrous holiday**
Por lo general — In general
Por un lado… por otro lado… — On one hand… on the other hand…
Sin embargo — However
Por eso — Therefore / So
El primer / último día… — (On) the first / last day…
Al día siguiente… — On the following day…
  alquilé una bicicleta — I hired a bicycle
  conocí a mucha gente — I met lots of people
  fui a una fiesta — I went to a festival / party
  perdí mis gafas de sol — I lost my sunglasses
  visité el pueblo — I visited the town / village
  cogimos el teleférico — we took the cable car
  decidimos acampar — we decided to camp
  fuimos de excursión — we went on an excursion
Tuve / Tuvimos… — I had / We had…
  un retraso / una avería. — a delay / a breakdown.
Tuve / Tuvimos que… — I had to / We had to…
  ir a la comisaría. — go to the police station.
  llamar a un mecánico. — call a mechanic.
Perdí / Perdimos… — I lost / We lost…
  el equipaje / la cartera / las llaves. — the luggage / the wallet / the keys.
El paisaje era precioso. — The landscape was beautiful.

veinticinco 25

2 Mi vida en el insti
Punto de partida 1

- Giving opinions about school subjects
- Comparing subjects and teachers

Unidad 1

1 leer Lee las opiniones. Empareja la opinión con el dibujo correcto. Sobran <u>cuatro</u> dibujos.

a b c d e
f g h i j

1. Me encanta la educación física porque es divertida.
2. No me gusta la informática porque es aburrida.
3. Me gustan las matemáticas porque no son difíciles.
4. Me interesa el español porque los idiomas son importantes.
5. Me chifla el arte dramático porque es práctico. ¡Es mi asignatura favorita!
6. Me interesan las empresariales porque son interesantes.

G Opinion verbs

Interesar works like **gustar** and **encantar**.
(Singular noun) **Me interesa** el inglés.   English interest**s me**.
(Plural noun) ¿**Te interesan** las ciencias? Do sciences interest **you**?
Odiar and **preferir** don't need *me, te,* etc.
Odio la religión. Prefiero la música.   I hate RE. I prefer music.

⭐ Remember to use **el/la/los/las** with opinions about nouns and to make adjective endings agree with the noun.

¿Qué opinas (**del** dibujo, de la geografía, de los idiomas, de las empresariales)?					
(No) Me gust**a** (No) Me interes**a** Me encant**a**	**el** dibujo, **el** inglés, **la** geografía, **la** tecnología, **la** biología, **la** música, **la** religión, **la** historia etc.	porque	es	práctic**o/a**, creativ**o/a**, aburrid**o/a** útil, fácil, difícil importante, interesante	
(No) Me gust**an** (No) Me interes**an** Me encant**an**	**los** idiomas, **las** empresariales, **las** ciencias		son	práctic**os/as**, creativ**os/as**, aburrid**os/as** útil**es**, fácil**es**, difícil**es** importante**s**, interesante**s**	

2 escuchar Escucha. Copia y completa la tabla. (1–5)

	subject	opinion	reason
1	art	likes it	very easy

3 hablar Con tu compañero/a, haz diálogos.

- ¿Qué opinas del inglés?
- Me interesa (el inglés) porque es…, pero no me gusta(n)… porque…
- ¿Cuál es tu asignatura favorita?
- Mi asignatura favorita es… Me chifla porque es… y no es…

⭐ Try to use these qualifiers in exercise 3.
demasiado   too
muy   very
bastante   quite
poco   not very

26 veintiséis

Módulo 2

4 Busca <u>seis</u> pares de adjetivos opuestos. Utiliza la sección de vocabulario (página 44) si es necesario.

Ejemplo: severo/a – tolerante

¿Cómo son tus profes?

trabajador(a) · tolerante · paciente

aburrido/a · severo/a · serio/a

simpático/a · gracioso/a · perezoso/a

impaciente · antipático/a · interesante

5 Escucha y escribe la asignatura. Luego apunta <u>tres</u> detalles sobre el profesor / la profesora. (1–5)

Ejemplo: 1 matemáticas – interesante, gracioso, muy paciente

⭐ Before you listen, try to sound out the adjectives in exercise 4, to predict what you may hear.

6 Escucha y completa las frases. Luego tradúcelas al inglés.

1. Mi profesora de arte dramático es más ▬▬▬ que mi profesor de religión.
2. Mi profesor de educación física es menos ▬▬▬ que mi profesora de historia.
3. Mi profe de empresariales es ▬▬▬ que mi profe de tecnología.
4. Mi profe de química es ▬▬▬ que mi profe de física.
5. Mi tutora es tan ▬▬▬ como mi profesora de francés.

G Comparatives › *Page 220*

To make comparisons, use the following:
- *más* (+ adjective) *que*… more… than…
- *menos* (+ adjective) *que*… less… than…
- *mejor que*… better than…
- *peor que*… worse than…
- *tan* (+ adjective) *como*… as… as…

*Mi profe de español es **más severo que** mi profe de dibujo.*
My Spanish teacher is **stricter than** my art teacher.

*Mi profe de ciencias es **tan serio como** mi profe de inglés.*
My science teacher is **as serious as** my English teacher.

7 Lee y busca las expresiones en el texto.

> Me gusta mi nuevo profe de matemáticas porque es muy inteligente y es más imaginativo que mis otros profesores. También es más divertido y tiene buen sentido del humor. En mi opinión, no soy muy buena en matemáticas, pero ahora saco buenas notas porque mi profe explica bien y por eso aprendo mucho.

1. has a good sense of humour
2. explains well
3. now I get good grades
4. that's why I learn a lot
5. I am not very good at
6. more imaginative than my other teachers

8 Escribe sobre tus asignaturas y tus profes.
- *Me encanta <u>la historia</u> porque es <u>interesante</u> y…*
- *También me interesan <u>los idiomas</u> porque son <u>importantes</u>.*
- *Me gusta mi profe de <u>inglés</u> porque es más <u>divertido</u> que mis otros profesores y <u>explica bien</u>. Nunca es <u>aburrido</u>.*

veintisiete 27

Punto de partida 2

- Describing school uniform and the school day
- Using adjectives

1 leer Mira los uniformes. Empareja las expresiones (1–9) con los artículos de ropa (a–i).

Ejemplo: **1 h**

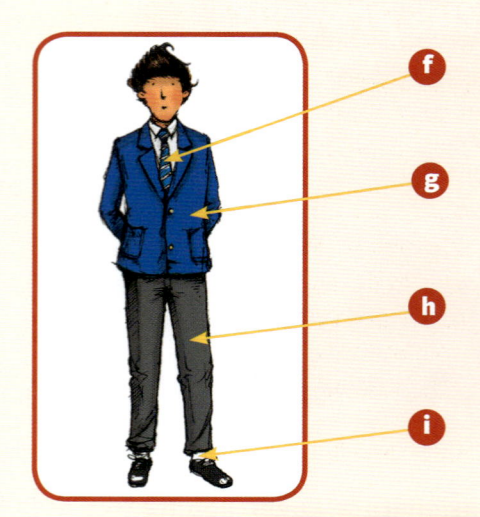

Zona Cultura

En Chile es muy común llevar uniforme. Los chicos llevan una chaqueta azul oscuro, pantalones grises y camisa blanca, y las chicas llevan una falda gris, una camisa blanca y medias azules. Por eso los alumnos chilenos se llaman 'pingüinos'.

1 unos pantalones grises
2 una falda gris
3 un jersey azul oscuro
4 una chaqueta azul oscuro
5 una camisa blanca
6 unos zapatos negros
7 unas medias azul oscuro
8 una corbata azul y blanca
9 unos calcetines blancos

G Adjectival endings for colours ▶ Page 210

Remember to make colour adjectives agree with the noun.

ending	singular		plural	
	masculine	feminine	masculine	feminine
–o	blanc**o**	blanc**a**	blanc**os**	blanc**as**
–e	verd**e**	verd**e**	verd**es**	verd**es**
consonant	azul	azul	azul**es**	azul**es**

Naranja, *rosa* and *violeta* often do not change, but some people add an –s with plural nouns.

A colour followed by **claro** (light) and **oscuro** (dark) always takes the masculine singular form:

un**os** calcetines **azul claro**, un**as** medias **azul oscuro**

2 escuchar Escucha. Copia y completa la tabla en inglés. (1–4)

	uniform details (2)	opinion (P/N / P+N)
1		

gris   morado / violeta   blanco   negro
amarillo   naranja   azul
marrón   rosa   verde   rojo

3 escuchar Escucha otra vez. Apunta la razón en inglés. (1–4)

Llevo…	un jersey (de punto)
Llevamos…	un vestido
Tengo que llevar…	una camisa
Tenemos que llevar…	una camiseta
	una chaqueta (a rayas)
	una corbata
	una falda
	unos pantalones
	unos calcetines
	unos zapatos
	unos vaqueros
	unas medias
(No) Me gusta porque es…	cómodo / incómodo
	bonito / feo
	informal / formal
	elegante
	práctico

Módulo 2

4 Lee los textos. Completa las frases en inglés.

¿Qué opinas del uniforme?

En mi insti todos llevamos uniforme y es superfeo. ¡Qué horror! Tengo que llevar una falda verde oscuro y una chaqueta de punto negra. Pienso que es aburrido y formal, pero mi madre dice que el uniforme mejora la disciplina. **Ximena**

Tenemos que llevar uniforme. Llevamos unos pantalones grises, una corbata a rayas (azul y roja) y una chaqueta negra. Mi amiga piensa que limita la individualidad, pero a mí me gusta porque las diferencias económicas no son tan obvias. **Timo**

una chaqueta de punto — a cardigan

Ximena:
1. In my school we all ———.
2. I think that it is ——— and ———.
3. My mum says that ——— improves ———.

Timo:
4. We wear grey ———, ——— and ———.
5. My friend thinks that ———.
6. I like it because ——— are not as obvious.

5 Con tu compañero/a, habla sobre el uniforme.

- ¿Qué llevas en el insti?
- ¿Qué opinas?

■ Tengo que llevar uniforme. Llevo…
■ (No) Me gusta porque es… y…

6 Escucha y lee. Traduce las expresiones en **negrita** al inglés.

- Mayra, ¿cómo vas al insti?
- Voy al insti en taxi. **Salgo de casa** a las siete. **¡Es demasiado temprano!**
- ¿A qué hora empiezan las clases?
- Depende. Los lunes **las clases empiezan** a las siete y media y **terminan** a las cuatro y media de la tarde.
- ¿Cuántas clases tienes al día?
- Tenemos diez clases al día, ocho **por la mañana** y dos por la tarde. **Cada clase dura** cuarenta y cinco minutos.
- ¿A qué hora es **el recreo**?
- Hay dos recreos de quince minutos y **la hora de comer** es a las dos.

Mayra vive en Arequipa, en Perú

7 Habla sobre tu día escolar. Utiliza el diálogo del ejercicio 6 como modelo.

a pie / andando	en coche
en bici	en metro
en autobús	en tren

⭐ To say you do things on certain days use **los**:
Los viernes tengo matemáticas.

To say 'in the morning' or 'in the afternoon' use **por**:
Por la mañana tenemos dibujo.
Por la tarde hay tres clases.

8 Escribe un párrafo usando tus respuestas a las preguntas de los ejercicios 5 y 6.

veintinueve 29

1 ¡Mi nuevo insti!

- Describing your school
- Using negatives
- Distinguishing between the present and the imperfect

1 Escucha y apunta las <u>tres</u> letras correctas. Sobra una letra. (1–3)

¿Qué instalaciones hay en tu instituto?

Lo bueno es que … / Lo malo es que …

a muchas aulas
b una biblioteca
c un comedor
d un gimnasio
e una piscina
f un laboratorio
g un campo de fútbol
h un salón de actos
i una pista de tenis
j un patio

2 Escucha otra vez. ¿Las opiniones son positivas (P), negativas (N) o positivas y negativas (P+N)? (1–3)

⭐ After **no hay** most Spanish speakers don't use un/una/unos/unas.
No hay ~~una~~ piscina.   There isn't a swimming pool.

3 Lee y completa la ficha en inglés. Luego traduce las frases en **negrita** al inglés.

Voy a un nuevo colegio en Madrid que es privado y masculino. Voy en tren y **nunca llego tarde**. El insti es muy grande y tiene mil trescientos alumnos y ciento veinticinco profesores. **No hay nada antiguo** en mi insti. Todos los edificios son muy modernos y cómodos. Las instalaciones deportivas son excelentes porque hay un gimnasio amplio, un taller de baile y una piscina climatizada. Por desgracia, **no hay ni campos de fútbol ni pistas de baloncesto**. ¡Qué lástima! **Tampoco hay chicas**, ¡que es lo peor! Sin embargo, lo bueno es que las aulas de música están bien equipadas.

School type: ———, ———
Number of pupils and teachers:
——— pupils, ——— teachers
Description of building(s): ———, ———
Facilities: ———, ———, ———
The worst thing: ———
A good thing: ———

4 Escucha y apunta las letras correctas. Luego completa la ficha del ejercicio 3 con los detalles en inglés. (1–6)

a ¿Qué instalaciones hay?
b ¿Cuántos alumnos y profesores tiene?
c ¿Cómo es tu instituto?
d ¿Qué es lo malo?
e ¿Cómo es el edificio?
f ¿Qué es lo bueno?

G Negatives   ▶ Page 213

Negatives are often used in a 'sandwich', around the verb.
No hay **nada**.   There **isn't anything**.
No tenemos **ni** tabletas   We **don't** have **either** tablets
  ni ordenadores.   **or** computers.
Tampoco (not either) and **nunca** (never) often go in front of the verb.
Tampoco hay piscina.   There **isn't** a swimming pool **either**.
Nunca estudia.   He/She **never** studies.

30 *treinta*

Módulo 2

5 hablar Con tu compañero/a, habla sobre tu colegio. Utiliza las preguntas del ejercicio 4.

Mi colegio es	mixto / masculino / femenino
	público / privado
Tiene	(mil quinientos) alumnos y (cincuenta) profesores
En mi colegio hay	un patio, una biblioteca, unos laboratorios, muchas aulas
El edificio es	nuevo(s) / antiguo(s) / moderno(s)
Los edificios son	amplio(s) / pequeño(s)
	feo(s) / atractivo(s)
Lo bueno / malo es que	no hay (ni… ni…)
	la comida es…
	los profesores son…

6 escribir Describe tu instituto. Utiliza el texto del ejercicio 3 como modelo.

7 leer Lee las frases y escribe las letras correctas para cada foto.

Ejemplo: **1** *a*

1 mi instituto
2 mi escuela primaria

a **Es** muy grande y moderno.
b No **había** exámenes ni deberes.
c No **había** muchas instalaciones deportivas.
d Los profesores **son** buenos, pero bastante severos.
e **Hay** dos campos de fútbol y unas pistas de tenis.
f **Era** muy antigua y pequeña.
g Los profesores **eran** muy amables y tolerantes.
h **Hay** bastante estrés y muchos deberes.
i **Hay** muchos clubs y actividades extraescolares.

8 escuchar Escucha. Copia y completa la tabla en inglés.

	primary school (3 details)	secondary school (3 details)
Camilo		
Noa		

⭐ Use the tense of the verb to work out whether a sentence refers to the present or the past.

Remember, you use the **imperfect tense** to describe things in the past.

Present tense | **Imperfect tense**
Es muy grande. | **Era** muy pequeño.
It is very big. | **It was** very small.
Hay muchos exámenes. | No **había** exámenes.
There are lots of exams. | **There weren't** any exams.

🇪🇸 Zona Cultura

El sistema de educación en España tiene cuatro etapas:

Educación infantil
0–6 años

Educación primaria
6–12 años

Educación Secundaria Obligatoria (ESO)
12–16 años

Bachillerato o formación profesional
16–18+ años

treinta y uno **31**

2 ¡Está prohibido!

- Talking about school rules and problems
- Using phrases followed by the infinitive
- Tackling harder listening exercises

1 escribir **Escribe una norma para cada foto.**

Ejemplo: Está prohibido usar el móvil en clase.

¿Cuáles son las normas de tu insti?

Se debe…
No se debe…
No se permite…
Está prohibido…

a **usar** el móvil en clase
b **llevar** piercings en el insti
c **correr** en los pasillos
d **ser** agresivo o grosero
e **llevar** uniforme
f **ser** puntual
g **salir** del instituto durante el día escolar
h **comer** chicle

2 hablar **Con tu compañero/a, presenta tus reglas del ejercicio 1. Tu compañero/a las traduce al inglés. Luego cambia de papeles.**

- ● *No se permite usar el móvil en clase.*
- ■ *You are not allowed to use your phone in class.*

When reading aloud, apply the pronunciation patterns you know.
E.g. **ll** in **ll**evar and pasi**ll**o as in came**ll**o, and **u** in **u**sar, p**u**nt**u**al and d**u**rante as in b**ú**falo.

G Verbs with an infinitive

To describe rules, use these structures followed by the **infinitive**:

Se debe	You/One must
No se debe	You/One must not
Está prohibido	It is forbidden
No se permite	You are not allowed

Está prohibido **correr** en los pasillos.
It is forbidden to run in the corridors.

No se debe **ser** agresivo o grosero.
You/One mustn't be aggressive or rude.

3 escuchar **Escucha. ¿Están de acuerdo con las normas? Escribe las letras del ejercicio 1 y ✓ o ✗ para cada norma. (1–4)**

4 hablar **Con tus compañeros/as, habla de las normas de tu instituto.**

- ● *No se permite llevar piercings en el colegio. Creo que es justo. ¿Qué opinas?*
- ■ *Sí, estoy de acuerdo.*
- ▲ *¡Qué va!*
- ◆ *No estoy de acuerdo. En mi opinión, no es justo.*

Estoy de acuerdo.	I agree.
No estoy de acuerdo.	I disagree.
En mi opinión,…	In my opinion…
Pienso que / Creo que…	I think that…
Es justo.	It's fair.
Es injusto / No es justo.	It's unfair / It's not fair.
¡Qué va!	No way!

treinta y dos

Módulo 2

5 Lee los textos y escribe la letra correcta. Luego busca las frases 1–8 en español.

¿Hay problemas en tu insti?

1 Este año es duro porque tengo que aprobar mis exámenes. Estoy estresado al máximo y tengo miedo de suspender mis pruebas. **Adrián**

2 Hay alumnos que sienten pánico en el insti. Hay otros alumnos que siempre los intimidan y abusan de ellos. ¡No es justo! **Mateo**

3 Quiero mantener mi propia individualidad, pero las reglas son muy severas. ¿Por qué no se permiten piercings ni cortes de pelo extremos? ¡Qué rollo! **Romina**

4 Hay algunos alumnos que hacen novillos y otros van con ellos porque quieren ser parte de su pandilla. A veces los amigos son una mala influencia. **Ivana**

hacer novillos — to skive

a el acoso escolar
b las normas estrictas
c la presión del grupo
d el estrés de los exámenes

1 I want to maintain my own individuality
2 (they) are a bad influence
3 I have to pass my exams
4 I am totally stressed out
5 the rules are very strict
6 I am scared of failing my tests
7 (they) want to be part of their gang
8 (they) feel panic

6 Escucha y lee. Apunta las respuestas de Román.

¿Qué opinas de las normas?

1 ¿Qué opinas del uniforme escolar en general?
a es caro
b es feo
c es una buena idea

2 ¿Cuál es la norma más importante de tu instituto?
a respetar las instalaciones
b respetar a las otras personas
c llevar el uniforme correcto

3 ¿Qué piensas de las normas de tu instituto?
a son necesarias
b son demasiado severas
c algunas normas son buenas

4 ¿Hay problemas en tu insti?
a sí, el acoso escolar
b sí, hay muchos problemas
c no hay problemas

5 ¿Qué es lo mejor de tu insti?
a los amigos
b las actividades extraescolares
c los exámenes

el acoso — bullying

⭐ Listening tasks often include *distractors*. Always listen to the end before choosing an answer. Listen out, too, for things expressed in different words to the ones on the page. Finally, listen out for **no** which completely changes the meaning.

7 Escribe un texto sobre las normas y los problemas de tu insti.

Las normas	Los problemas
En mi instituto hay muchas normas.	A veces hay problemas en el insti.
Se debe (llevar uniforme).	Un problema es (el estrés de los exámenes). Otro problema es...
Tenemos que llevar... En mi opinión,...	Pero lo mejor de mi insti es (la biblioteca).
También hay otras normas. Por ejemplo:	
Está prohibido...	
Además, no se permite...	
Tampoco se debe (comer chicle en clase).	

treinta y tres 33

3 ¡Destino Zaragoza!

- Talking about plans for a school exchange
- Using the near future tense
- Asking and answering questions

1 Lee el texto. ¿Verdadero o falso? Escribe V o F.

Soy Tyler. Voy al insti en Cambridge. La semana que viene voy a participar en un intercambio. Voy a viajar con mi clase a Zaragoza. Voy a conocer a mi compañero Víctor, voy a alojarme en su casa y a visitar su colegio. ¡Va a ser genial!

Intercambio
Colegio M. Mª Rosa Molas, Zaragoza, España
+
Comberton Village College, Cambridge, Inglaterra
Fechas
Primera visita: Zaragoza 20–27 de septiembre
Segunda visita: Cambridge 13–20 de abril

Tyler…
1 va a viajar a España en septiembre.
2 va a ir solo a Zaragoza.
3 va a conocer a su compañero español.
4 va a alojarse en un albergue juvenil.
5 no va a ir al colegio en España.

2 Escucha y lee el vídeo mensaje de Víctor. Escribe las letras en el orden correcto. Luego traduce las frases en **negrita** al inglés.

¡Hola! Soy Víctor. Bienvenidos a mi instituto. Se llama Colegio M. Mª Rosa Molas. Ahora **voy a contestar a** tus preguntas sobre el intercambio.

Tu grupo **va a llegar** el martes a las tres al aeropuerto de Zaragoza. **Voy a estar** allí con mi familia.

El miércoles **vamos a ir** al colegio. Vivimos muy cerca, así que **vamos a ir a pie**.

Vas a asistir a mis clases. El recreo es a las 10.55. Después **vamos a tener** una clase de inglés. ¡**Va a ser** superfácil para ti!

Es obligatorio llevar uniforme. Llevamos pantalón o falda gris, polo blanco y jersey azul marino. Pero tu grupo **va a llevar** ropa de calle.

El primer día **vamos a comer** juntos en el comedor. Luego **vamos a volver** a casa.

El resto de la semana **vamos a hacer** muchas cosas diferentes. ¡**Va a ser** guay!

asistir   to attend
la ropa de calle   normal clothes

G The near future   › Page 204

Use the **near future tense** to say what you are going to do. Use the present tense of *ir* + *a* + infinitive.

voy
vas
va   visitar
vamos   a   comer
vais   salir
van

3 Escribe la programación para el miércoles en inglés.

Walk to school…

treinta y cuatro

Módulo 2

4 leer **Pon las preguntas en el orden correcto, según el ejercicio 2.**
Ejemplo: 5, …

1 ¿**Qué** ropa vamos a llevar?
2 ¿**Cómo** vamos a ir al instituto?
3 ¿**Dónde** vamos a comer?
4 ¿**A qué hora** es el recreo?
5 ¿**Cuándo** vamos a llegar?
6 ¿**Qué** vamos a hacer el miércoles?

> **G Asking questions**
>
> To form questions, follow the question word with the verb.
>
> ***Vamos a llegar*** *al aeropuerto.*   *¿Cuándo **vamos a llegar**?*
> We are going to arrive at the airport. When are we going to arrive?
>
> Remember to use an inverted question mark at the start of each question, and a 'tilde' on each question word.

5 escuchar **Escucha y comprueba.**

6 hablar **Haz un diálogo. Utiliza las preguntas del ejercicio 4 y los detalles del recuadro.**

● *¿Cuándo vamos a llegar al instituto?*
■ *Vamos a llegar a las ocho y cuarto.*

> You and your Spanish exchange partner are talking about a day in your school.
>
> Arrive at school: 8:15
> Transport: bus
> Break: 10:30
> Lunch: 12:30, canteen
> Wear: own clothes
> Thursday: do lots of things, attend classes, do sports

7 escuchar **Escucha. Copia y completa la tabla en inglés. (1–3)**

	in the morning	in the afternoon
1st day		
2nd day		
last day		

Voy a…	hacer	turismo por la ciudad
Vas a…		una visita guiada (al colegio)
Vamos a…	asistir	a clase
	ir	al parque
		a casa
		a una churrería
		de excursión (a un castillo)
	ver	una película
		los edificios importantes

chocolate con churros

Zaragoza

Castillo de Loarre

8 escribir **Escribe un correo a tu compañero/a de intercambio. Describe los planes para su próxima visita. Utiliza las frases del recuadro.**

> *El primer día, por la mañana vas a…*
> *Por la tarde, primero vamos a…, luego…*
> *El segundo día vamos a…*
> *Después del colegio, …*

Programación: Intercambio

Primer día
Mañana: asistir a clases
Tarde: (1) visita guiada de la ciudad (2) parque

Segundo día:
Mañana: (1) excursión (castillo) (2) turismo
Tarde: a casa – película

⭐ Vary your writing by including details about your school routine, for example, what time lessons start and finish, when break is, where you are going to have lunch.

treinta y cinco **35**

4 Mis clubs y mis éxitos

- Talking about activities and achievements
- Understanding object pronouns
- Using three tenses together

1 Escucha y lee los textos. Completa las frases en inglés. ¿Qué significan las frases en negrita?

Asisto a mi instituto desde hace tres años y toco la trompeta en la Big Band de mi insti. **Me encanta la Big Band porque es genial**. El verano pasado dimos un concierto y yo toqué un solo de trompeta. ¡Fue un éxito porque solo toco la trompeta desde hace seis meses! **Tomás**

Practico el judo desde hace nueve años. El trimestre pasado gané mi cinturón marrón. Hay muchos clubs extraescolares en mi insti. ¡Es superdivertido! **Me molan los clubs porque te ayudan a hacer nuevos amigos. Gael**

Voy al club de ajedrez cada semana desde hace dos años. Participamos en concursos nacionales y el año pasado gané un trofeo en mi categoría. ¡Fue flipante! En mi opinión las actividades extraescolares son importantes. **Te ayudan a aprender cosas interesantes. Amelia**

1. Gael has been ——— for nine years.
2. Last term he ———.
3. Tomás plays ——— in his school Big Band.
4. Tomás' solo was an achievement because ———.
5. For two years, Amelia has been ——— every week.
6. With her club she competes in ———.

G Desde hace

To say how long you've been doing something use **desde hace** and the present tense of the verb.

¿**Desde hace** cuánto tiempo tocas el piano?
How long have you been playing the piano?

Toco el piano **desde hace** seis años.
I have been playing the piano **for** six years.

2 Escucha. Para cada persona, elige la respuesta correcta. Sobra una opción. (1–3)

- Como actividad extraescolar…
  a toca un instrumento. b baila. c practica deporte. d es miembro de un club.
- Desde hace…
  a tres años. b un mes. c un año. d seis meses.
- Un éxito reciente fue cuando hizo…
  a un maratón de baile. b una prueba. c una película. d un solo.
- Fue…
  a guay. b flipante. c genial. d un éxito.

3 Con tu compañero/a, pregunta y contesta.

- ¿Qué actividades extraescolares haces?
- *Soy miembro del club de…*
- ¿Desde hace cuánto tiempo?
- *Desde hace…*
- ¿Qué opinas de los clubs extraescolares?
- *Me chiflan porque…*
- Háblame de un éxito reciente.
- *El año pasado participé en… ¡Fue genial!*

¿Qué opinas de los clubs extraescolares?	
Son	divertidos / geniales / interesantes
Te ayudan a	aprender cosas interesantes / hacer nuevos amigos

Soy miembro del club de (cine) / Bailo Zumba / Toco el violín / el piano / la guitarra	
¿Desde hace cuánto tiempo?	Desde hace… seis meses / un año / tres años
El año / verano / trimestre pasado…	
participé en	un maratón / un torneo / un concierto / un campeonato / un concurso
saqué	una buena nota
gané / ganamos	un trofeo / un premio
hice / hicimos	una prueba / una película
¡Fue	flipante / genial / guay / un éxito!

Módulo 2

4 Escucha y apunta los detalles en inglés. (1–3)

	present	past events	future plans
1	jazz club		

| mejorar mi técnica | improve my technique |
| el fútbol sala | futsal |

> Time expressions can help you decide if people are talking about the past, present or future.
> **Past:** *el año pasado, el trimestre pasado*
> **Present:** *ahora*
> **Future:** *el próximo trimestre, el año que viene*
> But note: *este trimestre* (this term) can refer to present, past or future.

5 Lee los textos. Contesta a las preguntas en inglés.

Este trimestre voy al club de teatro. **Lo** hago todos los lunes. En marzo estudiamos una obra de teatro y luego **la** vimos en Madrid. El próximo trimestre voy a ir al club de periodismo. El trimestre pasado tuvimos una visita de dos periodistas. **Los** escuchamos una hora y media. **José**

Canto en el coro del colegio. El verano pasado en julio cantamos en un concurso nacional y **lo** ganamos. Voy a continuar con el coro porque me mola. Otra cosa que me chifla es leer novelas. En casa **las** leo siempre, pero no voy a ir al club de lectores. **Kiara**

| la obra de teatro | play |
| el periodismo | journalism |

1. What does José do every Monday?
2. What did he do in Madrid?
3. What did they do last term when visitors came to the journalism club?
4. What did Kiara's choir win last summer?
5. What does she read all the time at home?

G Direct object pronouns > Page 214

A direct object pronoun replaces the **noun** which has just been mentioned.
It agrees with the noun it replaces:

	masculine	feminine
singular	lo (him / it)	la (her / it)
plural	los (them)	las (them)

It usually goes before the verb:
*Toco **el saxofón**. **Lo** toco.*
I play **the** saxophone. I play **it**.

6 Traduce el texto al inglés.

En mi insti hay muchas actividades extraescolares. Me mola la fotografía y soy miembro del club de fotografía desde hace dos años. Lo hago los martes durante la hora de comer. El trimestre pasado gané un premio con mi mejor foto. También me gusta la natación y la hice el año pasado, pero no voy a continuar porque no tengo tiempo.

Desde hace changes the way we translate the present tense. Instead of 'I am', **soy** here means…?

What do *lo* and *la* mean here? Rearrange the word order to make the English sound natural.

Past, present or future? How do you know?

Which tense is this? Apart from the verb ending, what other clue can you see?

7 Escribe un artículo. Debes incluir los siguientes puntos:

- *Tus actividades extraescolares: Soy / Practico / Toco…*
- *Tu opinión de las actividades: Me gusta / mola porque…*
- *Un éxito reciente: El año / trimestre pasado…*
- *Tus planes para participar en un club o en una actividad en el futuro: El próximo año / trimestre… voy a / vamos a entrenar / ir / continuar con / mejorar / formar…*

treinta y siete 37

Módulo 2   Leer y escuchar

1 leer   Read the opinions about school facilities on a website forum.

> **www.micolegio.es**
>
> **Vicente** Me gustan todas las instalaciones de mi instituto. Todos los edificios son nuevos y cómodos y las instalaciones deportivas son excelentes.
>
> **Regina** Hay una biblioteca muy amplia donde me gusta estudiar durante la hora de comer. Sin embargo, necesita más instalaciones de informática.
>
> **Iván** El campo de fútbol es demasiado pequeño y no hay piscina. ¡Qué pena! Lo mejor es el nuevo estudio de teatro.
>
> **Alma** Lo peor son las aulas porque son muy antiguas. ¡No me gustan nada!

Who says what about their school facilities? Write **Vicente**, **Regina**, **Iván** or **Alma**.
You can use each person more than once.

Example: Vicente likes all of the school facilities.

(a) _____ doesn't like the classrooms.
(b) _____ thinks they need better sports facilities.
(c) _____ thinks there are not enough computers.
(d) _____ says all the buildings are modern.
(e) _____ is keen on acting.
(f) _____ likes doing homework at school.

2 leer   Lee el artículo sobre el uniforme escolar.

> Hay un debate sobre el uniforme escolar en España, y son muchos los argumentos a favor y en contra. A la mayoría de los alumnos no les gusta el uniforme porque piensan que les limita la individualidad.
>
> Por otro lado, muchos padres consideran que hay menos conflictos entre los alumnos si hay uniforme escolar porque las diferencias económicas son menos obvias. Sin embargo, algunos padres dicen que comprar el uniforme escolar representa un coste adicional, y que no resulta más económico.

Completa cada frase con una palabra del recuadro de abajo. No necesitas todas las palabras.

~~institutos~~	caro	popular	barato
disputas	elegantes	individuales	diversas
común	positivas	uniforme	normas

⭐ In this type of task it helps to use grammar and meaning together. For example, in the first question, are you looking for a noun or an adjective? Singular or plural? Which word fits best if the article says the arguments about uniform are *a favor y en contra*?

Ejemplo: El artículo trata del uniforme en los institutos.

(a) Las opiniones sobre el uniforme escolar son _____.
(b) Entre los alumnos el uniforme no es muy _____.
(c) Los alumnos piensan que el uniforme no les permite ser _____.
(d) Los padres piensan que los uniformes escolares reducen las _____.
(e) Algunos padres piensan que el uniforme escolar es _____.

Módulo 2

3 *leer* **Read the text about what Apolodoro says to his father.**

Amor y pedagogía by Miguel de Unamuno (abridged and adapted)

Y vuelve Apolodoro de la escuela, y hoy le dice a su padre:
—Papá, ya sé quién es el más inteligente de la escuela…
—¿Y quién es?
—Joaquín es el más inteligente de la escuela, el que sabe* más…
—¿Y crees tú, Apolodoro, que la persona que sabe más es la persona más inteligente?
—Claro que es la persona más inteligente…
—Pero una persona puede saber menos y ser más inteligente.
—Entonces, ¿en qué se le conoce?
Y el pobre padre, confundido por todo esto, dice:
—Vamos, Apolodoro, escribe a tu tía*.

saber = to know
tía = aunt

Answer the following questions in English. You do not need to write full sentences.

> With texts that include dialogue, it's important to work out who says each line to help you pinpoint the correct information to answer each question.

(a) Where has Apolodoro been today?
(b) According to Apolodoro, what is Joaquín like?
(c) Apolodoro's father disagrees with Apolodoro. What does he say?
(d) Finally, what does Apolodoro's father tell him to do?

1 *escuchar* **You listen to a radio interview with a teenager, Jorge, from Salamanca about problems at school. What problems does Jorge mention? Listen and write the three correct letters.**

Example: subjects
A buildings and facilities
B rules
C uniform
D school clubs
E teachers
F stress
G homework

2 *escuchar* **Your Spanish teacher is explaining how the school Spanish exchange works. Complete the sentences. Use the correct word or words from the box.**

experience	trip
ten days	seven days
town	families
a hostel	lessons

(a) The exchange is a very special type of school trip and lasts for _____.
(b) In Spain all the pupils stay with _____ and go into _____.

3 *escuchar* **You hear the following Spanish news report about changes to the primary school curriculum on the radio. Listen to the report and answer the following questions in English.**

(a) When were the changes introduced?
(b) How many hours per week of maths do pupils do now?
(c) What does the report say about English?

treinta y nueve **39**

Módulo 2   Prueba oral

A – Role play

1 Look at the role play card and prepare what you are going to say.

Use language that you know well. Remember that accuracy and correct pronunciation are important.

Think carefully about the article – *un*, *una*, *unos* or *unas*?

Try to predict what you might be asked about. It will be something not covered by the other bullets.

Topic: What school is like
Instructions to candidates:
You are talking to a Spanish friend about school. The teacher will play the part of your Spanish friend and will speak first.
You must address your Spanish friend as *tú*.
You will talk to the teacher using the five prompts below.
- where you see – **?** – you must ask a question
- where you see – **!** – you must respond to something you have not prepared

Task
Estás en casa de un/a amigo/a español/a. Hablas con tu amigo/a sobre el colegio.
1 Tu colegio – tipo
2 Instalaciones
3 **!**
4 Actividad extraescolar
5 **?** Profesores – opinión

Be confident in the verb form you choose – *soy, voy, hago, juego…*

You could start your question 'Do you like… ?' How else might you ask the question here?

2 Practise what you have prepared. Then, using your notes, listen and respond to the teacher.

3 Now listen to Zoah doing the role play task.
Note down what she says **in Spanish**.

B – Picture-based task

Topic: School activities
Mira la foto y prepara las respuestas a los siguientes puntos:
- la descripción de la foto
- tu opinión sobre tocar música
- un viaje escolar que hiciste con tu colegio
- una actividad que vas a hacer en el colegio
- tu opinión sobre los intercambios escolares

1 Look at the photo and read the task. Then listen to Cameron's answer to the first bullet point.
1 Why does he think they are in school?
2 What is his opinion of the activity in the photo?
3 Which <u>three</u> expressions does he use to introduce his opinions?

40 *cuarenta*

Módulo 2

2 **Listen to and read Cameron's answer to the second bullet point.**

1. Write down the missing word for each gap.
2. Look at the Answer Booster on page 42. Note down <u>five</u> examples of language which Cameron uses to give a strong answer.

> If you prefer sport to music, say so! Then develop your answer in a similar way to this one, giving details of sporting clubs and activities you do and events and successes you have had.

> Me encanta la música porque es una actividad muy **1** _____. No toco ni el piano ni la guitarra, pero canto **2** _____ hace cinco años en el coro. En mi insti **3** _____ un coro muy grande y muy bueno. El año pasado **4** _____ en un concurso nacional y ganamos. ¡Fue guay! Lo **5** _____ de mi insti es que hay muchos clubs diferentes.

3 **Listen to Cameron's response to the third bullet point.**

1. **In Spanish**, note down <u>five</u> verbs that he uses: what tense and which person of the verb does he use?
2. How does Cameron say 'Next year I am going to take part in an exchange to Spain'?

> Even if the question doesn't refer to the future, you can still do so, to show what you know. Use the near future tense, *voy a*, or *quiero* + the **infinitive**.

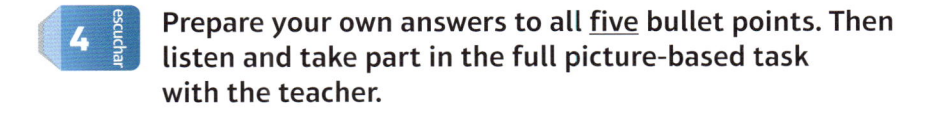

4 Prepare your own answers to all <u>five</u> bullet points. Then listen and take part in the full picture-based task with the teacher.

> Look at the language you used to talk about school clubs in Unit 4 (pp. 36–37). Could you use or adapt it to give your opinion on school exchanges?

C – General conversation

1 **Listen to Joe introducing his chosen topic. Complete the sentences in English.**

1. Joe has been going to this school…
2. He loves it because…
3. He normally goes to school…
4. Lessons finish at…
5. Today Joe is going to…

2 The teacher then asks Joe '¿Qué asignaturas te gustan y no te gustan?' Look at the Answer Booster on page 42. Write down <u>five</u> examples of language which Joe uses to give a strong answer.

3 Listen to how Joe answers the next question, '¿Qué opinas del uniforme escolar?'
Note down in **English** <u>two</u> negative and <u>two</u> positive aspects of school uniform that Joe mentions.

4 Prepare your own answers to Module 2 questions 1–6 on page 188. Then practise with your partner.

> You can produce a stronger answer if you describe both positive and negative points of view. Use *por un lado…por otro lado* to introduce opposing opinions.

cuarenta y uno

Módulo 2   Prueba escrita

Answer booster	Aiming for a solid answer	Aiming higher	Aiming for the top
Verbs	'I' form verbs: *voy, toco* Different time frames: past, present, near future	Different persons of the verb: *vas a asistir, vamos, dimos* Desde hace: *canto desde hace…*	Verbs with an infinitive: *(no) se debe, está prohibido, quiero…*
Opinions and reasons	Verbs of opinion: *me gusta, me encanta*	Different verbs of opinion with reasons: *me interesa / prefiero / odio… porque… mi… favorito/a es…*	Comparatives: *es más / menos interesante que…* Exclamations: *¡Qué guay! ¡Fue un éxito! ¡No es justo!*
Connectives	*y, pero, también*	*sin embargo, además*	Add more variety: *dado que, ya que, así que, por un lado… por otro lado…*
Other features	Qualifiers: *demasiado, un poco, bastante* Time phrases and sequencers: *después, siempre, la semana pasada, el año que viene*	Negatives: *no… ni… ni…, tampoco, nunca…* Interesting vocabulary: *aprender muchas cosas nuevas, ropa de calle*	Positive / Negative phrases: *lo bueno / malo / mejor / peor es…* Complex sentences with *donde*: *vamos a sacar…*

A – Short writing task

1 **Look at the task and answer the questions.**
- What type of text are you asked to write?
- What is each bullet point asking you to do?
- Which tense(s) will you need to use to answer each one?

Los estudios en España
Usted quiere estudiar en España.
Escriba usted un email al director de un instituto con la siguiente información:

- qué asignaturas estudia
- su asignatura favorita
- qué actividades extraescolares hace
- qué va a hacer en España.

Escriba aproximadamente 40–50 palabras **en español**.

2 **Read Micaela's answer. Put the paragraphs in the order of the bullet points in the task.**

Estimado señor:

A Soy bastante deportista. Hago atletismo desde hace cinco años y soy miembro del equipo escolar.

B Estudio inglés, matemáticas, ciencias, español y otras asignaturas. Me gustan todas mis asignaturas.

C Voy a vivir con una familia española, así que voy a mejorar mi español y a aprender muchas cosas nuevas. Además, quiero hacer un poco de turismo.

D Mi asignatura favorita es el inglés, pero también me encantan los idiomas extranjeros.

3 **Look at the Answer Booster. Note down six examples of language which Micaela uses to write a strong answer.**

4 **Prepare your own answer to the task.**
- Look at the Answer Booster and Micaela's text for ideas.
- Write a plan. Organise your answer.
- Write your answer and carefully check what you have written.

⭐ You need to cover each bullet to communicate all of the required information. You can achieve this with either one or two sentences for each.

cuarenta y dos

Módulo 2

B – Extended writing task

1 Look at the task and answer these questions:
- What type of text are you asked to write?
- What is each bullet point asking you to do?
- Which tense(s) will you need to use to answer each one?

2 Read Rebekah's answer at the bottom of the page. What do the phrases in **bold** mean?

3 Look at the plan of Rebekah's answer. Write down the missing word(s) for each gap.

4 Look at the Answer Booster. Note down <u>six</u> examples of language which Rebekah uses to write a strong answer.

5 Prepare your own answer to the task.
- Look at the Answer Booster and Rebekah's answer for ideas.
- Think about how you can develop your answer for each bullet point.
- Write a detailed plan. Organise your answer in paragraphs.
- Write your answer and then check carefully what you have written.

Mi colegio

Tu amiga Maya va a visitar tu colegio.

Escribele un correo electronico.

Debes incluir los siguientes puntos:
- cómo es tu colegio
- qué hiciste la semana pasada en una clase
- tus opiniones sobre las normas
- lo que vas a hacer en tu colegio durante su visita.

Escribe aproximadamente 80–90 palabras **en español**.

First paragraph
- What the **1** ———— are like
- The **2** ———— thing about it

Second paragraph
- In my PE lesson I **3** ————
- We **4** ———— at the end of the lesson
- It was **5** ————

Third paragraph
- Opinion of some **6** ————
- Opinion of the **7** ———— rule
- What I'm going to **8** ———— next year

Fourth paragraph
- The plan for the **9** ———— of the visit
- What we will do in the **10** ————

Hola Maya:

Mi insti es grande, mixto y público. Hay unos edificios antiguos y **otros más modernos**. Sin embargo, no hay ni piscina ni pista de atletismo. **Lo peor es que hay** bastante estrés por los exámenes.

La semana pasada en mi clase de educación física **hicimos una rutina de baile** con música. Despues, **hicimos una presentación** al final de la clase. ¡Fue un éxito!

En mi opinión, **algunas normas son justas**. Sin embargo, está prohibido llevar piercings y ¡eso no es justo! **El año que viene** voy a llevar ropa de calle y muchos piercings. ¡Qué guay!

El miércoles durante tu visita **vas a asistir a mis clases**. Por la tarde vamos a ir al club de fotografía **donde vamos a sacar y a editar fotos**.

¡Hasta pronto!
Rebekah

Rebekah

⭐ Remember, even when a bullet does not require it, you can improve your answer by including more than one tense. Can you spot an example of this in the third paragraph?

cuarenta y tres 43

Módulo 2 Palabras

¿Te interesa(n)…?	Are you interested in…?	la tecnología	technology
el arte dramático	drama	los idiomas	languages
el dibujo	art / drawing	las empresariales	business studies
el español	Spanish	las matemáticas	maths
el inglés	English	las ciencias	science
la biología	biology	la asignatura	subject
la educación física	PE	¿Qué opinas de…?	What do you think of…?
la física	physics	me encanta(n)	I love
la geografía	geography	me chifla(n)	I love
la historia	history	me interesa(n)	I'm interested in
la informática	ICT	me gusta(n)	I like
la lengua	language	no me gusta(n)	I don't like
la química	chemistry	odio	I hate
la religión	RE	prefiero	I prefer

¿Cómo son tus profes?	What are your teachers like?	aburrido/a	boring
Mi profe (de inglés) es…	My English teacher is…	gracioso/a	funny
joven	young	serio/a	serious
viejo/a	old	simpático/a	nice / friendly
severo/a	strict	antipático/a	unfriendly
tolerante	easy-going	más divertido/a que	more fun than
impaciente	impatient	menos creativo/a que	less creative than
paciente	patient	tan interesante como	as interesting as
interesante	interesting		

¿Qué llevas en el insti?	What do you wear at school?	rojo	red
(No) llevo…	I (don't) wear…	morado / violeta	purple
(No) llevamos…	We (don't) wear…	naranja	orange
Tengo que llevar…	I have to wear…	rosa	pink
Tenemos que llevar…	We have to wear…	azul	blue
un jersey (de punto)	a (knitted) sweater	verde	green
un vestido	a dress	gris	grey
una camisa	a shirt	marrón	brown
una camiseta	a t-shirt	oscuro / claro	dark / light
una chaqueta (a rayas)	a (striped) jacket	a rayas / a cuadros	striped / checked
una chaqueta de punto	a cardigan	bonito / feo	pretty / ugly
una corbata	a tie	cómodo / incómodo	comfortable / uncomfortable
una falda	a skirt	formal / informal	formal / informal
unos pantalones	trousers	elegante	smart
unos calcetines	socks	práctico	practical
unos zapatos	shoes	El uniforme…	Uniform…
unos vaqueros	jeans	mejora la disciplina	improves discipline
unas medias	tights	limita la individualidad	limits individuality
amarillo	yellow	Las diferencias económicas	The economic differences
blanco	white	no son tan obvias.	are not as obvious
negro	black		

¿Cómo es tu insti?	What is your school like?	amplio(s)	spacious
En mi insti hay…	In my school there is…	pequeño(s)	small
Mi insti tiene…	My school has…	feo(s)	ugly
un salón de actos	a hall	atractivo(s)	attractive
un comedor	a canteen	lo bueno / malo es que…	the good / bad thing is that…
un campo de fútbol	a football pitch	lo mejor / peor es que…	the best / worst thing is that…
un patio	a playground	ni…ni…	(n)either…nor…
un gimnasio	a gym	nada	nothing / anything
una piscina	a pool	tampoco	not either
una biblioteca	a library	En mi escuela primaria…	In my primary school…
una pista de tenis	a tennis court	(no) había…	there was/were (not any)…
unos laboratorios	some laboratories	exámenes	exams
muchas aulas	lots of classrooms	deberes	homework
Mi instituto / colegio es…	My school is…	instalaciones (deportivas)	(sports) facilities
mixto	mixed	actividades extraescolares	extra-curricular activities
femenino / masculino	all girls / all boys	la educación infantil	pre-school education
público / privado	state / private	la educación primaria	primary education
El edificio es…	The building is…	la educación secundaria	secondary education
Los edificios son…	The buildings are…	el bachillerato	A levels
nuevo(s)	new	la formación profesional	vocational training
antiguo(s)	old	el instituto	secondary school
moderno(s)	modern		

Módulo 2

¿Cómo vas al insti? / How do you get to school?

Voy al insti…	I go to school…
a pie / andando	on foot / walking
en bici	by bike
en autobús	by bus
en coche	by car
en metro	by underground
en taxi	by taxi
en tren	by train
Salgo de casa a las…	I leave home at…
Las clases empiezan a las… y terminan a las…	Lessons start at… and finish at…
Tenemos… clases	We have… lessons
al día	per day
por la mañana	in the morning
por la tarde	in the afternoon
Cada clase dura…	Each lesson lasts…
el recreo	break
la hora de comer	lunch

¿Cuáles son las normas de tu insti? / What are the rules in your school?

Está prohibido…	It is forbidden…
No se permite…	You are not allowed…
No se debe…	You / One must not…
comer chicle	to chew chewing gum
usar el móvil en clase	to use your phone in lessons
llevar uniforme	to wear a uniform
ser agresivo o grosero	to be aggressive or rude
correr en los pasillos	to run in the corridors
llevar piercings	to have visible piercings
ser puntual	to be on time
salir del insituto durante el día escolar	to leave the school during the school day
estoy de acuerdo	I agree
no estoy de acuerdo	I disagree
En mi opinión, …	In my opinion, …
Pienso que / Creo que…	I think that…
es justo	it's fair
es injusto	it's unfair
no es justo	it's not fair
¡Qué va!	No way!
Las normas son…	The rules are…
buenas / malas	good / bad
necesarias	necesary
demasiado severas	too strict

¿Hay problemas en tu insti? / Are there problems in your school?

Un problema es…	One problem in my school is…
el estrés de los exámenes	exam stress
el acoso escolar	bullying
la presión del grupo	peer pressure
Estoy estresado/a.	I am stressed out.
Tengo miedo de…	I am scared of…
suspender mis pruebas.	fail(ing) my assessments.
aprobar mis exámenes	pass my exams
Hay (algunos) alumnos que…	There are (some) pupils who…
intimidan	intimidate
abusan	abuse
sienten pánico	feel panic
hacen novillos	skip lessons
quieren ser parte de la pandilla	want to be part of the gang
son una mala influencia	are a bad influence

¿Qué vas a hacer? / What are you going to do?

Voy a…	I'm going to…
Vamos a…	We're going to…
participar en un intercambio	take part in an exchange
viajar con mi clase	travel with my class
conocer	meet / get to know
visitar	visit
llegar	arrive
estar	be
asistir a clases	attend lessons
ir a pie	walk
llevar ropa de calle	wear (my/your/our) own clothes
ir / comer juntos	go / eat together
ir de excursión	go on a trip
hacer turismo	see the sights
hacer una visita guiada	do a guided tour
ver los edificios	see the buildings
Va a ser…	It's going to be…
fácil / guay	easy / cool

Éxitos / Successes / Achievements

practico el judo	I do / have been doing judo
toco la trompeta	I play / have been playing the trumpet
canto en el coro	I sing / have been singing in the choir
voy al club de (ajedrez)	I go / have been going to (chess) club
soy miembro del…	I am / have been a member of the…
club de teatro	drama club
club de periodismo	reporters club
club de lectores	reading club
club de fotografía	photography club
desde hace…años	for… years
el trimestre pasado…	last term…
participé en…	I took part in…
un maratón	a marathon
un torneo	a tournament
un concierto	a concert
un campeonato	a championship
un concurso	a competition
hice / hicimos…	I did / we did…
una prueba	a test / exam
una película	a film
gané / ganamos…	I won / we won…
un trofeo	a trophy
un premio	a prize
toqué un solo	I played a solo
¡Fue un éxito!	It was a success!
este trimestre	this term
el próximo trimestre	next term
voy a continuar con…	I'm going to continue with…
voy a ir al club de…	I'm going to go to… club
Los clubs extraescolares…	Extra-curricular clubs…
son divertidos / geniales / interesantes	are fun / great / interesting
Te ayudan a…	They help you to…
aprender cosas interesantes	learn interesting things
hacer nuevos amigos	make new friends

cuarenta y cinco

3 Mi gente
Punto de partida 1

- Talking about socialising and family
- Using verbs in the present tense

1 escribir ¿Qué haces y con qué frecuencia? Usa las expresiones y escribe frases sobre ti.

Ejemplo: Descargo canciones una vez a la semana.

- hablar por Skype
- mandar SMS
- descargar canciones
- jugar con mi móvil
- ver películas
- compartir vídeos

⭐ Use these expressions of frequency to add more information to your sentences:

siempre　　　todos los días　　　a menudo
una vez a la semana　　nunca

2 escuchar Escucha. Escribe la actividad e identifica la persona del verbo. (1–6)

Ejemplo: 1 I play on my phone.

mis abuelos　　mi padre
mi madre
mi hermana

G Possessive adjectives　▶ Page 221

Most possessive adjectives have two forms, singular and plural:

	singular	plural
my	mi	mi**s**
your (singular)	tu	tu**s**
his/her/its	su	su**s**
our	nuestr**o**/nuestr**a**	nuestr**os**/nuestr**as**
your (plural)	vuestr**o**/vuestr**a**	vuestr**os**/vuestr**as**
their	su	su**s**

Nuestro (our) and *vuestro* (your – plural) also have masculine and feminine forms:

nuestr**os** hermanos　　our brothers
vuestr**as** hermanas　　your sisters

3 leer Traduce las frases al inglés.

1. Mi hermano ve sus vídeos favoritos.
2. ¿Juegas con tu móvil?
3. Mis amigos comparten sus fotos favoritas.
4. Mi hermana descarga aplicaciones.
5. Mis padres escuchan su música favorita.
6. Mis amigos y yo leemos nuestros SMS.

4 hablar ¿Qué significan los adjetivos? ¿Cómo se pronuncian?

- popular
- útil
- práctico
- rápido
- peligroso
- fácil

⭐ Remember to stress the syllables with a tilde (accent).

5 escuchar Escucha y comprueba.

Módulo 3

6 Escucha y lee. Rellena los espacios en blanco con la forma correcta de **poder** o **querer**. Luego empareja la conversación con el dibujo correcto. (1–3)

1
- Hola, Eduardo. ¿**1** ———— jugar al tenis mañana?
- Lo siento, pero no **2** ————.

2
- Ana, ¿**3** ———— ir de compras esta tarde?
- Sí, por supuesto. Fabiana **4** ———— ir también.
- ¡Qué guay! **5** ———— salir las tres.

3
- Hola, señor Gómez. ¿**6** ———— hablar con Óscar, por favor?
- Lo siento, pero no está.
- ¿Le **7** ———— decir que voy al cine a las seis?
- De acuerdo. Adiós.

> Remember that for *usted* (you – polite, singular) you use the 'he/she' form of the verb.
> Can you spot where it is used in exercise 6?

¿Puede decirle? Can you tell him/her?

7 Traduce las conversaciones del ejercicio 6 al inglés.

G Poder and querer

Poder (to be able to / 'can') and **querer** (to want) are stem-changing verbs usually followed by the infinitive.

puedo	I can	quiero	I want
puedes	you can	quieres	you want
puede	he/she can	quiere	he/she wants
podemos	we can	queremos	we want
podéis	you can	queréis	you want
pueden	they can	quieren	they want

8 Apunta <u>cinco</u> verbos en infinitivo de las conversaciones del ejercicio 6.

Ejemplo: **1** jugar – to play

9 Empareja las palabras. ¿Qué significan? Usa un diccionario si es necesario.

Ejemplo: padre (father) – madre (mother)

padre
tío
primo
hermano
abuelo
sobrino
hermanastro

abuela
hermanastra
tía
hermana
prima
sobrina
madre

Punto de partida 2

- Describing people
- Using adjectival agreement

1 Escucha. Apunta en inglés quién es y cómo es. (1–6)

Ejemplo: **1** *best friend, tall, … , …*

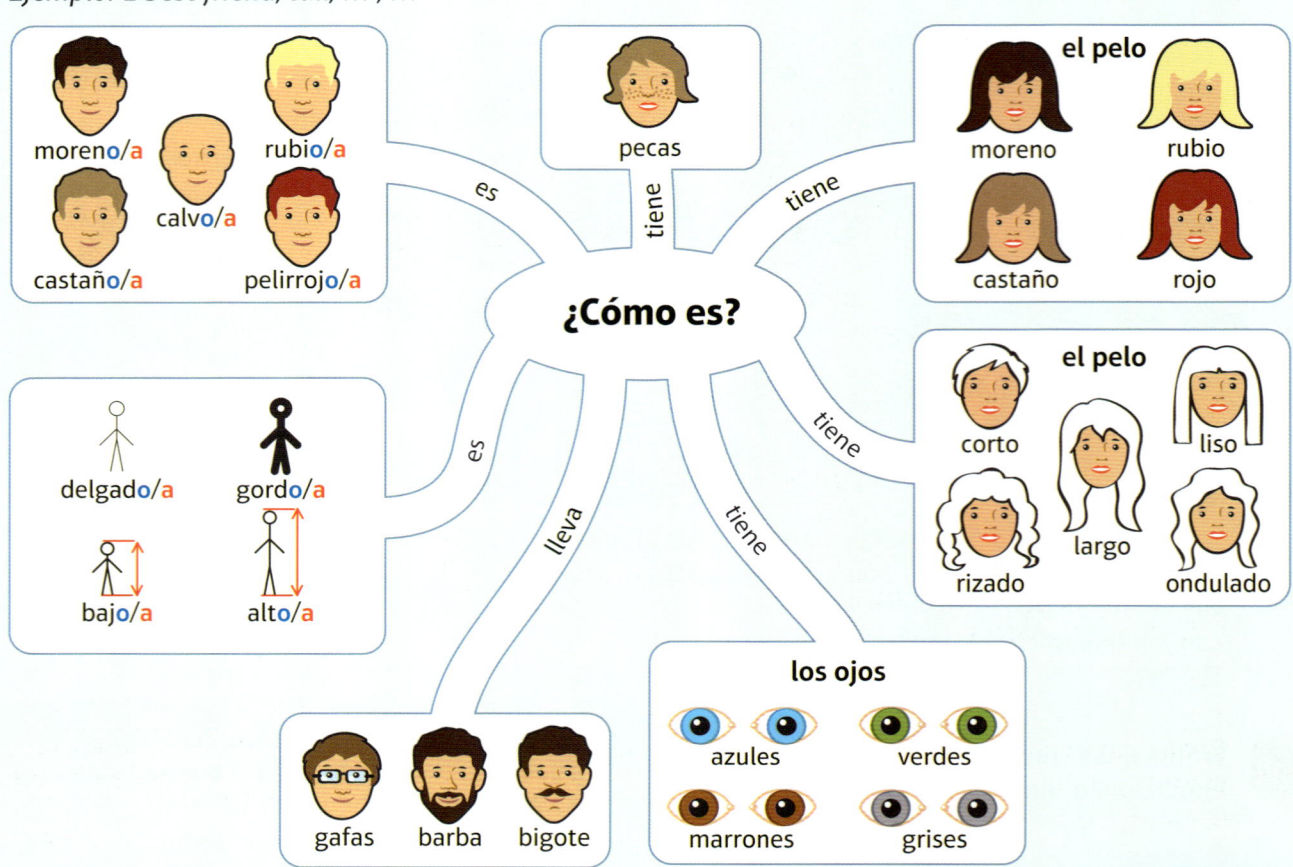

es: moreno/a, rubio/a, calvo/a, castaño/a, pelirrojo/a

tiene: pecas

tiene el pelo: moreno, rubio, castaño, rojo

tiene el pelo: corto, liso, largo, rizado, ondulado

es: delgado/a, gordo/a, bajo/a, alto/a

lleva: gafas, barba, bigote

tiene los ojos: azules, verdes, marrones, grises

¿Cómo es?

mayor – older
menor – younger

2 Traduce las frases al español.

1. My mum is quite short and she has long, dark brown hair.
2. My brother has blue eyes and short, wavy hair, like me.
3. My grandad is tall and slim. He is bald, but he has a beard.
4. My older sister is red-haired and has freckles. She has grey eyes.
5. My younger sister is neither fat nor thin. She has long, straight hair.
6. My uncle has green eyes and a big moustache.

⭐ Remember that these phrases don't translate word for word into Spanish.
- adjectives often come after the noun
- you don't always need the article, e.g. *lleva **una** barba*
- but for hair and eyes you do need the article in Spanish, e.g. *tiene **el** pelo rizado*.

3 Escucha y comprueba tus respuestas. (1–6)

4 Con tu compañero/a, pregunta y contesta.

- ¿Cómo es <u>tu madre</u>?
- Es <u>alta</u> y <u>bastante delgada</u>. Tiene… y… ¿Cómo es <u>tu abuelo</u>?
- …

⭐ Use **muy** (very), **bastante** (quite) and **un poco** (a little) to qualify your descriptions.
E.g. *Tiene el pelo **muy** largo.*
Remember that **poco** (little) is used to mean 'not very much'.
E.g. *Tiene **poco** pelo.*

cuarenta y ocho

Módulo 3

5 Lee y compara el texto con el perfil en inglés. Corrige los errores en el perfil.

> ⭐ When identifying the person of the verb, remember that the last letter(s) usually give(s) you a clue.

Jesse & Joy es un dúo mexicano de pop latino. Son hermanos. Su padre es mexicano y su madre es estadounidense. Joy es bastante baja y delgada. Tiene el pelo castaño y largo y los ojos marrones. No lleva gafas. En el grupo toca la guitarra y canta. Jesse es más alto que su hermana y tiene los ojos marrones. También lleva bigote.

Jesse & Joy
– a latin rock duo
– dad is American
– Joy is quite tall
– She has long, brown hair and blue eyes
– She plays keyboard and sings
– Jesse is shorter

estadounidense American

6 Lee el texto otra vez. Apunta otros <u>seis</u> detalles en inglés.

7 Traduce los adjetivos al inglés. Usa un diccionario si es necesario. ¿Cómo se pronuncian?

trabajador	tímido	perezoso
optimista	hablador	pesimista
fiel	serio	divertido

8 Escucha. Copia y completa la tabla en español. (1–5)

	normalmente soy…	a veces puedo ser…	mi amigo/a es… mis amigos/as son…
1			

G Adjectival endings ▶ Page 210

Adjectives in Spanish usually come after the noun and 'agree' with the noun they describe. You have seen the –o/–a, –e, and consonant endings already. Adjectives endings in –or/–ora and –ista follow a slightly different pattern.

adjective ending	masculine singular	feminine singular	masculine plural	feminine plural
–o/a	seri**o**	seri**a**	seri**os**	seri**as**
–e	inteligent**e**	inteligent**e**	inteligent**es**	inteligent**es**
consonant	fiel	fiel	fiel**es**	fiel**es**
–or/ora	hablad**or**	hablad**ora**	hablad**ores**	hablad**oras**
–ista	optim**ista**	optim**ista**	optim**istas**	optim**istas**

9 Descríbete y describe a un(a) amigo/a. ¿Tu compañero/a está de acuerdo?

● ¿Cómo eres?
■ Soy <u>bastante alto</u> y tengo el pelo <u>rubio</u> y los ojos <u>verdes</u>.
● Y tu amigo <u>David</u>, ¿cómo es?
■ David es <u>bajo</u> y tiene el pelo <u>corto y castaño</u> y los ojos <u>marrones</u>.
● ¿Cómo eres de carácter?
■ Soy <u>muy hablador</u>, pero a veces soy <u>serio</u>. Mi amigo David siempre es <u>muy divertido</u>.

Sí, es verdad.
Sí, estoy de acuerdo.
No, no estoy de acuerdo.
¡Qué va!

cuarenta y nueve 49

1 Mis aplicaciones favoritas

- Talking about social networks
- Using **para** with infinitives
- Extending responses by referring to others

1 Escucha y escribe la letra correcta. (1–6)
Ejemplo: **1** b

¿Qué aplicaciones usas?

a subir y ver vídeos
b compartir fotos
c pasar el tiempo
d organizar las salidas con mis amigos
e contactar con mi familia
f descargar música

¿Quieres ir al cine?

1 Uso Instagram para…
2 Uso WhatsApp para…
3 Uso Skype para…
4 Uso YouTube para…
5 Uso Spotify para…
6 Uso Facebook para…

2 Escucha otra vez. Escribe <u>una</u> razón para cada aplicación.

porque / ya que (no) es…	práctica
	fácil de usar
	popular
	útil
	gratis
	rápida

3 Con tu compañero/a, haz diálogos.

- ¿Qué aplicaciones usas?
- Uso Instagram, Facebook y WhatsApp.
- ¿Para qué usas Instagram?
- Uso Instagram para compartir fotos con mis amigos.
- ¿Por qué te gusta?
- Me gusta porque es fácil de usar.

⭐ **¿Para qué?** and **¿Por qué?** often both translate as 'Why?' but it is more useful to think of **¿Para qué?** as 'What…for?' or 'For what purpose?', to which a common answer is **para** (in order to / to).

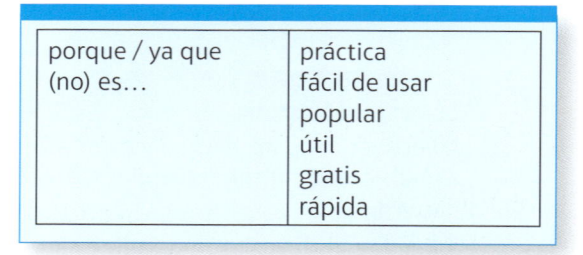

G Para + infinitive

Use **para** to mean 'in order to…' or 'for –ing'. It is followed by the **infinitive**.

Uso YouTube **para pasar** el tiempo.
I use YouTube **in order to pass** the time.

Es una aplicación muy buena **para descargar** música.
It is a very good app **for downloading** music.

Módulo 3

4 Escucha y lee el texto. Contesta a las preguntas en inglés.

Las redes sociales – lo bueno y lo malo

WhatsApp **es mi red social preferida**. Con esta app, **lo bueno es que siempre estoy en contacto con mis amigos**. La tengo desde hace seis meses y **es muy práctica**.

Mi hermana Jessica usa Facebook para compartir fotos y publicar mensajes. Mi padre viaja a menudo a otros países, pero **afortunadamente, usa Skype para hablar con mi madre**. En cada país mi padre usa Duolingo. Dice que **es la mejor app** para aprender idiomas.

Lo malo de la tecnología móvil es que es adictiva. Por ejemplo, creo que mi hermana **está enganchada a su móvil**. No puede estar un minuto sin él. Además, descarga al menos tres canciones todos los días, lo que **es muy caro** y ¡yo pienso que **es una pérdida de tiempo**!

Alejandro

Alejandro con sus amigos

al menos	at least
a otros países	to other countries
publicar	to post (a message)

1 Why is WhatsApp Alejandro's favourite social network?
2 How long has he been using it for?
3 What does Jessica use Facebook for? Give <u>two</u> details.
4 What does Alejandro's dad use Duolingo for?
5 Why does Alejandro think Jessica is addicted to her phone?
6 What does Alejandro think is a waste of time?

5 Escucha las frases del ejercicio 4. ¿Son positivas o negativas? Copia y completa la tabla. (1–9)

frases positivas	frases negativas
1 es mi red social preferida	2 lo malo de la tecnología móvil es que es adictiva

6 Traduce las frases al español. Usa el texto del ejercicio 4 como modelo.

Look back at exercise 5. Change 'she is addicted to' to the 'I' form.

1 **I am** addicted to my mobile.
2 Twitter is my **favourite** social network.
3 My brother uses Netflix **to watch** videos.
4 **My friends and I use** Duolingo to learn Spanish.
5 My friend Gabriela uses **lots of apps** to pass the time.

'To' here means 'in order to'.

Which form of the verb do you use for 'my friends and I'?

Think about where to put this adjective.

Remember that mucho agrees with the noun it describes → much__ aplicaciones

7 *Mis aplicaciones favoritas*. Prepara un post. Incluye la siguiente información:

- ¿Qué aplicaciones usas?
- ¿Para qué usas las aplicaciones?
- ¿Por qué te gusta <u>Twitter</u>?
- ¿Tiene algún inconveniente?

Uso… , … y…
Uso… para…
Me gusta porque es…
Lo malo es…

⭐ Extend your responses by referring to others, using different parts of the verb.

E.g. *Mis amigos y yo* **usamos** *WhatsApp para chatear, pero mi madre* **usa** *Twitter.*

cincuenta y uno **51**

2 ¿Qué estás haciendo?

- Making arrangements
- Using the present continuous
- Improvising dialogues

1 leer Lee las frases y mira los dibujos. Escribe el nombre correcto.

Gonzalo, Luisa, Áxel, Olivia, Felipe, Maite, Clara, Bruno

1. Estoy tocando la guitarra.
2. Estoy escuchando música.
3. Estoy hablando por teléfono con mi madre.
4. Estoy comiendo pizza.
5. Estoy jugando con mi móvil.

2 leer Lee y busca las expresiones en los mensajes.

Sara Moya Cortés
¡Holaaaaaaaaaaaa a todoooosss! ¿Qué **estáis haciendo** ahora mismo?

Carlos Santos Bedoya
Estoy tomando el sol en el balcón. ¡Qué bien!

Elena Fernández
Rebecca y yo **estamos viendo una peli** en casa.

James Baker
¡Hola Sara! **Estoy leyendo** porque Mateo **está haciendo footing**. ¡Desde hace una hora ya!

Gabriela Reyes Telmo
Yo **estoy escribiendo** aquí en Facebook para responderte. ¡Jajaja! Y tú, Sara, ¿**qué estás haciendo**? 😊 😊

Sara Moya Cortés ¿Yo? **Estoy pensando** en ir a la plaza Mayor aquí en Salamanca. ¿Queréis venir conmigo?

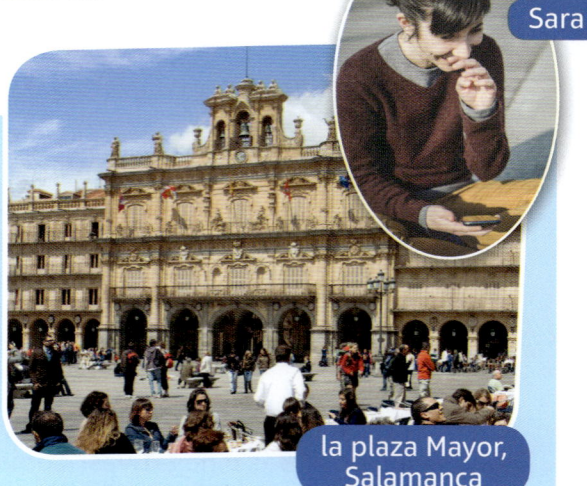

Sara

la plaza Mayor, Salamanca

1. He is jogging
2. I am reading
3. We are watching a film
4. I'm sunbathing
5. What are you doing?

3 escuchar Escucha y apunta los detalles en inglés. (1–4)

- Where are they in Salamanca?
- What are they doing?

Ejemplo: **1** in the main square, …

⭐ When listening or reading you may encounter different forms of familiar verbs. E.g. You know *comer* (to eat) but hear *comiendo*. What does this mean?

G The present continuous ▸ Page **206**

	estar (to be)	**present participle**
(yo)	estoy	
(tú)	estás	
(él/ella/usted)	está	mir**ando**
(nosotros/as)	estamos	beb**iendo**
(vosotros/as)	estáis	escrib**iendo**
(ellos/ellas/ustedes)	están	

To form the present participle, take the infinitive, remove the **–ar**, **–er** or **–ir** and add the endings: **–ando**, **–iendo**, **–iendo**.

Estoy buscando canciones.   **I am looking** for songs.
Está jugando al fútbol.   **He/She is playing** football.

Irregular present participles include: leer → **leyendo**, dormir → **durmiendo**

52 *cincuenta y dos*

Módulo 3

4 **hablar** Improvisa una conversación con tu compañero/a usando los dibujos del ejercicio 1.

- ¿Qué está haciendo <u>Gonzalo</u>?
- Pues, está <u>comiendo pizza</u> y <u>viendo una peli</u>.

5 **escuchar** Escucha las conversaciones. Copia y completa la tabla en inglés. (1–4)

¿Quieres salir conmigo?

	activity	excuses
1	editing photos	

No puedo porque…	
tengo que quiero	cuidar a… visitar a… subir mis fotos a… quedarme en casa
está lloviendo	
estoy estamos	actualizando… editando… descansando… viendo…

lo siento — I'm sorry
actualizar — to update
cuidar — to look after
quedarse — to stay

6 **leer** Lee la conversación. Rellena los espacios con el verbo correcto. ¡Ojo! Sobran <u>dos</u> verbos.

Lucas: Hola, Ana. ¿Qué estás **1** ———?
Ana: No mucho. Estoy viendo una serie.
Lucas: ¿**2** ——— salir conmigo? Podemos dar una vuelta por la ciudad.
Ana: Ahora no **3** ——— porque tengo que **4** ——— a mi abuela.
Lucas: ¡Qué rollo! Pues, ¿más tarde, entonces?
Ana: ¡Claro que sí! ¿A qué hora quedamos?
Lucas: A las seis.
Ana: Vale. ¿Dónde **5** ———?
Lucas: En la plaza Mayor. ¡Hasta las seis!

puedo
jugar
quedamos
visitar
haciendo
hablo
quieres

dar una vuelta — go for a wander

7 **escuchar** Escucha y comprueba tus respuestas.

Zona Cultura

Salamanca está en la zona central de España. Su plaza Mayor es un punto de encuentro popular. La gente pasa mucho tiempo allí charlando, tomando el sol, o comiendo helados. Es ideal por la tarde y también muy bonita por la noche.

el Puente Nuevo, Salamanca

8 **hablar** Organiza un encuentro con tu estudiante de intercambio. Utiliza el ejercicio 6 como modelo. Luego cierra el libro y repite el diálogo.

- Hola. ¿Qué estás haciendo?
- ¿Quieres…?
- ¡Qué rollo! Pues, ¿más tarde?
- A las…
- En… ¡Hasta las…!

- Estoy… ¿Por qué?
- Ahora no… porque…
- Claro. ¿A qué hora quedamos?
- Vale. ¿Dónde…?

cincuenta y tres **53**

3 Leer es un placer

- *Talking about reading preferences*
- *Using a range of connectives*
- *Recognising similar ideas expressed differently*

1 **Escucha. ¿Qué les gusta leer? Apunta la letra correcta. ¡Ojo! Sobra una opción. (1–6)**
Ejemplo: **1** *b*

¿Qué te gusta leer?

a las biografías
b las revistas
c los periódicos
d las novelas de amor
e las historias de vampiros
f los tebeos / los cómics
g las novelas de ciencia ficción

¿Con qué frecuencia lees?
todos los días
a menudo
de vez en cuando
dos veces al mes
una vez al año
nunca

2 **Escucha otra vez. Apunta la expresión que se menciona en español e inglés.**
Ejemplo: **1** *de vez en cuando (from time to time)*

3 **Habla con tu compañero/a.**

- ¿Qué te gusta leer?
- Me gusta leer <u>revistas y biografías</u> porque son <u>muy divertidas</u>.
- ¿Con qué frecuencia lees?
- Leo revistas <u>a menudo</u> y biografías <u>de vez en cuando</u>.
- ¿Qué no te gusta leer? ¿Por qué no?
- No me gusta leer <u>novelas</u> porque son <u>aburridas</u>.

⭐ Justify your opinions. Re-use adjectives you already know, e.g. for describing subjects and teachers: *gracioso, aburrido, importante.* Remember to make them agree.

4 **Lee los textos y las preguntas en la página 55. ¿Quién es?**

Me chiflan los tebeos y soy un fan del manga. Uso una app en mi móvil para leer porque es muy práctico. Leo a veces por la mañana, cuando estoy esperando el autobús.
Rafael

Mi tía Salomé es un ratón de biblioteca. Lee cada noche y le interesan más las biografías y las novelas históricas. Prefiere leer libros en papel porque a mi tía le encanta escribir anotaciones.
Salomé

| ratón de biblioteca | bookworm |
| a mi tía le encanta | my aunt loves |

54 *cincuenta y cuatro*

Who…

1. likes reading novels?
2. reads in the mornings?
3. loves comics?
4. reads e-books?
5. reads every night?
6. loves to make notes while reading?

5 Escucha y lee. Contesta a las preguntas en inglés.

E-books o libros en papel, ¿qué es mejor?

¡Hola, ratones de biblioteca! E-books o libros en papel, ¿qué es mejor?

Primero, yo personalmente prefiero leer en papel, porque me gusta tocar las páginas. Además, leer en formato digital **me cansa la vista**.

Sin embargo, una ventaja de los e-books es que **son mucho más transportables**, ya que no ocupan mucho espacio. También **son más ecológicos** y mis amigos dicen que **cuestan menos que los libros tradicionales**.

Por otro lado, una desventaja de los e-books es que **usan batería** y siempre tienes que recargarla. Otra desventaja es que **las páginas no tienen números**, y por eso es poco práctico.

En resumen, pienso que leer es algo muy personal. Y vosotros, ¿qué pensáis?

| recargar | to recharge |

1. Why does the DJ prefer reading paper books?
2. What happens when he reads e-books?
3. Which advantages of e-books does he give? (two details)
4. What do his friends think?
5. What does he say is impractical about e-books? (two details)
6. According to the DJ, why should we expect different views on this subject?

6 Lee el texto del ejercicio 5 otra vez. ¿Qué significan las opiniones en **negrita**?

7 Copia y completa la tabla. Empareja las ventajas y desventajas con frases sinónimas en el texto.

ventaja / desventaja	frase sinónima en el texto
es más barato que leer en papel	cuestan menos que los libros tradicionales

Leer en formato digital…

Ventajas 👍
es más barato que leer en papel
es más fácil transportar los libros digitales

Desventajas 👎
depende de la energía eléctrica
no hay numeración de páginas

8 Escribe un blog sobre tus preferencias de lectura.

- ¿Qué te gusta leer?
  Me chifla leer… porque…
- ¿Con qué frecuencia lees?
  A menudo leo… y de vez en cuando…
- ¿Qué no lees nunca? ¿Por qué no?
  Sin embargo, nunca… porque…
- ¿Qué es mejor, e-books o libros en papel?
  Personalmente, prefiero leer… porque…

Structure your writing:
primero (first of all)
además (furthermore)
sin embargo (however)
por otro lado (on the other hand)
ya que (because / as)
por eso (so)

cincuenta y cinco **55**

4 Retratos y relaciones

- *Describing relationships*
- *Using ser and estar*
- *Understanding more detailed descriptions*

1 leer Lee las frases y mira las fotos. ¿Qué significan las frases y cómo se pronuncian?

¿Te llevas bien con tu familia y tus amigos?

1. Me llevo muy bien con mi madre.
2. Me peleo con mi hermana a veces. 
3. No me llevo bien con mis padres. 
4. Me divierto con mi padre. 
5. Me llevo superbién con mi mejor amigo. 
6. Me divierto con mi amiga. 

2 escuchar Escucha y completa la tabla en inglés. (1–6)

who	relationship 🙂 ☹️	character
1 best friend	🙂	never…

> In this unit you encounter some new personality adjectives. Many are cognates but sound different to the English. What do you think these mean and how are they pronounced: *dinámico, estricto, estúpido, pesimista, positivo, honesto, gracioso, generoso*?

3 hablar Con tu compañero/a, haz diálogos.

- ● ¿Te llevas bien con <u>tu madre</u>?
- ■ Sí, me llevo bien con <u>mi madre</u> porque siempre es <u>optimista</u> y <u>paciente</u>. Y tú, ¿te llevas bien con <u>tus padres</u>?
- ● Me divierto con <u>mi madre</u> porque es <u>graciosa</u>, pero me peleo con <u>mi padre</u> porque a veces es <u>impaciente</u>.

> Make your speaking more interesting by using a variety of adjectives and use adverbs to add detail: *siempre, a veces, de vez en cuando, nunca…*

G Reflexive verbs for relationships ▶ Page 201

Some verbs for describing relationships are reflexive in Spanish.

llevarse (to get on)

(yo)	me llevo
(tú)	te llevas
(él/ella/usted)	se lleva bien con…
(nosotros/as)	nos llevamos mal con…
(vosotros/as)	os lleváis
(ellos/ellas/ustedes)	se llevan

Me llevo bien con mis padres.   **I get on** well with my parents.

These include: *pelearse* (to argue) and *divertirse* (to have fun).
Me peleo con mi hermano.   **I argue** with my brother.
Me divierto con mi mejor amiga.   **I have fun** with my best friend.

Módulo 3

4 Escucha y mira la foto. Escribe la letra correcta. Luego escucha otra vez. Apunta dos detalles de carácter y dos detalles sobre la relación. (1–3)

Ejemplo: **1** *b quite serious, … get on well, …*

Patricia

Bruno

Simon

Kiara

Noa

5 Lee el texto y tradúcelo al inglés.

After you've translated the text in exercise 5, find **four** different uses of *ser* and *estar*.

Mi mejor amigo, Simon, es de Alemania. Es rubio y bastante alto, con el pelo corto y liso. Como persona es siempre optimista. No es trabajador, pero es fiel. Está en el centro de la foto. Está muy contento y está sonriendo.

G Ser and estar

Ser is used for:
Description: **Soy** alto. **Soy** honesto.
Origin: ¿**Eres** de Colombia?

Estar is used for:
Position: **Estoy** en la playa.
Action: **Está** estudiando.
Condition: **Estamos** cansados.
Emotion: **Están** contentos.

6 Lee el texto y contesta a las preguntas.

¿Cómo es para ti un buen amigo o una buena amiga?

Mi mejor amiga se llama Carla. La conocí hace cuatro años en el instituto. Es bastante baja y rubia, y tiene los ojos marrones. De carácter es dinámica y siempre es positiva. Me llevo superbién con ella porque tenemos mucho en común, como el deporte y la música. Además, es muy graciosa y me hace reír cuando estoy triste. Para mí, una buena amiga es alguien que te ayuda y siempre te dice la verdad.

Olivia

| la conocí | I met her |
| me hace reír | he/she makes me laugh |

1. Who is Carla and when did Olivia meet her?
2. Why do Olivia and Carla get on well?
3. Why else do they get on well? (two reasons)
4. In Olivia's view, what makes a good friend? (two details)

7 Escucha. Copia y completa la tabla en inglés. (1–6)

	who	character	a good friend is someone who…
1			

| un buen amigo / una buena amiga es alguien que te… | ayuda apoya conoce bien acepta |
| me llevo bien con él / ella porque me… | hace reír dice la verdad |

| mi marido | my husband | mi hijo/a | my son/daughter |
| mi mujer | my wife | | |

8 Escribe un texto. Utiliza el texto de ejercicio 6 como modelo.

- ¿Cómo se llama tu mejor amigo/a?
- ¿Cómo es físicamente?
- ¿Cómo es de carácter?
- ¿Cómo te llevas con él/ella?
- ¿Cómo es para ti un buen amigo?

cincuenta y siete **57**

Módulo 3 — Leer y escuchar

1. Lee la información sobre unas aplicaciones.

Horizonte
¿Te gusta estar siempre en contacto con tu familia y tus amigos? ¿Y te chifla la fotografía? Con esta app mandas mensajes y fotos al mismo tiempo. App gratis.

Actual
Esta app es buena para los ratos libres – puedes ver las noticias o disfrutar de una novela. También tienes todas tus canciones favoritas para escuchar y descargar.

Cielo
¿Te interesa estar en forma? ¿Te gusta hacer footing? Pues con esta app puedes contar tus pasos y tus calorías.

BuscaPalabra
¿Te gustan los idiomas? Usa esta app para memorizar y aprender palabras. Es práctica, popular y fácil de usar. App gratis.

¿Cuál es la aplicación ideal? Escoge entre **Horizonte**, **Actual**, **Cielo** y **BuscaPalabra**. Puedes usar las palabras más de una vez.

Ejemplo: Te interesa bajar música de Internet: Actual

- **a** Estás aprendiendo italiano: _____
- **b** Quieres controlar tu actividad física: _____
- **c** Te chifla mandar y recibir SMS: _____
- **d** Te encanta leer: _____
- **e** Te gusta sacar y editar fotos: _____

2. Read the extract from the text. A boy and his mother are talking about family.

Las lágrimas de Shiva by César Mallorquí

Contemplé la foto que me mostraba mi madre: cuatro chicas situadas en un jardín, frente a una casa antigua de tres plantas. Todas eran rubias y – ¡Alberto tenía razón! – todas eran muy guapas.

—Ésta es Rosa, la mayor —dijo mamá, señalando la foto con el dedo—. Ahora debe de tener dieciocho años.

Rosa era la más alta de las cuatro y, aunque llevaba un vestido amplio, se notaba que era delgada. Tenía el pelo largo, los ojos azules y una cara armoniosa.

> Read the questions carefully and don't jump to conclusions. Eliminate the incorrect options and make sure the answer you choose fits exactly.

Write the correct letter.

(a) The writer is looking at…
- A a modern house.
- B some plants.
- C a photo.
- D his mother.

(b) The four girls are…
- A happy.
- B red-haired.
- C attractive.
- D shy.

(c) Rosa is…
- A eight.
- B older than the others.
- C the youngest.
- D nineteen.

(d) She is…
- A tall and slim.
- B small and slim.
- C tall and well-built.
- D tall and sporty.

(e) She has…
- A brown hair and green eyes.
- B wavy hair and blue eyes.
- C long hair and green eyes.
- D long hair and blue eyes.

Módulo 3

3 leer Translate this passage **into English.**

> Normalmente me llevo bien con mi hermana. Es simpática y bastante divertida. Tenemos mucho en común. Pero le gusta escuchar música rock y ayer yo tenía muchos deberes. Esta noche voy a dormir en casa de mi amiga.

1 escuchar Your exchange partner, Mariola, is talking about a member of her family. What does she say?
Listen to the recording and complete the sentences by writing the correct letter for each question.

Example: Enrique is Mariola's… B

- **A** older brother.
- **B** younger brother.
- **C** father.
- **D** youngest cousin.

(a) In his free time, Enrique used to…
- **A** be very interesting.
- **B** have only one hobby.
- **C** do a lot of different activities.
- **D** play lots of basketball.

(b) Now he…
- **A** only has one interest.
- **B** plays more sport.
- **C** is older.
- **D** likes being active.

(c) According to Mariola, Enrique is…
- **A** failing all his exams.
- **B** often getting ill.
- **C** having difficulty making friends.
- **D** not doing his school work.

> ⭐ Multiple choice questions often contain several similar options. Read through the task and listen carefully before selecting your answer.

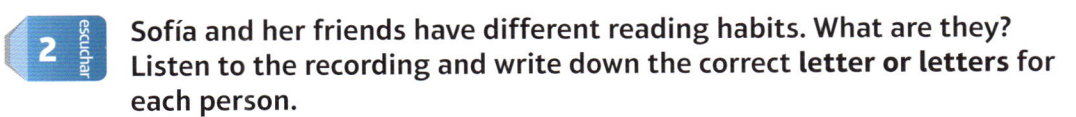

2 escuchar Sofía and her friends have different reading habits. What are they?
Listen to the recording and write down the correct **letter or letters** for each person.

Sofía   Aurelia   Marco

- **A** reads novels
- **B** never reads
- **C** likes reading on holiday
- **D** reads on the train
- **E** reads on the bus
- **F** likes reading newspapers
- **G** reads comics
- **H** likes reading science-fiction

3 escuchar Your Spanish friend, Miguel, talks about his friend Ana's new mobile phone.
Listen to the recording and answer the following questions **in English.**

(a) Why wasn't Ana happy with her old phone?
(b) What is the disadvantage of her new phone?
(c) Why can't she get in touch with her friends straight away? (<u>two</u> details)

cincuenta y nueve

Módulo 3   Prueba oral

A – Role play

1 *leer* Look at the role play card and prepare what you are going to say.

> **Topic: Who am I?**
> **Instructions to candidates:**
> You are at a Spanish friend's house. You are making plans for today. The teacher will play the role of your friend and will speak first.
> You must address your Spanish friend as *tú*.
> You will talk to the teacher using the five prompts below.
> - where you see – **?** – you must ask a question
> - where you see – **!** – you must respond to something you have not prepared
>
> **Task**
> *Estás en casa de un/a amigo/a español/a. Hablas con tu amigo/a sobre los planes para hoy.*
> 1 Hoy – actividad
> 2 **!**
> 3 Actividades con amigos – normalmente
> 4 La gente española – opinión
> 5 **?** Cenar – planes

- Predict the way your friend might ask you what you want to do today. Start your answer with 'I want…'.
- This question follows up on your suggested plan for today. What might your friend want to know?
- Use familiar language. Remember that pronunciation and accuracy are important to communicate clearly.
- Remember that *gente* is singular and feminine. Use correct adjective endings.
- There are several possibilities here: 'What…?', 'Where…?', 'What time…?'.

2 *escuchar* Practise what you have prepared. Then, using your notes, listen and respond.

3 *escuchar* Now listen to Zac doing the role play task. Note down:
1 what he wants to do today
2 how he answers the unprepared question
3 his opinion of Spanish people
4 what question he asks.

B – Picture-based task

Topic: Who am I?
Mira la foto y prepara las respuestas a los siguientes puntos:
- la descripción de la foto
- tu opinión sobre tus relaciones con tu familia
- la última vez que saliste con tu familia
- tus planes para el próximo fin de semana
- tu opinión sobre salir con tu familia o con tus amigos

1 *escuchar* Look at the photo and read the task card. Then listen to Anya's answer to the first bullet point on the card.
1 Which person does she describe in detail?
2 How does she describe him?
3 What occasion does she think it is, and why?
4 What makes her think the people in the photo are happy?

sesenta

2 **Listen to and read Anya's answer to the second bullet point. Write down the missing word for each gap.**

> Creo que me llevo bien con mi madre. Es mi **1** ____ amiga porque siempre me escucha y me **2** ____ cuando tengo problemas. Me **3** ____ mucho con mi padre porque tiene buen sentido del humor y me hace reír. Mi **4** ____ es simpático, pero no tenemos mucho en común y no hacemos nada **5** ____.

3 **Listen to and read Anya's answer to the third bullet point.**
1. Note <u>five</u> differences between the text and what you hear.
2. Look at the Answer Booster on page 62. Note down <u>five</u> examples of language which Anya uses to develop her answer.

> La última vez que salí con mi familia fue el Día del Padre. Fuimos en tren a Londres para ir a un concierto. A mi padre le mola la música clásica, pero a mí no me interesa nada, así que fue un poco monótono. Sin embargo, después fuimos a cenar a un restaurante mexicano, donde cenamos fajitas y tacos. ¡Qué rico!

4 **Prepare your own answers to all <u>five</u> bullet points. Then listen and take part in the full picture-based task with the teacher.**

C – General conversation

1 **Listen to Jennifer introducing her chosen topic. Correct the mistake in each sentence below.**
1. La conocí hace siete años.
2. Me llevo muy bien con ella.
3. Nos encanta la música.
4. Ana es bastante baja y rubia.
5. Ana es una buena amiga porque es impaciente.

⭐ It is always useful to give concrete examples. This helps you to give an extended answer using familiar language you know well.

2 **The teacher asks Jennifer '¿Quiénes son más importantes, tus amigos o tus padres?' Listen to Jennifer's response and look at the Answer Booster. Note the Spanish for the following expressions:**

| it depends | the good thing is that… | however | for that reason |

3 **The teacher then says '¿Estás enganchada a tu móvil?'**
1. Look at the Answer booster on page 62. Write down <u>five</u> examples of what she does to give a strong answer.
2. Write down <u>three</u> examples of how she uses different persons of the verb.

⭐ Try to refer to others, even when the question asks about you. This is an excellent way to improve your answer.

4 **Prepare your own answers to Module 3 questions 1–6 on page 188. Then practise with your partner.**

Módulo 3   Prueba escrita

Answer booster	Aiming for a solid answer	Aiming higher	Aiming for the top
Verbs	**'I' form verbs:** *estoy, uso* **Different time frames:** *past, present, near future*	**Different persons of the verb:** *mis padres dicen, fuimos* **Relationship verbs:** *(No) Me llevo bien con…, nos conocemos* **Desde hace:** *desde hace… años*	**Mixed tenses:** present and present continuous, present and preterite
Opinions and reasons	**Verbs of opinion:** *me gusta, me chifla* **Adjectives:** *paciente, optimista*	**Different opinion phrases with reasons:** *(no) me interesa… porque… en mi opinión…*	**Verbs of opinion for other people:** *a mi padre le mola…* **Comparatives:** *Es más paciente que…* **Exclamations:** *¡Va a ser genial! ¡Qué rico!*
Connectives	*y, pero, también*	*además, sin embargo*	**Add more variety:** *así que, ya que, por eso, aunque, depende*
Other features	**Sequencers:** *primero, luego, después* **Other time phrases:** *a veces, siempre, la última vez que…,*	**Para + infinitive:** *para escuchar música* **Interesting vocab and expressions:** *me hace reír, me apoyan*	**Positive / Negative phrases:** *lo bueno, lo malo* **Complex sentences with *donde*, *cuando*:** *fuimos a un restaurante donde…*

A – Picture-based task

1 *escribir* Look at the photo and the task. Write your answer, checking carefully what you have written.

Mis amigos

Estás en España. Publicas esta foto en una red social para tus amigos.

Describe la foto **y** da tu opinión de salir con tus amigos.

Escribe aproximadamente 20–30 palabras **en español.**

⭐ Use the mnemonic PAWS to help you remember what to include in the photo task.

P – People / Things   *En la foto hay…*
A – Actions   *Comen / Están comiendo y…*
W – Weather   *Hace… y…*
S – Situation / Location   *Están…*

⭐ For the second part you have to give your opinion of going out with friends. E.g.
Me gusta salir con mis amigos porque…
Normalmente vamos a…

sesenta y dos

B – Translation

1 Traduce las siguientes frases **al español**.

(a) My phone is very fast.
(b) My mum sends lots of texts.
(c) My sister always reads science-fiction novels.
(d) Last weekend I went out with my friends.
(e) I like looking after my sister because she is five years old.

- This adjective must agree with 'phone'.
- Remember that *mucho* is also an adjective and needs to agree with the noun 'texts'.
- Remember to use the preterite here.
- Beware! These expressions do not translate word for word.

⭐ Translations will always include high frequency words which are not specific to any one topic. For example, time expressions such as 'always' and qualifiers like 'very'. Make sure you keep a list of this language and re-visit it often.

C – Extended writing task

1 Look at the task and answer these questions.
- What is each bullet point asking you to do?
- Which tense(s) will you need to use to answer each one?

2 Read Martyn's answer at the bottom of this page. What do the phrases in **bold** mean?

3 Look at the Answer Booster. Note down <u>six</u> examples of language which Martyn uses to write a strong answer.

4 Prepare your own answer to the task.
- Look at the Answer Booster and Martyn's text for ideas.
- Write a detailed plan. Organise your answer in paragraphs.
- Write your answer and carefully check what you have written.

La vida y la tecnología

Tu amigo Paco quiere saber sobre tu vida y cómo usas las tecnologías móviles.

Escribe una respuesta a Paco.

Debes incluir los siguientes puntos:
- cómo usas tu móvil todos los días
- lo que hiciste ayer con tu ordenador
- un inconveniente de las tecnologías móviles
- los planes que tienes con tus amigos el próximo fin de semana.

Escribe aproximadamente 80–90 palabras **en español**.

Uso mi móvil todos los días para escuchar música. Es muy práctico **cuando estoy esperando** el autobús por la mañana. Además, uso WhatsApp **para mandar mensajes** a mis amigos y a mi familia.

Ayer usé mi ordenador para **buscar y compartir información** con mis amigos para un proyecto de historia. Después **aprendí vocabulario español** con una app.

Lo malo de la tecnología móvil es que es adictiva. Por ejemplo, mi hermana no puede estar un minuto sin su móvil. Además, dependen de la energía eléctrica y **siempre tienes que recargar tu móvil**.

El fin de semana que viene **mis amigos y yo vamos a ir** a una fiesta, ya que es el cumpleaños de mi amigo David. ¡**Va a ser** genial!

Módulo 3 Palabras

¿Qué aplicaciones usas?	What apps do you use?
Uso… para…	I use… (in order) to…
subir y ver vídeos	upload and watch videos
compartir fotos	share photos
pasar el tiempo	pass the time
organizar las salidas con mis amigos	organise to go out with my friends
contactar con mi familia	contact my family
descargar música	download music
chatear	chat
aprender idiomas	learn languages
controlar mi actividad física	monitor my physical activity
publicar mensajes	post messages
Es / No es…	It is / It isn't…
cómodo/a	handy / convenient
divertido/a	fun
peligroso/a	dangerous
práctico/a	practical
rápido/a	quick
fácil de usar	easy to use
popular	popular
útil	useful
gratis	free
adictivo/a	addictive
mi red social preferida	my favourite social network
una pérdida de tiempo	a waste of time
la mejor app	the best app
Estoy enganchado/a a…	I am hooked on…

¿Qué estás haciendo?	What are you doing?
Estoy…	I am…
tocando la guitarra	playing the guitar
hablando por teléfono	talking on the phone
jugando con mi móvil	playing on my phone
comiendo pizza	eating pizza
tomando el sol	sunbathing
esperando a…	waiting for…
viendo una peli	watching a film
leyendo	reading
durmiendo	sleeping
escribiendo	writing
pensando en salir	thinking of going out
actualizando mi página de Facebook	updating my Facebook page
editando mis fotos	editing my photos

¿Quieres salir conmigo?	Do you want to go out with me?
No puedo porque…	I can't because…
está lloviendo	it's raining
tengo que…	I have to …
visitar a (mi abuela)	visit (my grandmother)
cuidar a (mi hermano)	look after (my brother)
quiero…	I want…
subir mis fotos	to upload my photos
quedarme en casa	to stay at home
dar una vuelta	to go for a wander
¡Qué pena!	What a shame!
¿A qué hora quedamos?	What time shall we meet?
¿Dónde quedamos?	Where shall we meet?
En la plaza Mayor.	In the main square.
Vale	OK

¿Qué te gusta leer?	What do you like reading?
los tebeos / los cómics	comics
los periódicos	newspapers
las revistas	magazines
las novelas de ciencia ficción	science fiction novels
las novelas de amor	romantic novels
las historias de vampiros	vampire stories
las biografías	biographies

¿Con qué frecuencia lees?	How often do you read?
todos los días	every day
a menudo	often
de vez en cuando	from time to time
una vez a la semana	once a week
dos veces al mes	twice a month
una vez al año	once a year
nunca	never
un ratón de biblioteca	a bookworm
un(a) fan del manga	a manga fan

¿Qué es mejor, e-books o libros en papel?	What is better, e-books or paper books?
Los e-books…	E-books…
cuestan menos que los libros tradicionales	cost less than traditional books
son más…	are more…
transportables	portable
ecológicos	environmentally-friendly
cansan la vista	tire your eyes
usan batería	use battery
Las páginas…	The pages…
no tienen números	don't have numbers
una ventaja	an advantage
una desventaja	a disadvantage
Leer en formato digital…	Reading in digital format…
protege el planeta	protects the planet
es más barato	is cheaper
depende de…	depends on…
la energía eléctrica	electricity

Módulo 3

La familia	**Family**		
el padre	father	el primo	male cousin
la madre	mother	la prima	female cousin
el padrastro	step-father	el sobrino	nephew
la madrastra	step-mother	la sobrina	niece
el hermano	brother	el marido	husband
la hermana	sister	la mujer	wife
el hermanastro	step-brother	el hijo	son
la hermanastra	step-sister	la hija	daughter
el abuelo	grandfather	el nieto	grandson
la abuela	grandmother	la nieta	granddaughter
el tío	uncle	mayor / menor	older / younger
la tía	aunt		

¿Cómo es?	**What is he/she like?**	Tiene…	He/She has…
Tiene los ojos…	He/She has… eyes	pecas	freckles
azules	blue	Lleva…	He/She wears…
verdes	green	gafas	glasses
marrones	brown	barba	a beard
grises	grey	bigote	a moustache
grandes	big	Es…	He/She is…
pequeños	small	alto/a	tall
Tiene el pelo…	He/She has… hair	bajo/a	short
moreno	dark-brown	delgado/a	slim
castaño	mid-brown, chestnut	gordito/a	chubby
rubio	blond	gordo/a	fat
rojo	red	calvo/a	bald
corto	short	moreno/a	dark-haired
largo	long	rubio/a	fair-haired
rizado	curly	castaño/a	brown-haired
liso	straight	pelirrojo/a	red-haired
ondulado	wavy	No es ni gordo/a ni delgado/a	He/She is neither fat nor thin

¿Cómo es de carácter?	**What is he/she like as a person?**		
Como persona, es…	As a person, he/she is…	tímido/a	shy
optimista	optimistic	divertido/a	fun
pesimista	pessimistic	serio/a	serious
trabajador(a)	hard-working	gracioso/a	funny
perezoso/a	lazy	generoso/a	generous
hablador(a)	chatty	fiel	loyal

¿Te llevas bien con tu familia y tus amigos?	**Do you get on well with your family and friends?**		
Me llevo bien con…	I get on well with…	Me divierto con…	I have a good time with…
No me llevo bien con…	I don't get on well with…	Me peleo con…	I argue with…

¿Cómo es un buen amigo / una buena amiga?	**What is a good friend like?**		
Un buen amigo / una buena amiga es alguien que…	A good friend is someone who…	te hace reír	makes you laugh
		te dice la verdad	tells you the truth
te ayuda	helps you	Conocí a…	I met…
te apoya	supports you	mi mejor amigo/a	my best friend
te conoce bien	knows you well	hace (cuatro) años	(four) years ago
te acepta	accepts you	tenemos mucho en común	we have a lot in common

sesenta y cinco

4 Intereses e influencias
Punto de partida 1

- Talking about free-time activities
- Using stem-changing verbs

1 Escucha y escribe las letras correctas. (1–4)
Ejemplo: **1** c, g…

| los ratos libres | free time |
| la paga | pocket money |

¿Qué haces en tus ratos libres?

a A menudo **juego** al futbolín. 
b Después del insti **toco** la trompeta. 
c Todos los días **monto** en monopatín. 
d Cuando tengo tiempo, **cocino**.

¿Adónde vas los fines de semana?

e **Voy** al polideportivo. 
f **Voy** al centro comercial. 
g **Voy** a la pista de hielo. 
h Mis amigos y yo **vamos** a la bolera.

¿Tus padres te dan dinero?

Sí, **recibo**…
i diez euros a la semana. 
j veinte euros al mes. 
k dinero para mi cumpleaños. 
l dinero de vez en cuando.

¿Qué haces con tu dinero?

m **Gasto** mi paga en videojuegos. 
n **Gasto** mi paga en revistas. 
o **Compro** saldo para el móvil.
p **Compro** ropa y maquillaje.

2 Lee el texto. Rellena los espacios con los **verbos** del ejercicio 1. Luego tradúce el texto al inglés.

Después del insti **1** *toco* la guitarra y **2** ———— en bici. Los fines de semana normalmente **3** ———— al polideportivo, donde **4** ———— al squash. De vez en cuando mis amigos y yo **5** ———— al cine Imax. El problema es que no tengo mucho dinero. **6** ———— doce euros a la semana, pero **7** ———— mi paga en revistas. A menudo **8** ———— caramelos también.

3 Con tu compañero/a, haz diálogos.
- ¿Qué haces en tus ratos libres?
- A menudo *toco*… y todos los días…
- ¿Adónde vas los…?

> a + el = **al**   Voy **al** cine.
> a + la = **a la**   Vamos **a la** playa.

4 Escribe un texto. Usa el texto del ejercicio 2 como modelo.
Say:
- what you do in your free time, and when
- how much pocket money you receive
- what you spend it on

G The verb jugar › Page 198

Jugar is a stem-changing verb.

	jug**ar** (to play)
(yo)	j**ue**go
(tú)	j**ue**gas
(él/ella/usted)	j**ue**ga
(nosotros/as)	jugamos
(vosotros/as)	jugáis
(ellos/ellas/ustedes)	j**ue**gan

Módulo 4

5 Empareja el deporte con el dibujo correcto.
Ejemplo: **1** d

Juego / Jugué al…
1 baloncesto
2 fútbol
3 rugby
4 ping-pong
5 hockey

Hago / Hice…
6 gimnasia
7 atletismo
8 equitación
9 natación
10 ciclismo

6 Escucha. Copia y completa la tabla. (1–5)

	past	present
1	f	

⭐ Try to spot the **tense** of the verb and listen out for **time phrases**.
Present: *normalmente, todos los días, los (sábados)*
Preterite: *ayer, esta mañana, el (sábado) pasado*

7 Lee el texto y contesta a las preguntas en inglés.

¡Soy adicta al deporte! Hago judo tres veces a la semana y juego al baloncesto todos los días. También hago otros deportes cuando tengo tiempo. Por ejemplo, ayer jugué un partido de pádel. Sin embargo, nunca juego al golf porque es aburrido. En septiembre hice un triatlón en Mallorca. Primero nadé dos kilómetros en el mar. ¡Qué frío! Luego monté en bici durante dos horas y finalmente corrí 21 kilómetros por la playa. No gané, pero ¡fue flipante!

correr to run
ganar to win

Zona Cultura
El pádel es un deporte de raqueta que es muy popular en España y Latinoamérica. Fue inventado en México y se juega con una pala especial y una pelota.

Which sport…
1 does she do most often?
2 does she find boring?
3 did she do on the beach?
4 did she play yesterday?
5 did she do for two hours?
6 did she do for two kilometres?

💬 Cognates and near-cognates look like English words, but usually follow Spanish pronunciation rules. Practise saying these words:

críquet   tenis   rugby
fútbol   gimnasia voleibol

However, the words for some sports break these rules.
hockey   judo

8 Con tu compañero/a, habla del deporte.
Say:
- Which sports you do/play, and when — *Hago / Juego… (los sábados). También…*
- Which sports you never do — *Sin embargo, nunca…*
- Which sport you did recently — *(Ayer) hice / jugué… Fue…*

sesenta y siete **67**

Punto de partida 2

- *Talking about TV programmes and films*
- *Using adjectives of nationality*

1 Escucha. Copia y completa la tabla en inglés. (1–6)

¿Eres teleadicto/a?
Sí, soy teleadicto/a.
No, no soy teleadicto/a.

	telly addict?	hours per day	likes / dislikes
1	✓	3–4	h – informative

a un concurso
b un programa de deportes
c un reality
d un documental
e una telenovela
f una comedia
g una serie policíaca
h las noticias

entretenido/a entertaining

2 Con tu compañero/a, haz diálogos.

- ¿Eres teleadicto/a?
- ¿Qué tipo de programas te gusta?
- ¿Cuál es tu programa favorito?
- ¿Qué tipo de programas no te gusta?

- (Sí / No, no) soy teleadicto/a. Veo la tele… horas al día.
- Me gustan los/las… porque son…
- Mi programa favorito es… Es un/una…
- No me gustan los/las… porque…

When giving your opinion about a type of programme use the **definite article** (word for 'the') and the **plural** form of the noun:

un concurso → Me chiflan **los** concurso**s**.
una telenovela → No me gusta ver **las** telenovela**s**.

3 Escribe una entrada para el foro sobre la tele.

¿Eres teleadicto/a?

En mi opinión, (no) soy…
Veo la tele… horas al día.
Me gusta(n)… porque…
Mi programa favorito es…
No me gusta(n)… porque…

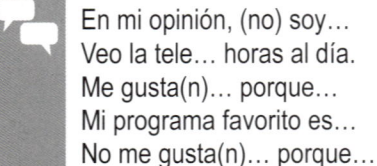

Es / Son (muy / bastante)…
aburrid**o**/**a**/**os**/**as**
adictiv**o**/**a**/**os**/**as**
divertid**o**/**a**/**os**/**as**
entretenid**o**/**a**/**os**/**as**
tont**o**/**a**/**os**/**as**
informativ**o**/**a**/**os**/**as**
emocionante(s)
interesante(s)

Módulo 4

4 Escucha y escribe la letra correcta. (1–8)

Premios Festival de Izarra
a Mejor actor
b Mejor director
c Mejor película de amor
d Mejor película de terror
e Mejor película de fantasía
f Mejor película de animación
g Mejor película de ciencia ficción
h Mejor película de acción / aventuras

americano/a — alemán / alemana
británico/a — escocés / escocesa
griego/a — español / española
italiano/a — francés / francesa
mexicano/a — irlandés / irlandesa

5 Escucha otra vez y escribe la nacionalidad.

Ejemplo: **1** italiana

G Adjectives of nationality > Page 210

Adjectives of nationality do not start with a capital letter in Spanish.
Like all adjectives, they have to agree with the noun.
Those ending in a **vowel** usually follow the regular pattern:

| italian**o** | italian**a** | italian**os** | italian**as** |

Adjectives of nationality ending in a **consonant** follow an irregular pattern.

ending in **–l**	español	española	españoles	españolas
ending in **–n**	alemán	alemana	alemanes	alemanas
ending in **–s**	inglés	inglesa	ingleses	inglesas

Zona Cultura

Los Premios Goya celebran las mejores películas españolas. Los ganadores de los Goya incluyen al actor Javier Bardem, la actriz Penélope Cruz y el director Guillermo del Toro.

los Goya

6 Lee el texto y completa las frases en inglés.

Voy al cine todos los sábados por la noche. **Me chiflan** las películas extranjeras, pero **no me gustan** las películas de dibujos animados japoneses **porque son** tontas. **Mi actor favorito es** el mexicano Gael García Bernal. ¡Qué guapo es!

La semana pasada vi una película alemana con mi novio, que es galés. Me gustó la peli, aunque era bastante larga. **Después** fuimos a un restaurante italiano. **Fue** muy divertido.
Paula

| aunque | although |
| extranjero/a | foreign |

1 Paula goes to the cinema…
2 She loves…
3 She doesn't like … because…
4 She thinks that Gael García Bernal is…
5 Last week she…
6 She mentions … different nationalities.

7 Escribe un texto sobre el cine.

Use the phrases in **bold** in exercise 6 to help you give details about:
- when you go to the cinema
- types of films you like / don't like, and why
- your favourite actor / actress
- a recent trip to the cinema

sesenta y nueve 69

1 ¿Qué sueles hacer?

- Talking about what you usually do
- Using *suelo* + *infinitive*
- Looking at context to identify missing words

1 Lee el artículo. Luego escucha y apunta los detalles para cada persona. (1–6)
- el número de la actividad
- ¿cuándo?

Ejemplo: **1** 9 – después del insti

los (lunes)
los fines de semana
por la mañana / tarde / noche
después del insti
a la hora de comer

Los pasatiempos de los jóvenes españoles

Según una encuesta, un joven español suele tener una media de 32,6 horas de tiempo libre a la semana.

Las diez actividades de ocio más populares son:

1. usar el ordenador
2. salir con amigos
3. escuchar música
4. ver la tele
5. descansar
6. leer periódicos o revistas
7. escuchar la radio
8. leer libros
9. hacer deporte
10. ir al cine

los pasatiempos — hobbies
el tiempo libre — free time
el ocio — leisure

2 Con tu compañero/a, haz diálogos sobre los pasatiempos.

- ¿Qué sueles hacer en tu tiempo libre?
- Suelo <u>escuchar música</u>.
- ¿Cuándo sueles <u>escuchar música</u>?
- Por la tarde, después del insti.

G Suelo + *infinitive*

To say what you usually do or tend to do, you can use **suelo** + the **infinitive**.

Suelo salir con amigos.   I usually / tend **to go out** with friends.

Change the verb ending to talk about other people.

¿Cuándo **sueles leer**?   When do **you usually / tend to read**?
Mi madre **suele descansar**.   My mum **usually / tends to rest**.

3 Escucha y apunta en inglés:
(a) ¿qué actividad hace?
(b) ¿por qué? (1–6)

Ejemplo: **1** Plays the saxophone – needs to…

Es	divertido sano	Me hace reír Me ayuda a relajarme	
Soy	creativo/a sociable activo/a adicto/a a…	Me encanta Necesito	practicar estar al aire libre estar en contacto con otra gente

4 Escribe un texto sobre tus pasatiempos.
- Mention <u>four</u> activities you usually do.
- Say when you do them.
- Give reasons.

Tengo muchos pasatiempos. Todos los días después del insti suelo ver la tele porque me hace reír. Por la mañana…

⭐ Include expressions of frequency to say how often you usually do things. e.g.
todos los días (every day), **siempre** (always), **una vez a la semana** (once a week), **dos veces al mes** (twice a month).

Módulo 4

5 Lee el texto. Luego completa las frases con la(s) palabra(s) correcta(s).

Silvano, 15
Puerto Plata

Vivo en la República Dominicana, donde la música es muy popular. Mi madre adora a Juan Luis Guerra, un cantante famoso por la bachata y el merengue (dos estilos de música y baile tradicionales), pero yo suelo escuchar el R 'n' B. Mis hermanos y yo tenemos nuestra propia banda – yo toco la batería, José toca el teclado y Félix canta.

Mi cantante favorito es Bruno Mars. Tiene una voz hermosa y su música combina muchos estilos diferentes. Hace dos años fui a un concierto de Bruno Mars en Santo Domingo, nuestra capital, y fue increíble. Saqué muchas fotos y también compré una camiseta de la gira. Fue una noche inolvidable, dado que cantó todas mis canciones favoritas.

Bruno Mars

1 La madre de Silvano es ──── de Juan Luis Guerra.
2 Silvano y su madre prefieren ──── estilos de música.
3 Silvano y José tocan ────.
4 La música de Bruno Mars es muy ────.
5 Silvano compró ──── del concierto.

instrumentos	aburrida	diferentes
un recuerdo	conciertos	un vídeo
variada	muchos	
una fan	una cantante	

⭐ To find the correct missing word look at the **context**.
1 Work out the **meaning** of the rest of the sentence.
2 Look at the **grammar** (e.g. Do you need a verb, a noun or an adjective? Masculine / feminine? Singular / plural?)
3 Work through each word to see which one fits.

6 Lee el texto otra vez y busca las frases en español.

1 (we) have our own band
2 I play the drums
3 (he) plays the keyboard
4 he has a beautiful voice
5 I bought a tour t-shirt
6 he sang all my favourite songs

Zona Cultura

Destino: REPÚBLICA DOMINICANA
Ubicación: La isla caribeña de La Española, al este de Haití
Población: 10 millones
Famosa por: El béisbol (deporte nacional)
La bachata y el merengue (baile / música)

el merengue

7 Escribe un texto sobre la música. Usa expresiones de los ejercicios 5 y 6.

Suelo escuchar... pero (mi hermano) suele escuchar...
Mi cantante favorito/a es... porque...
También soy un(a) fan de...
Toco (la guitarra) / No toco instrumentos.
(En marzo) fui a un concierto de... Fue (genial) porque...
Después del concierto...

⭐ Most types of music in Spanish are cognates or near-cognates.

el soul, el rap, el funk, el dance, el hip-hop, el pop, el rock, el jazz, la música clásica, la música electrónica.

When talking about a concert you have been to, use a variety of preterite tense verbs:

Canté y bailé   I sang and danced
Compré…   I bought…
Comí / Bebí…   I ate / drank…
Fue…   It was…

setenta y uno **71**

2 ¡Fanático del deporte!

- Talking about sports
- Using the imperfect tense to say what you used to do
- Listening for different tenses

1 (escuchar)
Escucha y lee. Traduce al inglés los verbos en **violeta** y en **verde**. Luego copia y completa la tabla.

	what they used to do	what they do now
Rocío	c	

Antes **jugaba** al baloncesto, pero ahora **juego** al balonmano. **Rocío**

En el pasado **hacía** patinaje sobre hielo, pero ahora **hago** escalada. **Gloria**

Antes **era** miembro de un club de natación. Ahora **soy** miembro de un equipo de gimnasia. **Joaquín**

Ahora **soy** un fanático del piragüismo, pero antes **jugaba** al fútbol y **era** aficionado del Athletic de Bilbao. **Diego**

| antes | before |
| ahora | now |

2 (leer)
Lee el texto. Elige el verbo correcto.

En el pasado **1** jugaba / era al tenis de vez en cuando y también **2** hacía / juego equitación, pero no **3** era / soy muy deportista. Sin embargo, ahora **4** soy / jugaba un fanático del deporte. Ya no **5** hago / hacía equitación porque es caro, pero **6** juego / soy miembro de un club de kárate. ¡Me flipa! También **7** juego / jugaba al rugby a menudo.

⭐ Use **ya no** to say that you no longer do something.
Ya no juego al fútbol.   I **no longer** play football.

3 (hablar)
Con tu compañero/a, haz diálogos.

- ¿Qué deportes hacías en el pasado?
- ¿Qué deportes haces ahora?
- ¿Eres miembro de un club / un equipo?
- ¿Eres aficionado/a de un equipo?

Antes… En el pasado…	Ahora… Ya no…	
era	**soy**	deportista miembro de… aficionado/a de… un(a) fanático/a de…
jugaba	**juego**	al balonmano
hacía	**hago**	piragüismo

G The imperfect tense ▶ Page 216

In Modules 1 and 2 you saw the **imperfect tense** for describing things in the past.

It is also used for saying what you <u>used to</u> do.
Jugaba al baloncesto.   He/She used to play basketball.

	jug**ar** (to play)	hac**er** (to do/make)	viv**ir** (to live)
(yo)	jug**aba**	hac**ía**	viv**ía**
(tú)	jug**abas**	hac**ías**	viv**ías**
(él/ella/usted)	jug**aba**	hac**ía**	viv**ía**
(nosotros/as)	jug**ábamos**	hac**íamos**	viv**íamos**
(vosotros/as)	jug**abais**	hac**íais**	viv**íais**
(ellos/ellas/ustedes)	jug**aban**	hac**ían**	viv**ían**

The verb **ser** (to be) is irregular in the imperfect:
Era muy deportista.   **I used to be** very sporty.

setenta y dos

Módulo 4

4 **Traduce las frases al español.**

1. I'm a sports fanatic and I play football every day.
2. I used to be a member of a basketball team.
3. I no longer do canoeing because it's boring.
4. In the past I used to play volleyball, but now I do athletics.

> Translate as 'a fanatic of sport'.
> Use the imperfect tense of the verb *ser*.
> Look back at exercise 2.
> Are both verbs in the same tense?

5 **Escucha. ¿Pasado o presente? Apunta los detalles en inglés. (1–6)**

Ejemplo: **1** *past, tennis, 3 times a week*

> ⭐ Listen carefully to work out whether the sports are mentioned in the present or the imperfect.
>
> Remember that the 'I' form of regular verbs in the imperfect ends in *–aba* or *–ía*.
>
> Also, listen out for time markers such as *antes, en el pasado, ahora*, etc.

6 **Lee el texto y contesta a las preguntas en inglés.**

Cuando era más joven hacía gimnasia a menudo. También jugaba al hockey sobre hielo con mi hermana.

Sin embargo, ya no hago gimnasia porque no tengo tiempo. Ahora juego en un equipo de fútbol femenino. Entreno mucho y suelo tener un partido cada domingo. La temporada pasada marqué un gol en la final y ganamos el campeonato. ¡Qué guay!

Soy aficionada del Barça y mi jugador favorito es el argentino Lionel Messi. ¡Es un crack! Messi ganó el Balón de Oro por primera vez en 2009, aunque lo mejor fue cuando marcó 91 goles en un mismo año y batió el récord.

entrenar	to train
marcar	to score
la temporada	the season

Amaia

1. What did Amaia used to do with her sister?
2. Why does she no longer do gymnastics?
3. What usually happens on Sundays?
4. What happened last season? Give <u>two</u> details.
5. According to Amaia, what was Messi's greatest achievement?

7 **Escribe un texto sobre el deporte. Usa el texto del ejercicio 6 como modelo.**

Write about:
- Sports you used to do.
- Sports you do / don't do now.
- Whether you are a member of a club / team.
- Your favourite player / team.
- A highlight of their career.

Cuando era más joven…
Ahora… pero ya no…
(No) soy miembro de…
Mi… favorito/a es…
Lo mejor fue cuando (ganó / batió / marcó) …

> ⭐ Take care to choose the correct **tense** and **person** of the verb.
>
> Use the **present** tense for what you do now.
> Use the **imperfect** tense for what you used to do.
> Use the **preterite** tense for completed actions in the past.

setenta y tres 73

3 #Temas del momento

- Talking about what's trending
- Using the perfect tense
- Listening for clues

1 leer Lee los tuits. Busca las expresiones en español.

Daniela @DaniJsevilla
No he visto la nueva peli de Jennifer Lawrence, pero **he comprado** el CD de la banda sonora. Es superguay. #TemasDelMomento

Juana @JMtopbajista
#temasdelmomento ¿**Has leído** la última novela de Ruiz Zafón? Creo que es increíble.

Ignacio Torres @NachoTgamer
¿**Has jugado** al videojuego *Gladiador Valiente*? #temasdelmomento ¡Me flipa!

Aitor @AitorP-Getxo
En mi página de Facebook **he compartido** las fotos de mi cumpleaños. ¡Fiesta loca! También **he subido** un vídeo.

Marina López @mariluzL
¿**Has escuchado** la nueva canción de Paloma Faith? **He descargado** su álbum y es fenomenal.

temas del momento	trending topics
la banda sonora	sound track
loco/a	mad/crazy

1 I have uploaded
2 I have bought
3 I have shared
4 I have downloaded
5 I haven't seen
6 Have you listened to…?
7 Have you played…?
8 Have you read…?

2 escuchar Escucha. Copia y completa la tabla. (1–5)

	have you…?	answer
1	bought new edition of your favourite magazine	b

a **He perdido** mi cámara.
b **He gastado** todo mi dinero.
c **He hecho** los deberes de matemáticas.
d **He visto** la película dos veces.
e No **he leído** el correo electrónico.

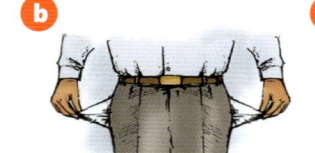

3 hablar Con tu compañero/a, haz diálogos.

● ¿Qué música has escuchado esta semana?
■ He escuchado la nueva canción de… En mi opinión, es…

¿Qué películas	has	visto	esta semana?
¿Qué libros		leído	este mes?
¿Qué música		escuchado	este año?
¿Qué videojuegos		comprado	
¿Qué aplicaciones		descargado	
He (comprado)	el nuevo álbum / libro de…		
	la nueva canción / película de…		

G The perfect tense — Page 207

This is used to talk about what you *have done*.
Use the present tense of the verb **haber** + **past participle**.

(yo)	he	escuch**ado**
(tú)	has	beb**ido**
(él/ella/usted)	ha	compart**ido**

To form the past participle, remove the –*ar*, –*er* or –*ir* from the infinitive and add:

–**ado**   (–*ar* verbs)
–**ido**   (–*er* / –*ir* verbs)

Some past participles are irregular, including:

hacer (to do / make) → **hecho**
ver (to see / watch) → **visto**

setenta y cuatro

Módulo 4

4 Escucha y lee. Para cada texto escribe las letras correctas y la opinión en inglés. Luego traduce las expresiones en **negrita** al inglés.

Ejemplo: **1** g – very good

Estrenos de la semana

❶ Cine

¿Has visto la nueva película de aventuras *Dina*? **Combina la comedia con el misterio** y **cuenta la historia de una chica rusa** con poderes mágicos. Los actores son muy buenos y los efectos especiales son impresionantes. ¡La recomiendo!

❷ Videojuegos

¿Has jugado al nuevo juego multijugador *Gladiador Valiente*? Este juego de acción **tiene gráficos de alta calidad**, aunque **las animaciones son bastante decepcionantes** y **la banda sonora es un poco irritante**.

❸ Televisión

Esta semana vuelven Sheldon y sus amigos **en la nueva temporada de la comedia** *The Big Bang Theory*. Esta serie americana, que ha ganado muchos premios, es muy popular en todo el mundo por **sus personajes locos y sus situaciones graciosas**.

el premio	prize
el mundo	world

- a The animations
- b The special effects
- c The characters
- d The graphics
- e The situations
- f The sound track
- g The actors

5 Escucha el diálogo y escribe las letras correctas. (1–5)

1 *Martes salvaje* es…
  a una comedia.
  b una película de amor.
  c una serie policíaca.

2 Cuenta la historia de…
  a un futbolista.
  b un atleta.
  c un ciclista.

3 La novia de Alex…
  a ha muerto en circunstancias misteriosas.
  b ha tenido un accidente.
  c ha ganado la lotería.

4 A Teresa **no** le gusta…
  a la banda sonora.
  b la historia.
  c la actriz principal.

5 El final es…
  a feliz.
  b emocionante.
  c decepcionante.

ha muerto	has died

⭐ You won't necessarily hear the actual words used in the questions. Listen for clues and remember that you may hear more than one option mentioned!

6 Escribe una crítica de un videojuego, un programa o una película.

¿Has visto / jugado a…?
Es una telenovela que cuenta la historia de…
Combina… con…
La banda sonora es…
Los actores son…
Lo/La recomiendo porque es…

Cuenta la historia de (un hombre / dos mujeres, etc.)	
Combina el misterio / la comedia / la acción con…	
El final	es… buen**o/a**, mal**o/a**
La banda sonora	feliz, triste, rar**o/a**
Los personajes	son…
Los gráficos	buen**os/as**, estupend**os/as**
Los efectos especiales	guap**os/as**, loc**os/as**
Los actores	decepcionantes
Las animaciones	irritantes, impresionantes
Las canciones	interesantes, originales

setenta y cinco **75**

4 En directo

- Discussing different types of entertainment
- Using algunos / otros / muchos / demasiados
- Agreeing and disagreeing

1 Lee las opiniones. ¿Quién habla? Escribe B (Berto) o Y (Yolanda).

Prefiero ver las pelis en casa. **Berto**

Prefiero ir al cine. **Yolanda**

a Las palomitas están ricas.
b El ambiente es mejor con muchas personas.
c Hay demasiadas personas.
d Me encanta ver los tráilers de las nuevas pelis.
e Los asientos no son cómodos.
f La imagen es mejor en la gran pantalla.
g Las entradas son caras.
h Los otros espectadores me molestan.

Zona Cultura
El cine es muy popular en España. Cada año los españoles gastan más de medio billón de euros comprando entradas de cine. Cuestan unos 8 o 9 euros, pero son más baratas los miércoles, que es *el Día del espectador*.

2 Escucha y comprueba tus respuestas.

3 Escucha. Copia y completa la tabla. (1–4)

	prefers…	opinion(s) from ex. 1
1	watching a band live	b

en directo — live
la corrida de toros — a bull fight

G Useful adjectives ▶ Page 210

These adjectives are useful in lots of different topics:

algunos/as (some)   **muchos/as** (many/lots of)
otros/as (other)   **demasiados/as** (too many)

Algunas comedias son graciosas, pero **otras** son aburridas.
Some comedies are funny but **others** are boring.

Listen again to exercise 3. Which of these adjectives does each person use?

4 Con tu compañero/a, haz cuatro diálogos.

- ¿Prefieres ir al cine o ver las pelis en casa?
- Prefiero ir al cine porque el ambiente es…
- No estoy de acuerdo. Prefiero… porque…

Use these phrases when debating a topic.
(No) estoy de acuerdo.   I (don't) agree.
Eso es verdad, pero…   That's true, but…

- ir al cine / ver películas en casa
- ir a un concierto / ver un concierto en DVD 
- ir a la plaza de toros / ver una corrida de toros en la tele 
- ir al estadio / ver un partido en la tele

Módulo 4

5 Lee los anuncios y contesta a las preguntas en inglés.

Espectáculo de baile
La compañía de danza *Flamencomás* presenta *Alma Ajena*. Un nuevo espectáculo de cante y baile flamenco.
Horario: 19.45 y 22.15 (excepto los lunes)
Entradas: 40 €,
menores de 18 años: 20 €
(con bebida incluida)

disfrutar de	to enjoy
el estreno	new release

Cine de verano
Vuelve el festival de cine al aire libre. Disfruta de más de 140 películas en una pantalla gigante. Algunas de las mejores películas del año, incluso *Star Wars Episodio VIII* y otros estrenos. A las 21.15 hasta el 12 de septiembre.
Entrada general – 7 €
Carné de estudiante – 5 €

1. What type of dance show is being advertised?
2. When can you see it? Give **full** details.
3. Who is the 20 € ticket price for?
4. What is included in the ticket price?
5. Where does the film festival take place?
6. When does it finish?
7. What kind of films are being shown?
8. Which event offers a student discount?

6 Escucha y lee. Apunta los detalles subrayados en inglés.

Ejemplo: **1** to the theatre, …

- ¿Tienes ganas de ir **1** <u>al teatro</u>?
- ¿Cuándo?
- **2** <u>Mañana</u>.
- ¿Qué ponen?
- **3** <u>Shrek</u>. Es **4** <u>un musical</u>.
- ¿Cuánto cuesta?
- Son **5** <u>treinta</u> euros.
- Vale. ¿A qué hora empieza?
- Empieza a las **6** <u>cuatro</u> y termina a las **7** <u>seis y media</u>.
- De acuerdo.

- Dos entradas para **8** <u>Shrek</u>, por favor.
- ¿Para qué sesión?
- Para la sesión de las **9** <u>cuatro</u>.
- Lo siento, no quedan entradas.
- Pues, para la sesión de las **10** <u>ocho y media</u>.
- Muy bien. Aquí tiene.

¿Qué ponen?	What's on?

7 Escucha otro diálogo y apunta los detalles en inglés.

Ejemplo: **1** to the cinema, …

⭐ To say what you fancy/feel like doing use **tener ganas de** + **infinitive**:
Tengo ganas de ver la tele. **I fancy / feel like watching** TV.

8 Con tu compañero/a, inventa <u>dos</u> diálogos. Usa el ejercicio 6 como modelo. Habla de los anuncios del ejercicio 5 o inventa los detalles.

¿Tienes ganas de	
ir al cine / teatro / circo ir a un festival / un espectáculo de…	
esta tarde / noche? mañana? el (viernes)?	
Es	un musical una película / obra de…

setenta y siete **77**

5 Modelos a seguir

- Talking about who inspires you
- Using the he/she form of the perfect tense
- Translating a text into English

1 Escucha. Escribe el nombre y la(s) letra(s) correcta(s). Escucha otra vez y apunta el adjetivo. (1–6)

Ejemplo: 1 Taylor Swift – g – generous

¿Quién es tu modelo a seguir?

Mi modelo a seguir es… porque…

- a tiene mucho talento
- b tiene mucho éxito
- c tiene mucha determinación
- d lucha contra la pobreza
- e lucha por los derechos humanos
- f trabaja en defensa de los animales
- g ayuda a organizaciones benéficas
- h usa su fama para ayudar a otros

| ambicios**o/a** | generos**o/a** | optimista | simpátic**o/a** |
| egoísta | trabajador(**a**) | fuerte | valiente |

2 Empareja las fotos con los textos. Luego escribe las palabras en **negrita** en inglés.

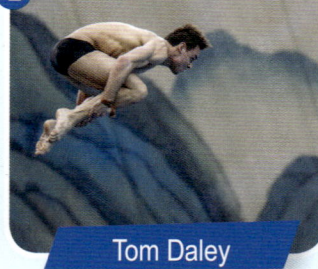

1 Sofía Vergara
2 Tom Daley
3 Rafa Nadal
4 Rigoberta Menchú

a Es una activista que lucha por la justicia social en Guatemala. **Ha ganado** el Premio Nobel de la Paz.

b Es un nadador que inspira a muchos jóvenes. Además, **ha hablado** abiertamente de su sexualidad.

c Es una actriz colombiana que es famosa por la comedia *Modern Family*. También **ha hecho** varias películas.

d Es un jugador de tenis español que tiene mucho éxito. **Ha batido** muchos récords.

3 Escucha y comprueba tus respuestas. (1–4)

4 Con tu compañero/a, habla de tu modelo a seguir.

- ¿Quién es tu modelo a seguir?
- Mi modelo a seguir es el/la cantante…
- ¿Por qué admiras a…?
- Admiro a… porque lucha / tiene / ayuda… También es muy generoso/a. Además, ha ganado…

G The he/she form of the perfect tense ▶ Page 207

Remember to use the **perfect tense** for saying what someone **has done**.

To form the *he/she* form, use **ha** + **past participle** (*–ado*, *–ido*).

Ha mar**cado** muchos goles. He/She has scored lots of goals.
Ha ven**dido** muchos libros. He/She has sold lots of books.

setenta y ocho

Módulo 4

5 Traduce las frases al español.

1. My role model is the British actress Emma Watson. — *Think about word order here.*
2. I admire Emma because she fights for women's rights. — *'The rights of women' (las mujeres).*
3. Furthermore, she is ambitious and hardworking. — *Use the feminine form of these adjectives.*
4. She is very successful and has won lots of awards. — *Use the perfect tense.*

6 Escucha. Elige las <u>tres</u> frases correctas.

¿A quién admiras?
Malala Yousafzai

1. Es valiente y creativa.
2. Lucha por los derechos de las niñas.
3. Lucha contra el racismo.
4. Ha sobrevivido a un accidente de avión.
5. Ha ganado el Premio Nobel de la Paz.
6. Ha batido un récord.

sobrevivir — to survive

7 Lee el texto. Traduce el primer párrafo del texto al inglés.

Mi modelo a seguir no es ni rico ni famoso. Sin embargo, es simpático, generoso y muy fuerte. No ha ganado ningún premio, pero en mi opinión, es un héroe anónimo porque siempre ayuda a otras personas. Es mi abuelo, Enrique Jiménez.

Su vida no ha sido fácil, y ha sufrido varias enfermedades graves. Sin embargo, tiene mucha determinación, y por eso ha superado sus problemas. Además, ha recaudado más de diez mil euros para organizaciones benéficas como Amnistía Internacional y la Cruz Roja.

Sobre todo, admiro a mi abuelo porque nunca es egoísta y siempre sonríe. Es mi inspiración.

Roberto

el héroe anónimo — unsung hero

Before you start to translate into English:
- Read through the whole paragraph to get the gist
- Pay attention to verb tenses and use the context of the rest of the sentence to work out new words
- Remember that some phrases don't translate word for word.

mi abuelo

8 Lee el texto otra vez. Busca las expresiones en español.

1. his life hasn't been easy
2. he has suffered several serious illnesses
3. he has overcome his problems
4. he has raised more than…
5. above all, I admire…
6. he always smiles

9 Escribe un texto sobre una persona que admiras.

Use the **present tense** to say:
- What type of person he/she is.   *Admiro a… porque es… y…*
- What he/she does.   *Además, <u>ayuda / lucha / usa / tiene</u>…*

Use the **perfect tense** to say:
- What he/she has done that is special.   *Ha <u>batido</u>… También ha <u>hecho</u>…*
- What awards he/she has won.   *(No) ha ganado…*

Use ideas from exercises 1, 2, 6 and 7.

setenta y nueve **79**

Módulo 4   Leer y escuchar

1   *leer*   Read this website forum about what different people do in their free time.

> **Eva:** Soy aficionada de mi equipo local y voy a todos los partidos. Ver una película con mucha gente no me gusta nada.
>
> **Teresa:** Mi pasión es comprar ropa y maquillaje. No me interesan ni los concursos ni las telenovelas.
>
> **Pablo:** Me encanta cantar y tocar el teclado, pero suelo gastar toda mi paga en periódicos y revistas.
>
> **Chema:** Entreno en la piscina casi todos los días, pero los videojuegos no son nada interesantes, en mi opinión.

Who says what about their hobbies? Write either **Eva**, **Teresa**, **Pablo** or **Chema**.
You can use each person more than once.

(a) _____ loves music.
(b) _____ doesn't like the cinema.
(c) _____ swims regularly.
(d) _____ enjoys reading.
(e) _____ loves shopping.
(f) _____ is a football fan.

2   *leer*   Read this extract. Four girls are discussing the football team in which they play.

Sara y las goleadoras: El ultimo gol by Laura Gallego (abridged and adapted)

> —Me gusta el fútbol, pero creo que los estudios son más importantes —dijo Dasha.
> —Yo prefiero el fútbol —suspiró Eva— pero mi padre no me deja salir de casa por las tardes porque dice que tengo que estudiar.
> —A todas nos encantaría poder entrenar todos los días pero hay que aceptar que no podemos hacerlo todo —intervino Mónica.
> —Además —añadió Vicky— las jugadoras de los otros equipos también tienen exámenes, así que están en la misma situación que nosotras.
> —No exactamente —murmuró Sara— porque las chicas de los otros equipos ya juegan mejor que nosotras, así que debemos entrenar más que ellas.
> —Bueno, considerando que es nuestro primer año, lo hemos hecho muy bien —dijo Dasha.

Answer the following questions **in English**. You do not need to write in full sentences.

(a) Why is Eva not allowed to go out in the evening?
(b) According to Vicky, how are the other team in the same situation?
(c) According to Sara, why should they train more than the other teams?
(d) Why does Dasha think their team has done well?

> ⭐ Written dialogues often include words like 'she said' or 'he added'. These may include **añadir** (to add), **suspirar** (to sigh), **decir** (to say), **intervenir** (to intervene) and **murmurar** (to murmur).

3   *leer*   Translate the following passage **into English**.

> Normalmente juego al baloncesto después del insti. Me encanta hacer deporte. Sin embargo, los fines de semana suelo tocar la batería con mi hermano. Ayer fuimos a la bolera para celebrar su cumpleaños. Mañana vamos a montar a caballo en el campo.

Módulo 4

1 You are listening to an interview with a Mexican singer called Rosario.

Listen to the interview and answer the following questions **in English**.

(a) What did Rosario recently organise?
(b) What does she want to fight against?
(c) Which <u>two</u> qualities does Rosario have, in her opinion?

2 The students on your exchange visit to Spain are asking the Spanish teacher about the leisure activities in the town. Which activities do they ask about?

Listen and write the <u>three</u> correct letters.

- **A** canoeing
- **B** going to the cinema
- **C** bowling
- **D** playing football
- **E** ice skating
- **F** skateboarding
- **G** horseriding

⭐ Remember that you are only listening for the activities which the students **ask about**. Beware, too, that an activity may be mentioned which doesn't exactly match the options given.

3 Oyes una conversación entre tu hermano y su amiga española, Marta. Rellena el espacio de cada frase con una palabra del recuadro. Hay más palabras que espacios.

barato	las artes marciales	pocos	la gimnasia
bien	relajante	a menudo	caro
informativo	~~muchos~~	mal	a veces

⭐ There are usually two possible options for each gap. Before you listen, try to spot the pairs. Remember that you may hear different words used to mean the same thing, and watch out for distractors!

Ejemplo: Marta tiene <u>muchos</u> pasatiempos.

(a) Marta es una fanática de _____.
(b) Le gusta leer porque es _____.
(c) Su novio piensa que Marta canta _____.
(d) Marta piensa que ir al cine en autobús es _____.
(e) Marta ve la tele _____.

ochenta y uno **81**

Módulo 4 Prueba oral

A – Role play

1 leer Look at this role play card and prepare what you are going to say.

> **Topic: Who am I?**
> **Instructions to candidates:**
> You are at your house with your Spanish friend. You are planning to go to a concert. The teacher will play the role of your Spanish friend and will speak first.
> You must address your Spanish friend as *tú*.
> You will talk to the teacher using the five prompts below.
> - where you see – **?** – you must ask a question
> - where you see – **!** – you must respond to something you have not prepared
>
> **Task**
> *Estás en tu casa con un/a amigo/a español/a.*
> *Estáis hablando de los planes para ir a un concierto.*
> 1 Concierto – dónde
> 2 Concierto – hora
> 3 !
> 4 Cantante preferido/a – razón
> 5 ? Después del concierto – planes

- *Don't be fooled if you see a question word. For this bullet point you have to **answer** a question, not ask one!*
- *Keep it simple. You don't get extra marks for giving a complicated answer.*
- *What might your friend ask you in this situation?*
- *Make sure you give both details.*
- *You could ask 'What are we going to do…?'. or 'What do you want to do…?'*

2 escuchar Practise what you have prepared. Then, using your notes, listen and respond.

3 escuchar Now listen to Megan doing the role play task. **In English**, note down what she says for the first four bullets.

> ⭐ Listen carefully to the unprepared question (!). If you don't understand, ask your teacher to repeat the question (in Spanish!) – *¿Puede(s) repetir, por favor?*
> For the other bullet points, don't get distracted by what your teacher says – stick to what you have prepared!

B – Picture-based task

Topic: Cultural life
Mira la foto y prepara las respuestas a los siguientes puntos:
- la descripción de la foto
- tu opinión sobre los deportistas como modelos a seguir
- la última vez que hiciste deporte
- tus actividades para el próximo fin de semana
- tu tipo de películas preferido

1 escuchar Look at the photo and read the task. Then listen to Ben's answer to the first bullet point.
1 Which athlete is he describing?
2 Write down the <u>two</u> present continuous verbs he uses.
3 What do you think the word *carrera* means in this context?

> ⭐ Remember, to describe what someone **is doing** you can use either the **present tense** (e.g. *hace*) or the **present continuous** (e.g. *está haciendo*).

82 *ochenta y dos*

Módulo 4

2 **Listen to and read Ben's answer to the second bullet point.**
1. Write down the missing word for each gap.
2. Look at the Answer Booster on page 84. Note down <u>five</u> examples of language which Ben uses to give a strong answer.

> Depende. Mi deportista favorito es el **1** _____ portugués Cristiano Ronaldo. ¡Es un crack! Creo que Ronaldo es un buen modelo a seguir porque es trabajador. Es un **2** _____ rápido y no es ni egoísta ni agresivo. Ha jugado para muchos equipos **3** _____, por ejemplo el Sporting, el Manchester United y el Real Madrid, y ha ganado muchos **4** _____. Sobre todo, admiro a Ronaldo, ya que ayuda a organizaciones **5** _____.

3 **Listen to Ben's answer to the third bullet point.**
1. **In English**, note down <u>five</u> details that he gives.
2. Can you work out the meaning of *estilo libre* from the context?

4 **Prepare your own answers to all <u>five</u> bullet points. Then listen and take part in the full picture-based task with the teacher.**

C – General conversation

1 **Listen to Aisha introducing her chosen topic. In which order does she mention the following?**

a musical instruments
b concert plans
c drawing and painting
d favourite singer

2 **The teacher asks Aisha '¿Eres teleadicta?' Listen to how Aisha develops her answer. Write down three 'hidden questions' that she also answers.**

Example: How often do you watch TV?

> ⭐ A good way of developing your answer is to think about what 'hidden questions' you could also respond to in order to give a full, well-developed answer.

3 **Listen to Aisha's answer to the second question, '¿Prefieres ver las pelis en casa o en el cine?' Look at the Answer Booster on page 84. Write down <u>five</u> examples of language which Aisha uses to give a strong answer.**

4 **Prepare your answers to Module 4 questions 1–6 on page 188. Then practise with your partner.**

ochenta y tres 83

Módulo 4 Prueba escrita

Answer booster	Aiming for a solid answer	Aiming higher	Aiming for the top
Verbs	**'I' form verbs:** *juego, soy, voy* **Different time frames:** past, present, near future	**Different persons of the verb:** *mi amiga y yo vamos…* **Desde hace:** *soy… desde hace… años*	**Verbs with an infinitive:** *tengo ganas de, suelo* **More than one tense to talk about the past:** preterite, imperfect, perfect
Opinions and reasons	**Verbs of opinion:** *me flipa…, me encanta…*	**Different opinion phrases with reasons:** *admiro a… porque…, mi… favorito es…*	**Opinions:** *creo que…, a mi modo de ver…* **Exclamations:** *¡Qué horror! ¡Es un crack!*
Connectives	*y, pero, también*	*sin embargo, además, por ejemplo, sobre todo*	**Add more variety:** *ya que, por eso, por un lado… por otro lado, ya no*
Other features	**Qualifiers:** *muy, un poco, bastante* **Time phrases:** *a menudo, el sábado, hace dos semanas*	**Negatives:** *no… ni… ni…* **Interesting vocab:** *la campeona, la pantalla, parecido, organizaciones benéficas*	**Complex sentences with *si*, *donde*:** *si tengo dinero…, voy a… donde…*

A – Short writing task

1 Look at the task. What information do you need to give for each bullet point?

2 Read Lauren's answer below. Put the paragraphs in the order of the bullet points in the task.

Un festival de cine
Usted va a Sevilla para trabajar en un festival de cine.
Escriba usted un email al jefe con la siguiente información:
- por qué le gusta ir al cine
- cuál es su película favorita
- qué otros pasatiempos tiene
- qué va a hacer durante su visita a Sevilla.

Escriba aproximadamente 40–50 palabras **en español**.

Estimado señor:

A Los sábados suelo ir al centro comercial, donde compro videojuegos. También toco la flauta.

B Mi película favorita es *Cazafantasmas,* ya que los personajes son graciosos.

C Durante mi visita voy a visitar la catedral. Además, tengo ganas de ver un espectáculo de flamenco.

D Me encanta ir al cine porque la imagen es mejor en la gran pantalla, y me gusta el ambiente.

Atentamente,
Lauren

---

3 Look at the Answer Booster. Note down <u>four</u> examples of language which Lauren uses to develop her answer.

4 Now prepare your own answer to the question.
- Look at the Answer Booster and Lauren's text for ideas.
- Write your answer and then check carefully what you have written.

Módulo 4

B – Extended writing task

1 Look at the task and answer these questions.
- What is each bullet point asking you to do?
- Which tense(s) will you need to use to answer each one?

Rahma

El deporte y el tiempo libre

Tu amiga Verónica te pregunta sobre el deporte y tus planes para el fin de semana.

Escribe una respuesta a Verónica.

Debes incluir los puntos siguientes:
- qué deportes haces y por qué
- qué deporte practicaste o viste recientemente
- por qué los deportistas (no) son buenos modelos a seguir
- los planes que tienes para este fin de semana.

Escribe aproximadamente 80–90 palabras **en español**.

2 Read Rahma's answer at the bottom of this page. What do the phrases in **bold** mean?

3 Look at the Answer Booster. Note down <u>six</u> examples of language which Rahma uses to write a strong answer.

4 Write an essay plan based on Rahma's answer.

First paragraph
- Why I go...
- My favourite...
- How long I've...

Second paragraph
- Which team...

5 Prepare your own answer to the task.
- Look at the Answer Booster and Rahma's text / plan for ideas.
- Write a detailed plan. Organise your answer in paragraphs.
- Write your answer and carefully check what you have written.

⭐ To do well in the writing exam you must show off a good range of language whilst also writing accurate Spanish. Check spellings and adjective agreements, and pay special attention to verbs (i.e. correct person and tense).

Hola Verónica

Suelo hacer footing a menudo ya que es divertido, pero mi pasión es el 'netball' (**un deporte parecido al baloncesto**). Soy miembro de un equipo desde hace dos años.

Soy aficionada del Manchester United, y por eso el sábado fui a Old Trafford. Había **más de setenta mil espectadores** y mi equipo ganó. ¡Fue fenomenal!

A mi modo de ver, los deportistas son buenos modelos a seguir porque son trabajadores. **Admiro a la campeona olímpica** Jessica Ennis-Hill porque es ambiciosa y ha ganado muchos títulos.

Este fin de semana mi amiga y yo vamos a ir a la bolera. Luego, voy a comprar unos zapatos **si tengo bastante dinero**. Sin embargo, ¡no tengo ganas de hacer los deberes!

¡Hasta luego!
Rahma

Jessica Ennis-Hill

ochenta y cinco 85

Módulo 4 Palabras

La paga / Pocket money

Recibo…	I receive…
…euros a la semana / al mes	…euros a week / a month
dinero de vez en cuando	money from time to time
dinero para mi cumpleaños	money for my birthday
Gasto mi paga en…	I spend my pocket money on…
Compro…	I buy…
caramelos	sweets
saldo para el móvil	credit for my mobile phone
revistas / videojuegos	magazines / computer games
ropa y maquillaje	clothes and make up

Mis ratos libres / My freetime

Tengo muchos pasatiempos.	I have lots of hobbies.
A la hora de comer…	At lunchtime…
Cuando tengo tiempo…	When I have time…
Después del insti…	After school…
Los fines de semana…	At weekends…
Los (lunes)…	On (Mondays)…
Por la mañana / tarde…	In the morning / afternoon / evening…
Por la noche…	At night…
cocino	I cook
juego al futbolín / al squash	I play table football / squash
monto en bici / monopatín	I ride my bike / skateboard
toco la guitarra / la trompeta	I play the guitar / trumpet
voy / vamos…	I go / we go…
al polideportivo / al centro comercial / a la pista de hielo / a la bolera	to the sports centre / to the shopping centre / to the ice rink / to the bowling alley
Suelo…	I tend to / I usually…
descansar	rest
escuchar música / la radio	listen to music / the radio
hacer deporte	do sport
ir al cine	go to the cinema
leer libros / revistas / periódicos	read books / magazines / newspapers
salir con amigos	go out with friends
usar el ordenador	use the computer
ver la tele	watch TV
Es divertido / sano	It's fun / healthy
Soy…	I am…
activo/a / creativo/a	active / creative
sociable / adicto/a a…	sociable / addicted to…
Me hace reír / relajarme	It makes me laugh / relax
Necesito estar…	I need to be…
al aire libre	outdoors
en contacto con otra gente	in touch with other people

La música / Music

Me gusta el soul / el rap / el dance / el hip-hop / el pop / el rock / el jazz / la música clásica / electrónica	I like soul / rap / dance / hip-hop / pop / rock / jazz / classical / electronic music
Toco / Mi hermano/a toca…	I play / My brother/sister plays…
el teclado / el piano / la batería / la flauta	the keyboard / the piano / the drums / the flute
Mi cantante favorito/a es…	My favourite singer is…
Fui a un concierto de…	I went to a… concert.
Canté y bailé.	I sang and danced.
Compré una camiseta de la gira.	I bought a tour t-shirt.
Comí / Bebí…	I ate / drank…
Fue genial / increíble / inolvidable.	It was great / incredible / unforgettable.

El deporte / Sport

Antes era…	Before I used to be…
Ahora soy…	Now I am…
(bastante / muy) deportista	(quite / very) sporty
miembro de un club / un equipo	a member of a club / a team
aficionado/a de…	a fan of…
un(a) fanático/a de…	a… fanatic
Juego al…	I play…
Jugué al…	I played…
Jugaba al…	I used to play…
baloncesto / balonmano	basketball / handball
críquet / fútbol	cricket / football
hockey / ping-pong	hockey / table tennis
rugby / tenis / voleibol	rugby / tennis / volleyball
Hago…	I do…
Hice…	I did…
Hacía…	I used to do…
atletismo / ciclismo	athletics / cycling
equitación / escalada	horseriding / climbing
gimnasia / judo	gymnastics / judo
kárate / natación	karate / swimming
patinaje sobre hielo	ice skating
piragüismo	canoeing
Ya no (juego)…	(I) no longer (play)…
Entreno	I train
Ayer / Esta mañana…	Yesterday / This morning…
La temporada pasada…	Last season…
jugué un partido	I played a match
marqué un gol	I scored a goal
gané / ganamos el campeonato	I / we won the championship
Mi jugador(a) favorito/a es…	My favourite player is…
Lo mejor fue cuando…	The best thing was when…
batió el récord	he/she beat the record
ganó / marcó…	he/she won / scored…

La tele / TV

(No) soy teleadicto/a	I'm (not) a TV addict
Veo la tele… horas al día	I watch TV… hours a day
Mi programa favorito es…	My favourite programme is…
un concurso	a game/quiz show
un programa de deporte	a sports programme
un reality	a reality TV show
un documental	a documentary
una telenovela	a soap
una comedia	a comedy
una serie policíaca	a crime series
Me gustan las comedias	I like comedies
No me gustan las noticias	I don't like the news
Es / Son…	It is / They are…
aburrido/a(s)	boring
adictivo/a(s)	addictive
divertido/a(s)	fun
entretenido/a(s)	entertaining
tonto/a(s)	silly
informativo/a(s)	informative
emocionante(s)	exciting
interesante(s)	interesting

Módulo 4

Las películas / Films
una película de amor	a love film
una película de terror	a horror film
una película de acción	an action film
una película de aventuras	an adventure film
una película de animación	an animated film
una película de ciencia ficción	a sci-fi film
una película de fantasía	a fantasy film
una película extranjera	a foreign film

Nacionalidades / Nationalities
americano/a	American
británico/a	British
griego/a	Greek
italiano/a	Italian
mexicano/a	Mexican
alemán / alemana	German
español(a)	Spanish
francés / francesa	French
galés / galesa	Welsh
inglés / inglesa	English
irlandés / irlandesa	Irish
japonés / japonesa	Japanese

Temas del momento / Trending topics
He compartido… — I have shared…
He comprado… — I have bought…
He descargado… — I have downloaded…
He gastado… — I have spent…
He hecho… — I have done…
He jugado… — I have played…
He leído… — I have read…
He perdido… — I have lost…
He subido… — I have uploaded…
He visto… — I have seen / watched…
   el nuevo álbum / libro de… — the new… album / book
   la nueva canción / película de… — the new… song / film
¿Qué música has escuchado… — What music have you listened to…
   esta semana / este mes / este año? — this week / this month / this year?
Cuenta la historia de… — It tells the story of…
Combina el misterio con la acción. — It combines mystery with action.
El final / La banda sonora… — The ending / The soundtrack…
   es bueno/a / malo/a — is good / bad
   es feliz / triste / raro/a — is happy / sad / strange
Los actores / Los gráficos… — The actors / The graphics…
Los efectos especiales… — The special effects…
Los personajes… — The characters…
Las animaciones / canciones son… — The animations / songs are…
   buenos/as / estupendos/as — good / brilliant
   decepcionantes — disappointing
   guapos/as / interesantes — good looking / interesting
   irritantes / impresionantes — irritating / impressive
   locos/as / originales — mad / original

¿En el cine o en casa? / At the cinema or at home?
Prefiero ir al cine porque… — I prefer going to the cinema because…
Prefiero ver las pelis en casa porque… — I prefer watching films at home because…
   el ambiente es mejor. — the atmosphere is better.
   la imagen es mejor en la gran pantalla. — the picture is better on the big screen.
   los asientos no son cómodos. — the seats aren't comfortable.
   los otros espectadores me molestan. — the other spectators annoy me.
   las entradas son caras. — the tickets are expensive.
   las palomitas están ricas. — the popcorn is tasty.
   hay demasiadas personas. — there are too many people.
   me encanta ver los tráilers para las nuevas pelis. — I love watching the trailers for the new films.
(No) estoy de acuerdo. — I (don't) agree.

Ir al cine, al teatro, etc. / Going to the cinema, theatre, etc.
¿Tienes ganas de ir… — Do you fancy going…
   a un festival / a un espectáculo de…? — to a festival / to a… show?
   al cine / al teatro / al circo? — to the cinema / theatre / circus?
   esta tarde? — this afternoon / evening?
   esta noche? — tonight?
   mañana / el viernes? — tomorrow / on Friday?
¿Qué ponen? — What's on?
Es una película / obra de… — It's a… film / play.
¿Cuánto cuesta? — How much does it cost?
Son… euros. — It's… euros.
¿A qué hora empieza / termina? — What time does it start / finish?
Empieza / Termina a las… — It starts / finishes at…
Dos entradas para…, por favor. — Two tickets for…, please.
Para la sesión de las… — For the… showing / performance.
No quedan entradas. — There are no tickets left.

Los modelos a seguir / Role models
Mi modelo a seguir es… — My role model is…
Admiro a… porque… — I admire… because…
   ayuda a organizaciones benéficas — he/she helps charities
   lucha por / contra… — he/she fights for / against…
     la pobreza / los derechos humanos — poverty / human rights
   tiene mucho talento / éxito — he/she is very talented / successful
   tiene mucha determinación — he/she has a lot of determination
   trabaja en defensa de los animales — he/she works in defence of animals
   usa su fama para ayudar a otros — he/she uses his/her fame to help others
Es… — He/She is…
No es ni… ni… — He/She is neither… nor…
   ambicioso/a / egoísta — ambitious / selfish
   famoso/a / fuerte — famous / strong
   generoso/a / optimista — generous / optimistic
   rico/a / simpático/a — rich / nice
   trabajador(a) / valiente — hardworking / brave
Ha batido muchos récords. — He/she has beaten lots of records.
Ha ganado muchos premios. — He/she has won lots of prizes / awards.
Ha hablado abiertamente de… — He/she has spoken openly about…
Ha hecho varias películas. — He/she has made several films.
Ha recaudado más de… — He/she has raised more than…
Ha sufrido varias enfermedades. — He/she has suffered several illnesses.
Ha superado sus problemas. — He/she has overcome his/her problems.

5 Ciudades
Punto de partida 1

- Talking about the places in a town or city
- Asking for and understanding directions

1 **Escucha y lee. ¿Qué significan las palabras en negrita?**
Luego escribe la letra correcta para cada lugar en negrita. (1–3)

Ejemplo: lots of shops c,…

1. En mi ciudad hay un cine y una piscina. También hay un mercado, **muchas tiendas** y unos museos, pero no hay **biblioteca**. Tampoco hay **ayuntamiento**.
2. En mi pueblo solo hay **una iglesia**, un parque y **Correos**. También hay **un castillo**, pero no hay ni **bolera** ni **pista de hielo**. Tampoco hay teatro.
3. Mi ciudad está en la costa. Hay unas playas y **un puerto**. También hay un centro comercial con muchos restaurantes y bares, pero no hay polideportivo.

> To say what there is, use *hay* + the indefinite article:
> *Hay un cine y una piscina.*
> After a negative, you often don't use the article:
>
> | *No hay parque.* | There isn't a park. |
> | *No hay ni mercado ni bolera.* | There **isn't** a market **or** bowling alley. |
> | *Tampoco hay teatro.* | **Nor** is there a theatre. |

a, b, c, d, e, f, g, h, i

2 **Escribe una lista de otros 11 lugares del ejercicio 1 en español e inglés.**

Ejemplo: un cine – a cinema,…

G Using some, many, lots of — Page 208

meaning	masculine plural	feminine plural
some	**unos** museos (some museums)	**unas** playas (some beaches)
many, lots of	**muchos** bares (lots of bars)	**muchas** tiendas (lots of shops)

3 **Escucha y escribe las letras de los dibujos del ejercicio 1. Luego escucha otra vez y apunta. (1–4)**

- ✓ un / una
- ✓✓ unos / unas
- ✓✓✓ muchos / muchas
- ✗ no hay

Ejemplo: 1 e ✓✓, …, …

4 **Lee y empareja las preguntas y respuestas. Luego escucha y comprueba tus respuestas.**

1. ¿Dónde vives?
2. ¿Dónde está?
3. ¿Cómo es tu ciudad?
4. ¿Qué hay en tu ciudad?
5. ¿Te gusta tu ciudad?

> Use *e* to mean 'and' when the next word begins with *i* or *hi*.

a. Me gusta porque hay mucho que hacer.
b. Hay un centro comercial y dos cines.
c. Está en el sur de España.
d. Vivo en Córdoba.
e. Es una ciudad pequeña e histórica.

Módulo 5

5 Con tu compañero/a, pregunta y contesta a las preguntas del ejercicio 4.

Vivo en	Manchester, Cardiff	
Está en	el norte / el sur / el este / el oeste	de Inglaterra / Gales / Escocia / Irlanda (del Norte)
Es	una ciudad / un pueblo	grande / pequeño/a histórico/a / moderno/a tranquilo/a / ruidoso/a turístico/a / industrial bonito/a / feo/a
Hay	un ayuntamiento una bolera unos bares unas tiendas	pero no hay	teatro
(No) me gusta porque	hay / no hay mucho que hacer	

6 Escucha y pon la conversación en el orden correcto. Luego tradúcela al inglés.

a. De nada. ¡Hasta luego!

b. Perdón. ¿Para ir a la plaza Mayor?

c. Muchas gracias.

d. Adiós.

e. Toma la primera calle a la izquierda. Sigue todo recto y está a la derecha.

7 Escucha y mira el mapa. Escribe el lugar correcto en español. (1–5) Luego escucha y comprueba tus respuestas.

Sigue todo recto	
Gira a la derecha	
Gira a la izquierda	
Toma la primera calle a la derecha	
Toma la segunda calle a la izquierda	
Toma la tercera calle a la derecha	
Pasa el puente	
Pasa los semáforos	
Está cerca / lejos	
Está enfrente de la piscina	

Estás aquí

⭐ To ask for directions, use one of the following:

¿Dónde está el / la…? Where is the… ?
¿Para ir al / a la… ? How do I get to the… ?

Remember:
a + el = al
de + el = del

8 Con tu compañero/a, haz un diálogo. Utiliza el mapa.
- ¿Dónde está (el cine)?
- *Sigue todo recto. Pasa los semáforos. Toma…*

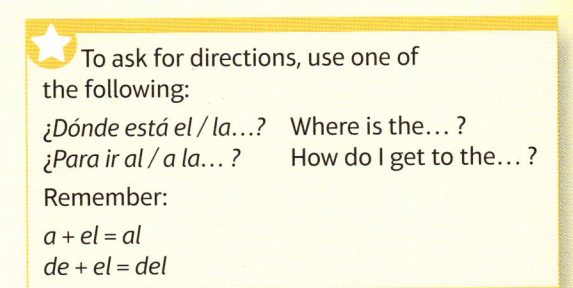

ochenta y nueve **89**

Punto de partida 2

- Talking about shops
- Shopping for souvenirs

1 ¿Qué se compra en estas tiendas? Copia y completa la tabla en español.

tienda	cosa
 la panadería	pan
 la zapatería	
 la frutería	
 la joyería	
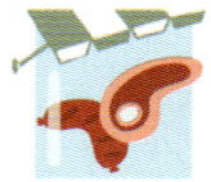 la carnicería	
 la pastelería	
 la pescadería	
 la librería	

⭐ Many shop names contain the word for the main product they sell.

2 Escucha. ¿Adónde van? Elige el sitio correcto. Luego escucha y comprueba tus respuestas.

⭐ The place name is not mentioned so listen carefully for clues to help you identify where the speaker is going.

a. la estación de trenes
b. el banco
c. la peluquería
d. el estanco

un sello — a stamp

3 Lee las frases y mira los letreros. Escribe A, B o C.

A  Panadería El Faro
Horario comercial:
lunes–viernes
08.00–13.00
14.00–19.00
sábados
09.00–13.00

B  Heladería San Isidro
bar   abierto
helados todos
bebidas los días
lunes–viernes 11.00–21.00
sábados y domingos 13.00–23.00
no cierra a mediodía

C Centro comercial
Horario
lunes–sábado 10.00–22.00
cerrado domingos y festivos

1. It opens on Sundays.
2. In the afternoons, it opens from 2pm until 7pm.
3. It closes at 10pm on Saturday.
4. From Monday to Friday, it opens until 9pm.
5. On Saturdays, it's open until lunchtime.

Módulo 5

4 Escucha y apunta el precio correcto. Sobra un precio. (1–6)

23,40 €   3,90 €   12,75 €   2,80 €

56,00 €   9,50 €   1,50 €

20	veinte	60	sesenta
30	treinta	70	setenta
40	cuarenta	80	ochenta
50	cincuenta	90	noventa

5 En tu opinión, ¿cuánto cuesta? Pregunta y contesta. Usa los precios del ejercicio 4.
- Creo que el llavero cues**ta** tres euros (con) noventa (céntimos). ¿Y tú?
- Sí, yo también. En mi opinión, los pendientes cues**tan** cincuenta y seis euros.

⭐ Prices are sometimes said with **y** separating the *euros* and *céntimos*, sometimes with **con** or with nothing at all.
E.g. 8,55 € could be said:
ocho euros **y** cincuenta y cinco
ocho euros **con** cincuenta y cinco
ocho euros cincuenta y cinco

1. el llavero
2. el oso de peluche
3. el abanico
4. la gorra
5. los pendientes
6. las pegatinas

6 Escucha y comprueba tus respuestas. Escribe el recuerdo y el precio en inglés. (1–6)

G *Polite form of address*

Use the **usted** (polite) form of the verb with an adult you don't know well.

¿**Me puede** ayudar…? Can you help me?
Aquí **tiene**. **Here** you are.

7 Escucha y lee. Escribe las palabras que faltan en español. (1–2)

- Buenos días. ¿Me puede ayudar? Quiero comprar **1** _____.
- Es para **2** _____.
- **3** _____, por favor.
- ¿Tiene uno **4** _____, por favor?
- Gracias. ¿Cuánto es?

- Muy bien. ¿Para quién es?
- Vale. ¿De qué color?
- De acuerdo. Aquí tiene.
- Sí, por supuesto.
- **5** _____.

⭐ Remember to change the article and adjective endings according to what you are buying.

un**o** más pequeñ**o**
un**a** más pequeñ**a**
un**os** más pequeñ**os**
un**as** más pequeñ**as**

8 Con tu compañero/a, haz diálogos. Utiliza los siguientes detalles.

dad
purple
cheaper
9,70 €

girlfriend
blue
bigger
35,95 €

sister
white
smaller
18,40 €

más grande	bigger
más pequeño	smaller
más barato	cheaper

noventa y uno 91

1 ¿Cómo es tu zona?

- Describing the features of a region
- Using *se puede* and *se pueden*
- Asking and responding to questions

1 Escucha y lee los textos. Busca las palabras en español.

Ejemplo: **1** *volcanes*

¿Cómo es tu zona?

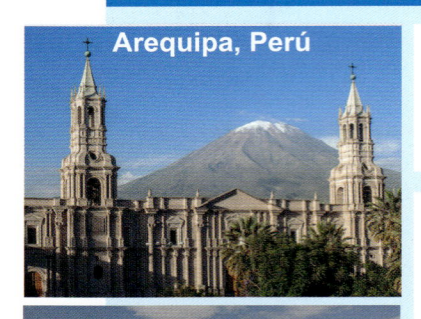

Arequipa, Perú

Arequipa está rodeada de tres volcanes, entre el desierto y la sierra. Tiene un impresionante paisaje natural. Me encanta el clima soleado y seco porque se puede pasar mucho tiempo al aire libre. **Lidia**

Coroico, Bolivia

Vivo en Coroico, un pueblo situado en un valle de la cordillera de los Andes. Llueve a menudo y hay mucha niebla, pero es un paraíso de selvas subtropicales, ríos y bosques, perfecto para apreciar la naturaleza en bici o a pie. **Alberto**

En Valencia, mi ciudad natal, tenemos lo mejor de una ciudad, pero al lado del mar Mediterráneo. Mi lugar favorito es la Ciudad de las Ciencias, donde se pueden alquilar bolas de agua para pasear por los lagos artificiales. **Mariana**

Valencia, España

la cordillera	mountain range
rodeado/a de	surrounded by
mi ciudad natal	my home town/city

1 volcanoes
2 desert
3 mountains
4 natural landscape
5 sunny and dry
6 valley
7 it rains
8 a lot of fog / mist
9 subtropical forests
10 rivers and woods
11 sea
12 lakes

2 Lee los textos del ejercicio 1 otra vez. Escribe la ciudad correcta para cada frase.

1 Aquí se puede disfrutar de la costa.
2 Aquí se pueden practicar ciclismo y senderismo.
3 Aquí se puede disfrutar del sol.
4 Aquí se puede tener lo bueno de vivir en una ciudad.
5 Aquí se puede estar mucho tiempo fuera porque no llueve.

G *se puede* / *se pueden* + infinitive

Use *se puede* and *se pueden* to mean 'you can', followed by an **infinitive**.
Use *se puede* with singular nouns, and *se pueden* with plural nouns:

Se puede visitar la galería de arte.
You **can** visit the art gallery.
Se pueden alquilar bolas de agua.
You **can** hire water balls.

3 Escucha. Copia y completa la tabla. (1–4)

city	geography	climate	two things you can do there
Rosario			
San Sebastián			
Granada			
Ciudad de Guatemala			

Está	situado/a en un valle / al lado del río rodeado/a de sierra / en la costa
El clima es	soleado, seco, frío, variable
Es	famoso/a por sus playas / la Alhambra
Hay	mucha marcha
Aquí se puede	subir a la torre / esquiar disfrutar de las vistas
Aquí se pueden	probar platos típicos practicar deportes acuáticos

4 Escribe un texto sobre una ciudad que conoces bien.

Cambridge es mi ciudad natal. Está situada al lado del río Cam. El clima es… En verano se puede…

noventa y dos

Módulo 5

5 **Lee el diálogo. Empareja las mitades de las preguntas.**

Ejemplo: **1** d

- ¿Tiene información **1** ⸺
- Sí, claro.
- ¿Cuándo abre **2** ⸺
- Abre de martes a viernes, a las doce y media.
- ¿Cuánto cuesta una **3** ⸺
- Seis euros para adultos y cinco para niños.
- ¿Dónde se pueden **4** ⸺
- Aquí en la oficina de turismo. Se puede coger el autobús en la plaza Mayor.
- Vale. ¿A qué hora **5** ⸺
- Cada media hora.
- Bien. ¿Tiene un **6** ⸺
- Aquí tiene.

En la oficina de turismo de Córdoba

a folleto y un plano de la ciudad?
b entrada?
c la cueva?
d sobre la excursión a la Cueva de los Murciélagos?
e sale el autobús?
f comprar las entradas?

6 **Escucha el diálogo y comprueba tus respuestas.**

7 **Lee el diálogo otra vez. Busca las expresiones en español.**

1 Where can you buy tickets?
2 Do you have a brochure and a map of the town?
3 You can get the bus…
4 When does the cave open?
5 Every half an hour.

8 **Quieres visitar el Castillo de Almodóvar. Con tu compañero/a, haz un diálogo.**

- Say which excursion you would like information about.
  - *Sí, por supuesto.*
- Ask about opening.
  - *Abre…*
- Ask the price.
  - *Cuesta…*
- Ask where you can buy tickets.
  - *Aquí en…*
- Ask what time the bus leaves.
  - *Sale…*
- Ask for a brochure.
  - *Aquí tiene un folleto.*

9 **Con tu compañero/a, haz un diálogo sobre la excursión a la Mezquita.**

Excursión	Día / Horario	Tarifa
Cueva de los Murciélagos	ma.–vi. 12.30–17.00	adultos 8 €, niños 5 €
Castillo de Almodóvar	lu.–do. 10.00–15.00	adultos 7 €, niños 4 €
Mezquita	lu.–sá. 10.00–18.00	adultos 8 €, niños 5 €

Los autobuses para todas las excursiones salen cada media hora.

⭐ Use **¿A qué hora?** to ask about specific times.
¿**A qué hora** sale el tren? Sale a las nueve y media.
Use **¿Cuándo?** to ask about days, dates or when, more generally.
¿**Cuándo** abre el restaurante? Abre los sábados y los domingos.

noventa y tres 93

2 ¿Qué harás mañana?

- *Planning what to do*
- *Using the future tense*
- *Using exclamations*

1 Escucha y lee. Empareja las frases con las fotos.

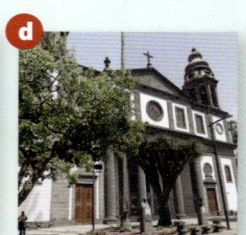

¿Qué harás en Tenerife?

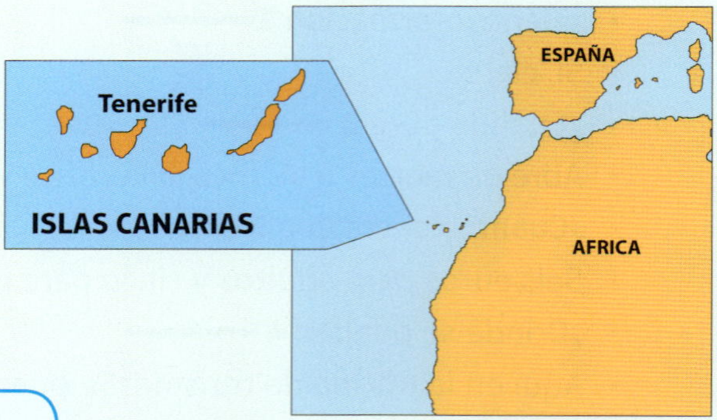

1. **Visitaré** la Catedral de La Laguna y **sacaré** muchas fotos.
2. **Iré** al pico del Teide y **subiré** al teleférico.
3. **Nadaré** en el mar y **descansaré** en la playa.
4. **Iré** al polideportivo, donde **jugaré** al bádminton.
5. **Haré** una excursión en barco en Santa Cruz y **veré** delfines.
6. **Iré** de compras al centro comercial y **compraré** regalos para mi familia.

2 Lee las frases del ejercicio 1 otra vez. Escribe los verbos en español.

1. I will swim
2. I will play
3. I will take (photos)
4. I will buy
5. I will go
6. I will visit
7. I will rest
8. I will do
9. I will go up
10. I will see

3 Con tu compañero/a, haz diálogos.

- ¿Qué harás durante tu visita?
- *El primer día iré a la playa y nadaré en el mar. El segundo día… Otro día… El último día…*

Primer día: playa, nadar
Segundo día: castillo, fotos
Otros días: excursión en bici, montaña
Último día: tenis

Primer día: excursión en autobús, monumentos
Segundo día: de compras
Otros días: playa, voleibol
Último día: piscina, tomar el sol

G The future tense — Page 218

Use the future tense to say what 'will' or 'shall' happen. Add these endings to the infinitive stem of regular –*ar*, –*er* and –*ir* verbs.

(yo)	visitar**é**	I will visit
(tú)	visitar**ás**	you will visit
(él/ella/usted)	visitar**á**	he/she/you (polite) will visit
(nosotros/as)	visitar**emos**	we will visit
(vosotros/as)	visitar**éis**	you (plural, familiar) will visit
(ellos/ellas/ustedes)	visitar**án**	they/you (plural, polite) will visit

A few verbs have an irregular stem in the future tense, but the endings are the same. Here are the most common: **haré** (I will do), **tendré** (I will have).

4 Escribe un texto sobre tus actividades en Tenerife. Utiliza tu imaginación.

El primer día (iré a…)

noventa y cuatro

Módulo 5

5 Escucha y lee. Completa las frases en inglés.
Juliana (J) habla con su madre (M), sobre su visita a Tenerife.

M: ¿Qué harás durante tu visita a Tenerife?
J: El lunes, si hace sol, iré a la playa.
M: ¡Qué bien! ¿Y si llueve?
J: Si llueve, iré al cine para ver una película.
M: ¿Y el martes?
J: El martes iré a Santa Cruz. Si no hace viento, haré una excursión en barco con mi amiga Elena.
M: ¿Y si hace mal tiempo?
J: Si hace mal tiempo, haremos una excursión en autobús.
M: Y el último día, ¿qué harás?
J: Iré al centro comercial con Elena. Iremos de compras. ¡Compraré recuerdos y regalos para la familia!

1 If it's sunny, on Monday Juliana will…
2 She will go to the cinema instead, if…
3 In Santa Cruz, Juliana and Elena will…, if it's not…
4 In case of bad weather, they will…
5 On the last day, Juliana will… and…

6 Escucha. Copia y completa la tabla en inglés. (1–3)

	if weather is…	then we will…
1	good	
	…	

> ⭐ Use 'if' clauses to discuss possible plans in the future:
>
> *Si* + **present**, + **future**
>
> *Si **hace** calor, **nadaremos** en el mar.*
> If **it's** hot, **we'll swim** in the sea.

7 Con tu compañero/a, habla de los planes posibles. Utiliza los dibujos.

● ¿Qué harás el <u>lunes</u>?
■ Si <u>hace sol, iré a la playa</u>.
● ¡Qué bien! Y ¿<u>si llueve</u>?
■ <u>Jugaré al tenis de mesa</u>.

lunes
martes
miércoles
jueves
viernes

8 Estás en España o en Sudamérica. Escribe un post para el blog de tu clase.

Mention:
- <u>two</u> things you can do there
- an activity you will do if the weather is good
- an activity you will do if it rains
- what you will do on the last day

Aquí en <u>Tenerife</u> se puede(n)… y también se puede(n)…
Si hace buen tiempo, …
Si llueve, …
El último día, … ¡Qué guay!

3 De compras

- Shopping for clothes and presents
- Using demonstrative adjectives
- Explaining preferences

1 Escucha y lee. Busca las frases en español.

Juliana va de compras con su corresponsal, Elena, en La Laguna, Tenerife.

- ¿Qué quieres comprar?
- Primero quiero devolver algo.
- Perdone, señora. Compré **esta camiseta**, pero tiene un agujero. ¿Puede reembolsarme el dinero, por favor?
- No, lo siento. Pero podemos hacer un cambio.
- Aquí tiene el recibo. ¿Qué me recomienda?
- ¿Qué tal **este cinturón** de cuero?
- No, gracias. ¿Me puedo probar **esta falda amarilla**?
- ¿Qué te parece?
- Bueno, **esta falda** me la llevo. ¡Y **estas sandalias** también! Ahora necesito regalos para mi familia…
- Por supuesto. ¿Y con **estos zapatos negros**?
- La falda es muy bonita, pero **estos zapatos**, no. Prefiero **estas sandalias**.

1 I want to return something.
2 It has a hole.
3 Can you reimburse me?
4 We can do an exchange.
5 Here is the receipt.
6 What about this leather belt?
7 Can I try on this yellow skirt?
8 I'll take it.

Me lo/la/los/las llevo. I'll take it / them.

2 Lee la historia del ejercicio 1 otra vez. Traduce las palabras en **negrita** al inglés.

G Demonstrative adjectives ▶ Page 221

In Spanish, demonstrative adjectives agree with the noun they refer to.

	singular		plural	
	masculine	feminine	masculine	feminine
this, these	est**e** bolso this bag	est**a** bufanda this scarf	est**os** bolsos these bags	est**as** bufandas these scarves

3 Escucha. Copia y completa la tabla en inglés. (1–4)

una talla más grande   a bigger size

	item bought	problem	solution
1			

4 Con tu compañero/a, haz un diálogo.

- Say what you bought, what the problem is, and ask for a refund.
- Say no, sorry, but you can change it/them.
- Say here is the receipt and ask what he/she recommends.
- Say what about (e.g. this t-shirt / these shoes)?
- Say you'll take it/them.

está rot**o/a**
es demasiado estrech**o/a**, larg**o/a**
tiene una mancha, un agujero
no me gusta el color

noventa y seis

Módulo 5

5 leer — Lee los textos. Escribe el nombre correcto para cada frase.

¿Te gustan los centros comerciales?

Bruno
A mí me mola ir de tiendas. Suelo ir al centro comercial porque tiene un montón de tiendas y **se puede comprar de todo**. Me gusta porque **es muy divertido** pasar la tarde allí con mis amigos.

Iker
No me gustan nada los grandes almacenes. La última vez que fui de compras compré unos vaqueros, pero ahora suelo comprar todo por Internet porque **es mucho más cómodo**. ¡Genial!

Fabiana
Me encanta la ropa alternativa, pero las tiendas de diseño son demasiado caras, así que busco artículos de marca en tiendas de segunda mano. Allí **siempre puedes encontrar gangas**.

Clara
Prefiero comprar cosas por Internet porque creo que **hay más variedad** y mucha ropa de moda. También **es más barato** en la red. Sin embargo, hay que esperar para recibir las cosas. ¡Qué rollo!

los grandes almacenes   department stores

1 ———— hates going to department stores to do shopping.
2 ———— usually goes to shopping centres.
3 ———— prefers shopping in second-hand shops.
4 ———— likes going shopping with friends.
5 ———— likes online shopping but thinks there are disadvantages.
6 ———— usually shops on the Internet because it's more convenient.

6 leer — Traduce las <u>seis</u> razones en **negrita** al inglés.

7 escuchar — Escucha. Apunta en inglés (a) dónde prefiere comprar y (b) por qué. (1–4)

8 hablar — Con tu compañero/a, pregunta y contesta.
- ¿Te gusta ir de compras?
- ¿Adónde vas de compras normalmente?
- ¿Dónde prefieres comprar? ¿Por qué?
- ¿Adónde fuiste de compras la última vez y qué compraste?

⭐ Use the reasons from exercise 6 to explain your preferences.

(No) me gusta mucho ir de compras.			
Normalmente voy Suelo ir	a los al	centros comerciales centro de la ciudad	
Prefiero comprar Me gusta comprar Odio comprar	en	(los) grandes almacenes (las) tiendas de moda (las) tiendas de segunda mano	porque…
	por	Internet	
La última vez que fui de compras	compré… y…		

noventa y siete **97**

4 Los pros y los contras de la ciudad

- Talking about problems in a town
- Using *tan* and *tanto*
- Using antonyms

1 Escucha. Escribe las <u>dos</u> letras correctas. (1–4)

Lo mejor de mi ciudad es que…

a hay tantas diversiones.

b el transporte público es muy bueno.

c las tiendas están tan cerca.

d hay muchas posibilidades de trabajo.

Lo peor es que…

e el centro es tan ruidoso.

f hay pocos espacios verdes.

g hay tanto tráfico.

h hay tantas fábricas.

G so…, so much…, so many…

tan + adjective   **tan** *tranquilo* (so quiet)

tanto/a + singular noun
   tanta *contaminación* (so much pollution)

tantos/as + plural noun
   tantos *problemas* (so many problems)

2 Lee los textos. ¿Qué opinan? Escribe (P) positivo, (N) negativo o (P+N).

> Prefiero vivir en el campo porque la vida es más relajada. **No hay tanta industria** como en la ciudad. Lo malo es que **hay bastante desempleo**.
> *Rubén*

> Mucha gente dice que el centro de la ciudad es ruidoso, pero el barrio donde vivo **es muy tranquilo**. Además, **hay tantas áreas de ocio y parques** donde la gente puede descansar. *Leonora*

> Vivo en el campo y, por desgracia, **la red de transporte público no es tan fiable**. Además, **las tiendas están demasiado lejos**. ¡Qué pena!
> *Mateo*

> Aunque vivo en la ciudad, ya **no hay tantos atascos** como antes. ¡Qué bien! Sin embargo, en mi zona me aburro porque **no hay mucho que hacer**.
> *Pilar*

3 Traduce las frases en **negrita** del ejercicio 2 al inglés. Luego empareja las frases con frases antónimas del ejercicio 1.

Ejemplo: No hay tanta industria. There is not so much industry.
   *Frase antónima = **h** (hay tantas fábricas)*

> ⭐ Identifying antonyms can help you to tackle more difficult reading and listening tasks. You can also use them to extend what you say and write.

Módulo 5

4 Escucha. Apunta los detalles en inglés.
Best thing (two details):
Worst thing:
What the city needs (two details):

| todavía | still |
| las rutas | routes/lanes |

⭐ This task is on the same topic as exercises 1–3, but brings up different vocabulary.
- listen carefully for key words, including some cognates
- use your knowledge of Spanish from other Modules to help.

5 Con tu compañero/a, haz un diálogo.

- ¿Qué es lo mejor de donde vives?
- ¿Qué es lo peor?
- ¿Qué más necesita tu zona?

- *Lo mejor es que las tiendas están tan cerca y…*
- *Lo peor es que hay tanto tráfico y…*
- *Todavía necesitamos más espacios verdes y…*

6 Lee el blog. Contesta a las preguntas en español.

Bilbao es mi ciudad

Vivo en Bilbao, en el norte de España, y me chifla vivir aquí. Lo mejor es que hay mucho que ver en la ciudad, como por ejemplo el famoso Museo Guggenheim. También se puede ir de compras por el Casco Viejo, o al famoso Mercado de la Ribera. El transporte público es muy bueno, sin embargo, lo malo es que hay tráfico en el centro por la mañana. ¡Qué rollo! Antes Bilbao era muy industrial y había muchas zonas sucias, pero ahora es un lugar muy atractivo para vivir. La ciudad necesita más áreas tranquilas porque todavía es bastante ruidosa, pero lo bueno es que hay un nuevo sistema de alquiler de bicis.

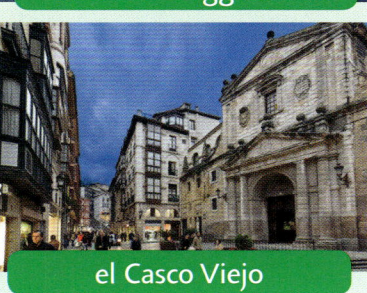

| el Casco Viejo | the old town |

el Museo Guggenheim

el Casco Viejo

1 ¿Qué es lo mejor de la ciudad?
2 ¿Qué se puede hacer en la ciudad?
3 ¿Qué inconveniente hay?
4 ¿Cómo era la ciudad antes?
5 ¿Cómo es ahora?
6 ¿Qué más necesita la ciudad?

7 Escucha. Copia y completa la tabla en inglés. (1–2)

	past problem	what it is like now	what is still needed
1			

⭐ You may hear expressions you have met before but in a different tense. Listen out for past problems in the **imperfect tense**.
E.g. **Había** tanto tráfico.   There was so much traffic.

Antes	Ahora	Todavía necesitamos…
Mi ciudad / barrio era…	es…	(una zona peatonal)
En mi ciudad (no) había…	hay…	
En mi barrio (no) había…		

8 Escribe un texto sobre tu ciudad. Incluye los siguientes puntos:

- cómo es tu ciudad
- un inconveniente
- cómo era antes
- qué más necesita tu zona

Vivo en… Lo mejor de mi ciudad es que… Se puede…
Lo malo / peor es que…
Antes era… y (no) había…
Todavía necesitamos… y…

noventa y nueve **99**

5 ¡Destino Arequipa!

- Describing a visit in the past
- Using different tenses together
- Extending spoken answers

1 Escucha y lee. Busca las expresiones en español y apunta el tiempo: pretérito, imperfecto, presente o futuro.
Ejemplo: **1** *vi – preterite*

Aventura sudamericana

El estudiante Lucas Walker nos cuenta cómo va su año sabático.

¿Qué tal tu visita a Arequipa, Lucas?
¡Fue fenomenal! Vi lugares de interés como el Monasterio de Santa Catalina e hicimos una visita guiada.

¿Visitaste la ciudad a pie? Sí, visité el centro histórico a pie. Vi la plaza de Armas y la Catedral. Otro día alquilé una bici de montaña. Subí al pie del volcán Misti, donde había unas vistas maravillosas. ¡Qué guay!

¿Cómo era la ciudad? Era muy acogedora porque la gente era muy abierta. Aprendí mucho sobre la cultura peruana.

¿Qué tal la comida? La comida estaba muy buena y había una gran variedad. Comí pollo y patatas, e ¡incluso probé el rocoto relleno!

¿Qué es lo que más te gustó? Me gustó mucho el clima porque hizo mucho sol. No me gustaron los taxis. Eran baratos, pero superrápidos. ¡Qué miedo!

¿Volverás algún día? Por supuesto, volveré algún día. Primero visitaré otras ciudades. Luego iré a Trujillo, en el norte de Perú.

los lugares	places
el rocoto relleno	Peruvian-style stuffed peppers
algún día	some day

1. I saw…
2. we did (a guided tour)
3. I hired…
4. there were (amazing views)
5. It was (very welcoming)
6. I learned a lot
7. The food was…
8. I tried…
9. it was very sunny
10. They were cheap
11. I will return…
12. I will go…

G Using three tenses together > *Pages* **202, 216, 218**

Use the **preterite** for completed actions in the past.
Visité el centro histórico. **I visited** the historic centre.

Use the **imperfect** to describe what something was like, and for repeated actions in the past.
*La gente **era** muy abierta.* The people **were** very open.

Use the **future** tense to say what will happen.
Visitaré otras ciudades. **I will** visit other cities.

2 Lee la entrevista otra vez. Luego identifica las <u>tres</u> frases correctas.

1. Lucas visitó el Monasterio de Santa Catalina con guía.
2. A Lucas le gustó mucho la ciudad de Arequipa.
3. Lucas visitó la ciudad en autobús.
4. No comió rocoto relleno.
5. No le gustó el clima porque hizo mucho calor.
6. Lucas volverá a Perú en el futuro.

Zona Cultura

Arequipa, 'la Ciudad Blanca'

Destino:	AREQUIPA
Ubicación:	Sur de Perú, en el interior
Población:	1,3 millones (2ª ciudad de Perú)
Famosa por:	el volcán Misti
	la arquitectura blanca
	los textiles de alpaca

Módulo 5

3 Escucha y escribe las <u>dos</u> letras correctas. ¡Ojo! Sobra una letra en cada lista. (1–4)

Ejemplo: **1** e + …

- **a** shopping
- **b** people
- **c** music and culture
- **d** food
- **e** architecture
- **f** it was cheap
- **g** there were good opportunities to practise
- **h** it was impressive
- **i** it was too complicated
- **j** there wasn't much variety

la plaza de Armas, Arequipa

⭐ In this type of task, you won't often hear the exact translation of the words in the question. You need to understand the message as a whole to choose the correct answers. Remember also, the answer options will usually include 'distractors'.

4 Con tu compañero/a, habla sobre una visita a una ciudad. Usa los dibujos o tus propias ideas.

- ¿Adónde fuiste?
- ¿Qué tal tu visita a <u>Londres</u>?
- ¿Visitaste la ciudad a pie?
- ¿Qué tiempo hizo?
- ¿Qué tal la comida?
- ¿Qué te gustó?
- ¿Volverás algún día?

- *Fui a <u>Londres</u>.*
- *¡Fue…!*
- *Sí, visité… a pie / Fui a… Vi…*
- *Hizo…*
- *La comida estaba…*
- *Me gustó <u>el Big Ben</u> / Me gustaron <u>los taxis</u>… pero había…*
- *Sí, volveré… iré a… visitaré…*

⭐ Extending your answers is an important skill to develop for your exam. When asked a question, add an opinion, a reason or extra information. Can you find one example of each in the text in exercise 1?

5 Traduce las frases al español.

mucho, mucha, muchos or muchas?

1. Last year I visited Santander with my family.
2. I saw a lot of interesting places.
3. We did a guided tour and it was great.
4. The food was delicious and I liked the bike trip.
5. Next year I will go to Italy.

Use the preterite here.

How did you say 'boat trip' in Unit 2?

Do you need the preterite or the imperfect here? Use *estar* to describe food.

Use the future here.

ciento uno **101**

Módulo 5   Leer y escuchar

1 leer   **Read this extract from Gabriela's blog about her gap year.**

> **Mi año sabático**
>
> **Quito, Ecuador**
> Lo pasé muy bien porque conocí a tantos estudiantes. Los fines de semana iba con mis amigos al campo para pasar el día. ¡Qué guay! También tenía un trabajo en una zapatería. Me quedé tres meses en la ciudad.
>
> **Planes**
> Ya que no tengo que volver a la universidad hasta septiembre, quiero hacer un poco de turismo. Creo que iré a las islas Galápagos para nadar con las tortugas. ¡Será genial!

Complete the gap in each sentence using a word from the box. There are more words than gaps.

Example: She had a great time because she met so many <u>students</u>.

(a) At the weekends she used to spend the day in the ⎯⎯⎯.
(b) She worked in a ⎯⎯⎯.
(c) She stayed for three months in the ⎯⎯⎯.
(d) In September she has to go back to ⎯⎯⎯.
(e) Before that she plans to be a ⎯⎯⎯.

tourist	university
baker's	shop
city	families
shoe shop	school
country	~~students~~
area	vet

2 leer   **Read the extract from the text. The writer describes his arrival in a new city.**

Donde aprenden a volar las gaviotas by Ana Alcolea.

> Tuve que coger un tren y tres aviones desde Zaragoza hasta Trondheim, que está en el centro de Noruega y es la tercera ciudad del país. Llegué después de pasear todo el día entre nubes y aeropuertos. Me esperaba toda la familia: el padre, que se llamaba Ivar; Inger, la madre, y Erik, el hijo, que me llevó las maletas hasta el coche. La primera impresión que tuve de Noruega fue que a finales de junio hacía frío, y la segunda que había mucha luz, a pesar de llegar a las once y media de la noche.

Answer the following questions in English. You do not need to write in full sentences.

(a) Where exactly is Trondheim?
(b) How long did it take the writer to get there?
(c) Who met him on his arrival?
(d) What was his first impression?

> ⭐ Don't get distracted by the unfamiliar words. Use the questions to help you focus on the information you are looking for. Use your knowledge of cognates too. What do you think *Noruega* might mean?

Módulo 5

3 leer — Lee la información sobre diferentes maneras de comprar.

Centro comercial
¿Te gusta pasarlo bien cuando vas de compras? Un centro comercial tiene de todo: tiendas de ropa, zapaterías, joyerías, supermercado y además hay cine, bolera y restaurantes.

Mercado
El mercado es el lugar perfecto para encontrar una gran variedad de productos frescos: verduras, fruta, queso, etc. También hay especialidades de la región.

Tienda de segunda mano
Las tiendas de segunda mano ofrecen ropa reciclada a precios muy bajos. Aquí se pueden encontrar artículos de estilo muy original.

Internet
Sin salir de casa tienes acceso a la tienda global; una variedad infinita de objetos para todos los gustos. Nunca hay que hacer cola. ¡Qué bien!

¿Dónde vas a comprar? Escoge entre **Centro comercial, Mercado, Tienda de segunda mano** o **Internet**. Puedes usar las palabras más de una vez.

Ejemplo: Te gusta divertirte con tus amigos: Centro comercial

(a) Te gusta la ropa alternativa: ———
(b) Solo necesitas comida para una fiesta: ———
(c) Quieres comprar muchas cosas diferentes sin pasar mucho tiempo: ———
(d) Sales para comprar ropa y comida: ———
(e) No tienes mucho dinero: ———

1 escuchar — Some young people are talking about their experience of living in Córdoba.
Listen to the recording and write down the correct **letter or letters** for each person.

Beatriz   Gonzalo   Elena

A I live near my family.
B I enjoy the weather.
C I travel by bike.
D I enjoy a great social life.
E I often go to the coast.
F I appreciate the historic buildings.
G I work in the city.
H I use public transport.

2 escuchar — You are in the tourist office in Palma and overhear this information.
Listen and answer the following questions **in English**.

(a) Why is the castle famous?
(b) What does the employee say about the bus that goes there? Give <u>two</u> details.
(c) What else can the public do at the flamenco show?

Castillo de Bellver

3 escuchar — You are on holiday in the north of Spain and listen to the weather forecast.
What will the weather be like today in the north of Spain?

Listen and write the <u>three</u> correct letters.

Example: variable

A windy
B cold
C rainy
D sunny
E stormy
F cloudy
G warm

> ⭐ Predict the language you might hear for these types of weather in Spanish. Write it down, but always be prepared for the ideas to be expressed in different words.

ciento tres 103

Módulo 5   Prueba oral

A – Role play

1 leer   Look at this role play card and prepare what you are going to say.

> **Topic: Travel and tourist transactions**
> **Instructions to candidates:**
> You are in a tourist information office in Spain and you want information about a trip. The teacher will play the role of the employee and will speak first.
> You must address the employee as *usted*.
> You will talk to the teacher using the five prompts below.
> - where you see – **?** – you must ask a question
> - where you see – **!** – you must respond to something you have not prepared
>
> **Task**
> *Usted está en una oficina de turismo en España y quiere información sobre una excursión.*
> 1 Una excursión – ciudad
> 2 **!**
> 3 Qué visitar (**un** lugar)
> 4 Tu opinión sobre España
> 5 **?** Precio

Be specific here. Name a city in Spain that you want to visit. You could start with Me gustaría…

What sort of information might the employee need from you next?

Stick to what you know here. You only need to give one place (castle, museum, …).

A straightforward answer here would be 'I like the…' Always keep to just one detail, unless asked for more.

Use 'How much…?' to start this question.

2 escuchar   Practise what you have prepared. Then, using your notes, listen and respond.

3 escuchar   Now listen to Mark doing the role play task.
1 Which excursion does he want to book?
2 How does he answer the unexpected question?
3 What opinion about Spain does he give?

⭐ In the role play **correct pronunciation** will help you to communicate each message clearly and without ambiguity. As you practise, focus on the pronunciation of each word and make your utterances sound as Spanish as you can.

B – Picture-based task

Topic: Town, region and country

Mira la foto y prepara las respuestas a los siguientes puntos:
- la descripción de la foto
- tu opinión sobre el campo y la ciudad
- lo que hiciste recientemente en tu ciudad
- dónde vas a vivir en el futuro
- tu opinión sobre el tiempo en tu región

1 escuchar   Look at the photo and read the task. Then listen to Karolina's response to the first bullet point.
1 Name <u>two</u> things she says she can see, and <u>one</u> she can't.
2 What does she think the people are doing?
3 What season does she think it is?

⭐ You hear Karolina use the following positional phrases. What do they mean?
en primer plano   en el fondo   a la izquierda

ciento cuatro

2 **Listen to and read how Karolina answers the second bullet point.**

1. Write down the missing word for each gap.
2. Look at the Answer Booster on page 106. Note down <u>five</u> examples of what she says to give a strong answer.

> ⭐ Give as much detail as you can, by including the opinions of others, especially if they are opposing views. This increases the interest of your answer and the range of language you use.

> Para mí, **1** ——— de vivir en la ciudad es que hay mucho que hacer. Se **2** ——— ir al cine o a conciertos. Además hay **3** ——— tiendas para ir de compras. Sin embargo, mis padres **4** ——— vivir en el campo. En su opinión, la vida en la ciudad es muy ruidosa. En mi opinión, lo malo de vivir en el campo es que es **5** ——— tranquilo y aburrido. Por eso, prefiero **6** ——— en la ciudad.

3 **Listen to Karolina's answer to the third bullet point and note down answers to the following questions about her shopping trip.**

1. When?
2. Where?
3. Why?
4. What did she buy? (<u>two</u> details)
5. What did she do next?

4 **Prepare your own answers to all <u>five</u> bullet points. Then listen and take part in the full picture-based task with the teacher.**

C – General conversation

1 **Listen to Leigh introducing her chosen topic. Which <u>four</u> 'hidden questions' does she answer?**

2 **The teacher asks Leigh '¿Cuál es tu ciudad favorita? y ¿por qué te gusta?' Listen to Leigh's response and identify the <u>four</u> aspects she mentions.**

> ⭐ Improve your answer by mentioning a specific past event or your plans for the future. This helps you to include tenses not explicitly required in the question.

a weather
b buildings
c transport
d why it is special
e a previous visit
f food
g an annual festival

3 **Listen to how Leigh answers the next question, '¿Dónde te gusta comprar? ¿Por qué?' Look at the Answer Booster on page 106. Write down <u>five</u> examples of what she says to give a strong answer.**

4 **Prepare your own answers to Module 5 questions 1–6 on page 189. Then practise with your partner.**

Módulo 5   Prueba escrita

Answer booster	Aiming for a solid answer	Aiming higher	Aiming for the top
Verbs	**Different time frames:** past, present, near future **Different types of verbs:** reflexive, stem-changing	**Different persons of the verb:** *prefieren, hicimos*	**Verbs with an infinitive:** *se puede(n), puedes, suelo* **Conditional:** *me gustaría…*
Opinions and reasons	**Verbs of opinion:** *me gusta…, prefiero…* **Adjectives:** *aburrido, ruidoso*	**Different opinion phrases with reasons:** *me chifla…, porque…*	**Opinions:** *para mí, en mi / su opinión… , lo pasamos bomba* **Comparatives:** *más cómodo*
Connectives	*y, pero, también*	*o, además, sin embargo, sobre todo*	**Add more variety:** *ya que, por eso*
Other features	**Qualifiers:** *muy, bastante, demasiado* **Time phrases:** *siempre, el sábado pasado, en el futuro*	**Interesting vocab:** *gangas, el ambiente* **Para + infinitive:** *para ir de compras*	**Positive / Negative phrases:** *lo bueno, lo malo* **Tan / Tanto:** *tan tranquilo / tantas tiendas* **Complex sentences with cuando:** *cuando hay un buen ambiente*

A – Picture-based task

1 Look at the photo and the task. Write your answer, checking carefully what you have written.

De excursión

Estás de excursión en una ciudad en España. Publicas esta foto en las redes sociales para tus amigos.

Describe la foto **y** da tu opinión sobre lo bueno o lo malo de tu ciudad.

Escribe aproximadamente 20–30 palabras **en español**.

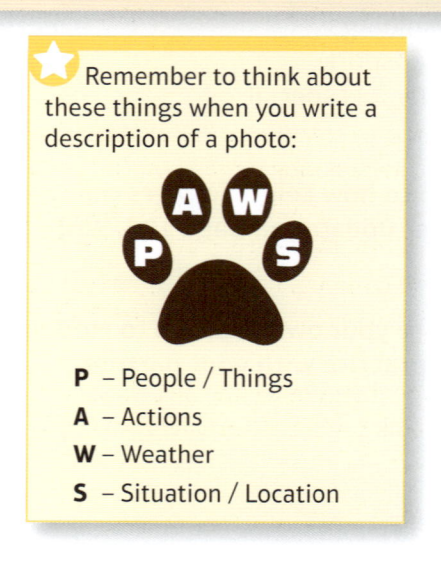

⭐ Remember to think about these things when you write a description of a photo:

P – People / Things
A – Actions
W – Weather
S – Situation / Location

⭐ For the second part you have to say what is good or bad about living in your town.
E.g. *Lo bueno de mi ciudad es…*

B – Translation

1 Traduce las siguientes frases **al español**.

(a) I live in a small town.
(b) I always buy clothing online.
(c) There are too many cars in my area.
(d) Last year I visited a museum in Barcelona.
(e) I like living in the country but I prefer the city.

- This word is very familiar but check your spelling carefully.
- Start your sentence with this and follow it with 'I buy'.
- Use the masculine plural form of 'too much/many' here.
- Use the preterite here.
- You need the infinitive 'to live'.

C – Extended writing task

1 Look at the task and answer the questions.
- What is each bullet point asking you to do?
- Which tense(s) will you need to use to answer each one?

2 Read George's answer at the bottom of this page. What do the phrases in **bold** mean?

3 Look at the Answer Booster. Note down <u>six</u> examples of language which George uses to write a strong answer.

4 Prepare your own answer to the task.
- Look at the Answer Booster and George's text for ideas.
- Consider how you can develop your answer for each bullet point.
- Write a detailed plan. Organise your answer in paragraphs.
- Write your answer and carefully check what you have written.

Mi ciudad

Tu amigo Iván te pregunta sobre tu ciudad y sobre una ciudad en España que quieres visitar.

Escribe una respuesta a Iván.

Debes incluir los siguientes puntos:
- cómo es tu ciudad / tu pueblo
- lo que hiciste el fin de semana pasado en tu zona
- tus opiniones sobre las tiendas donde vives
- los planes que tienes para visitar una ciudad en España, y por qué.

Escribe aproximadamente 80–90 palabras **en español**.

Mi ciudad natal es Newcastle, una ciudad muy grande en el noreste de Inglaterra. Me chifla porque **tenemos de todo**: cultura, deporte, y **playas y montañas cerca**.

El sábado pasado fui con mis amigos a la costa **para pasar el día**. Lo pasamos bomba, ya que hizo mucho sol y calor. Nadé en el mar y **descansé en la playa**.

No suelo ir de compras en la ciudad porque siempre **hay demasiada gente**. Hay un centro comercial enorme pero prefiero comprar por Internet porque es más cómodo.

En el futuro **me gustaría visitar** Barcelona porque creo que es una ciudad genial. **Se pueden visitar sitios de interés** como la Sagrada Familia y el Camp Nou. ¡Qué guay!

Módulo 5 Palabras

En mi ciudad
Hay…
 un ayuntamiento
 un bar / muchos bares
 un castillo
 un cine
 un centro comercial
 un mercado
 un museo / unos museos
 un parque
 un polideportivo
 un puerto
 muchos restaurantes
 un teatro
 una biblioteca
 una bolera
 una iglesia

In my town
There is/are…
 a town hall
 a bar / lots of bars
 a castle
 a cinema
 a shopping centre
 a market
 a museum / a few museums
 a park
 a sports centre
 a port
 lots of restaurants
 a theatre
 a library
 a bowling alley
 a church

 una piscina
 una playa / unas playas
 una plaza Mayor
 una pista de hielo
 (una oficina de) Correos
 una tienda / muchas tiendas
(No) hay mucho que hacer.
Vivo en un pueblo…
Vivo en una ciudad…
 histórico/a / moderno/a
 tranquilo/a / ruidoso/a
 turístico/a / industrial
 bonito/a / feo/a
Está en…
 el norte / el sur
 el este / el oeste
 del país

 a swimming pool
 a beach / a few beaches
 a town square
 an ice rink
 a post office
 a shop / lots of shops
There is (not) a lot to do.
I live in a… village
I live in a… town
 historic / modern
 quiet / noisy
 touristy / industrial
 pretty / ugly
It is in…
 the north / the south
 the east / the west
 of the country

¿Por dónde se va al / a la…?
¿Dónde está el / la…?
¿Para ir al / a la…?
Sigue todo recto
Gira…
 a la derecha / izquierda
Toma la…
 primera / segunda / tercera

How do you get to the…?
Where is the…?
How do I get to the…?
Go straight on
Turn
 right / left
Take the…
 first / second / third

 calle a la derecha
 calle a la izquierda
Pasa…
 el puente / los semáforos
Está…
 cerca / lejos
 enfrente de (la piscina)

 road on the right
 road on the left
Go over…
 the bridge / the traffic lights
It is…
 near / far
 opposite (the swimming pool)

¿Cómo es tu zona?
Está situado/a…
 en un valle
 al lado del río / mar
Está rodeado/a de sierra /
 volcanes
entre
 el desierto
 los bosques
 las selvas subtropicales
 los lagos
Tiene…
 un paisaje impresionante
 lo mejor de una ciudad
El clima es…
 soleado / seco / frío / variable
Llueve a menudo.

What is your area like?
It is situated…
 in a valley
 by the river / sea
It is surrounded by mountains /
 volcanoes
between
 the desert
 the woods
 subtropical forests
 lakes
It has
 an impressive landscape
 the best things of a city
The climate is…
 sunny / dry / cold / variable
It rains often.

Hay mucha marcha.
Es…
 mi ciudad natal
 mi lugar favorito
 famoso/a por…
 un paraíso
Se puede…
 pasar mucho tiempo al aire libre
 apreciar la naturaleza
 subir a la torre
 disfrutar de las vistas
 alquilar bolas de agua
Se pueden…
 practicar ciclismo y senderismo
 try local dishes
 practicar deportes acuáticos

There is lots going on.
It is…
 my home town
 my favourite place
 famous for…
 a paradise
You/One can…
 spend lots of time in the open air
 appreciate nature
 go up the tower
 enjoy the views
 hire water balls
You/One can…
 do cycling and hiking
 probar platos típicos
 do water sports

En la oficina de turismo
¿Tiene…?
 más información sobre
  la excursión a…
 un plano de la ciudad
¿Cuándo abre…?
¿Cuánto cuesta una entrada?

At the tourist office
Do you have…?
 more information about
  the trip to…
 a map of the town / city
When does… open?
How much is a ticket?

 para adultos / niños
¿Dónde se pueden
 comprar las entradas?
¿A qué hora sale el autobús?
cada media hora

 for adults / children
Where can you
 buy tickets?
What time does the bus leave?
every half an hour

¿Qué harás mañana?
Visitaré la catedral.
Sacaré muchas fotos.
Subiré al teleférico.
Nadaré en el mar.
Descansaré en la playa.
Iré al polideportivo.
Jugaré al bádminton.
Haré una excursión…
 en barco / en autobús
Veré delfines.
Iré de compras.
Compraré regalos.
El primer día

What will you do tomorrow?
I will visit the cathedral.
I will take lots of photos.
I will go up the cable car.
I will swim in the sea.
I will relax on the beach.
I will go to the sports centre.
I will play badminton.
I will go on a… trip
 boat / bus
I will see dolphins.
I will go shopping.
I will buy presents.
On the first day

El segundo día
Otro día
El último día
Si…
 hace sol
 hace calor
 hace mal tiempo
 hace viento
 llueve
 hay chubascos
¡Qué bien!
¡Qué guay!
¡Buena idea!
De acuerdo.

On the second day
Another day
On the last day
If…
 it's sunny
 it's hot
 it's bad weather
 it's windy
 it rains
 there are showers
How great!
How cool!
Good idea!
OK.

ciento ocho

Módulo 5

Las tiendas	**Shops**	la pescadería	fish shop
el banco	bank	la zapatería	shoe shop
el estanco	tobacconist's	sellos	stamps
la carnicería	butcher's	horario comercial	hours of business
la estación de trenes	train station	de lunes a viernes	from Monday to Friday
la frutería	greengrocer's	abre a la(s)…	it opens at…
la joyería	jeweller's	cierra a la(s)…	it closes at…
la librería	book shop	no cierra a mediodía	it doesn't close at midday
la panadería	bakery	cerrado domingo y festivos	closed on Sundays and public holidays
la pastelería	cake shop		
la peluquería	hairdresser's	abierto todos los días	open every day

Recuerdos y regalos — *Souvenirs and presents*
¿Me puede ayudar? — *Can you help me?*
Quiero comprar… — *I want to buy…*
   el abanico — *fan*
   el llavero — *key ring*
   el oso de peluche — *teddy bear*
   los pendientes — *earrings*
   la gorra — *cap*
   las pegatinas — *stickers*
Es para… — *It is for…*
¿Tiene uno/a más barato/a? — *Do you have a cheaper one?*
¿Cuánto es? — *How much is it?*

Quejas — *Complaints*
Quiero devolver… — *I want to return…*
Está roto/a. — *It is broken.*
Es demasiado estrecho/a / largo/a. — *It is too tight / long.*
Tiene un agujero / una mancha. — *It has a hole / a stain.*
¿Puede reembolsarme? — *Can you reimburse me?*
Podemos hacer un cambio. — *We can exchange (it).*
Aquí tiene el recibo. — *Here is the receipt.*
¿Qué me recomienda? — *What do you recommend?*
¿Qué tal…? — *How about…?*
¿Qué te parece(n)…? — *What do you think of…?*
¿Me puedo probar…? — *Can I try on…?*
una talla más grande — *a bigger size*
Me lo/la/los/las llevo. — *I'll take it / them.*

¿Te gusta ir de compras? — *Do you like going shopping?*
(No) me gusta ir de compras. — *I (don't) like going shopping.*
Normalmente voy… — *Usually I go…*
Suelo ir… — *I tend to go…*
   al centro comercial — *to the shopping centre*
Prefiero / Odio comprar… — *I prefer / I hate buying…*
   en grandes almacenes — *in department stores*
   en tiendas de moda — *in fashion shops*
   en tiendas de segunda mano — *in second-hand shops*
   en tiendas de diseño — *in designer shops*
   en línea — *online*
   por Internet — *on the internet*
porque… — *because…*
   es muy divertido — *it's a lot of fun*
   es mucho más cómodo — *it's much more convenient*
   hay más variedad — *there's more variety*
   puedes encontrar gangas — *you can find bargains*
   se puede comprar de todo — *you can buy everything*
la ropa alternativa — *alternative clothing*
artículos de marca — *branded items*
hacer cola — *to queue*
esperar — *to wait*

Los pros y los contras de mi ciudad — *The pros and cons of my town/city*
Lo mejor de mi ciudad es que… — *The best thing about my city is that…*
   hay tantas diversiones — *there are so many things to do*
   el transporte público es muy bueno — *the public transport is very good*
   las tiendas están tan cerca — *the shops are so close*
   hay muchas posibilidades de trabajo — *there are lots of job opportunities*
Lo peor es que… — *The worst thing is that…*
   es tan ruidoso/a — *it's so noisy*
   hay tanto tráfico — *there is so much traffic*
   hay tantas fábricas — *there are so many factories*
   hay pocos espacios verdes — *there are few green spaces*
En el campo… — *In the countryside…*
   la vida es más relajada — *life is more relaxed*
   no hay tanta industria — *there's not as much industry*
   hay bastante desempleo — *there is quite a lot of unemployment*
   la red de transporte público no es fiable — *the public transport network is not reliable*
   no hay tantos atascos — *there are not as many traffic jams*
Necesitamos más… — *We need more…*
   zonas verdes — *green spaces*
   zonas peatonales — *pedestrian zones*
   rutas para bicis — *cycleways*

Destino Arequipa — *Destination Arequipa*
Vi sitios de interés. — *I saw some sights.*
Hicimos una visita guiada. — *We did a guided tour.*
Visité el centro a pie. — *I visited the centre on foot.*
Alquilé una bici de montaña. — *I hired a mountain bike.*
Subí a… — *I went up to…*
Aprendí mucho. — *I learned a lot.*
Comí pollo y patatas. — *I ate chicken and potatoes.*
Probé el rocoto relleno. — *I tried stuffed peppers.*
Había vistas maravillosas. — *There were amazing views.*
La ciudad era muy acogedora. — *The city was very welcoming.*
La gente era abierta. — *The people were open.*
La comida estaba muy buena. — *The food was very good.*
Me gustó (el clima). — *I liked (the climate).*
No me gustaron (los taxis). — *I didn't like (the taxis).*
¡Qué miedo! — *What a scare!*
Volveré algún día. — *I will go back some day.*
Visitaré otras ciudades. — *I will visit other cities.*
Iré a (Trujillo). — *I will go to (Trujillo).*

ciento nueve

6 De costumbre
Punto de partida 1

- Describing mealtimes
- Talking about daily routine

1 escuchar Escucha. Copia y completa la tabla. (1–2)

	el desayuno	la comida / el almuerzo	la merienda	la cena
Zoe	6.00 – f, …			
Leo				

1.15 2.30 2.45 5.30
6.00 6.45 9.30 10.00

⭐ Make sure you can use and understand clock times.

a la una…	at one o'clock
a las dos…	at two o'clock
…y cinco / diez	at five / ten past…
…y cuarto	at quarter past…
…y media	at half past…
…menos veinte	at twenty to…
…menos cuarto	at quarter to…

2 hablar Con tu compañero/a, haz diálogos.
- ¿A qué hora <u>desayunas</u>?
- Todos los días <u>desayuno</u> a las…
- ¿Qué <u>desayunas</u>?
- Normalmente <u>desayuno</u>…, pero a veces…

3 leer Lee las frases y mira tus respuestas al ejercicio 1. Escribe Zoe o Leo.
¿Qué significan las palabras en **negrita**?

a. Ceno **muy tarde** por la noche.
b. **Tomo algo dulce** por la mañana.
c. Soy vegetariano.
d. Meriendo **algo rápido**.
e. **No tengo mucha hambre** por la tarde.
f. Siempre desayuno **muy temprano**.

¿A qué hora ¿Qué	desayunas? comes? meriendas? cenas?
Desayuno… Como…	a las ocho al mediodía
Meriendo… Ceno…	cereales, churros, tostadas, un huevo, un yogur, un pastel, un bocadillo, carne, pollo, pescado, sopa, paella, tortilla, ensalada, verduras, leche, café, té, zumo de naranja

4 escribir Escribe un texto sobre las comidas en tu casa. Usa las frases del ejercicio 3.

Normalmente desayuno a las… Desayuno (cereales) o… Como a las… A veces como algo… por ejemplo, …

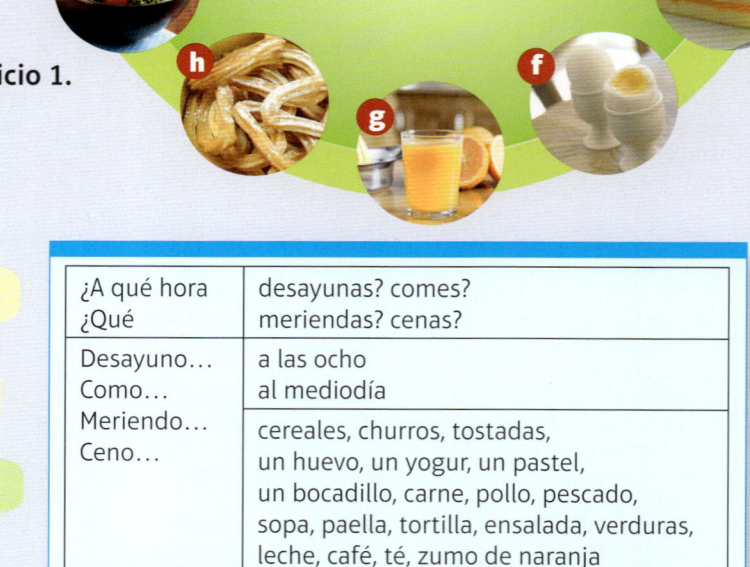

⭐ In Spanish there are different verbs for each meal:
- **desayunar** to have breakfast / to have… for breakfast
- **comer** to have lunch / to have… for lunch
- **merendar** to have tea / to have… for tea
- **cenar** to have dinner / to have… for dinner

You can also use the word **tomar**, which means 'to have' (food / drink).

110 ciento diez

Módulo 6

5 Escucha y lee. Escribe las letras en el orden correcto. Apunta un detalle para cada dibujo.

Ejemplo: d – 6.20, i – in the kitchen, …

> **Me despierto** a las seis y veinte y **me levanto** enseguida. Es muy temprano. Primero, voy a la cocina donde **desayuno**. Entonces, a las siete menos cuarto, **me ducho**. También **me afeito** si tengo tiempo. **Me visto** en mi dormitorio, y después **salgo de casa** a las siete y cuarto para coger el autobús.
>
> Por la tarde **vuelvo a casa** a las cuatro y media, o más tarde si tengo actividades deportivas. Finalmente, después de la cena, **me lavo los dientes,** y luego **me acuesto** a las once menos cuarto.
>
> **Gabriel**

| enseguida | straight away |

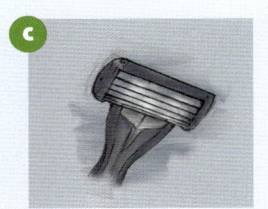

6 Lee el texto del ejercicio 5 otra vez. ¿Qué significan las expresiones en **negrita**?

7 Escucha. ¿Qué habitación es? (1–5)

- **A** el comedor
- **B** el salón
- **C** el cuarto de baño
- **D** la cocina
- **E** mi dormitorio

| charlar | to chat |

G Reflexive verbs › Page 201

Remember, many daily routine verbs are reflexive in Spanish.

Levantarse (to get up) is a reflexive –**ar** verb.

me levant**o**	I get up
te levant**as**	you get up
se levant**a**	he/she gets up
nos levant**amos**	we get up
os levant**áis**	you (plural) get up
se levant**an**	they get up

Remember that lots of daily routine verbs are also stem-changing.

Me ac**ue**sto temprano.   I go to bed early.

Which reflexive verbs are mentioned in exercise 7?

8 Escucha otra vez. Escribe los verbos en español.

Ejemplo: **1** preparo, …

9 Con tu compañero/a, habla de tu rutina diaria durante un minuto.

- Me despierto a las… ¡Es muy temprano! Primero voy… donde…

⭐ To make your language more interesting:
- use sequencers (*Primero… y luego…*)
- use connectives such as **si** and **donde**
- (*Si tengo… Voy al salón donde…*)
- add opinions (*Es muy tarde*)

ciento once **111**

Punto de partida 2

- Talking about illnesses and injuries
- Asking for help at the pharmacy

1 **leer** Lee los textos y escribe la letra correcta.

1 No me encuentro bien. Tengo tos y tengo dolor de garganta.

2 Estoy enfermo. Tengo un resfriado y tengo mucho sueño.

3 Estoy muy cansada. Creo que tengo una insolación.

4 Tengo fiebre – primero tengo calor y luego tengo frío.

a b c d ¡Achís!

2 **escuchar** En la farmacia. Escucha y apunta los detalles en español. (1–5)

Ejemplo: **1** *fiebre, dos días*

(No) me encuentro bien / mal	
Estoy	cansado/a, enfermo/a, fatal
Tengo	calor, frío, fiebre, sueño, dolor de…, un resfriado, una insolación, tos
¿Desde hace cuánto tiempo?	Desde hace… un día / un mes una hora / una semana quince días dos horas/días/semanas más de…

⭐ Remember to use **estar** for temporary states and feelings.

Estoy enfermo.   **I am** ill.

Use **tener** to say that that you have something, but also for certain expressions where English uses the verb 'to be'.

Tengo un resfriado.   I **have** a cold.
Mi madre **tiene** sueño.   My Mum **is** sleepy.

Tiene(s) que Hay que	beber mucha agua descansar tomar este jarabe / estas pastillas tomar aspirinas ir al hospital / médico / dentista

3 **escribir** Escribe consejos para las personas del ejercicio 1.

4 **hablar** Estás en la farmacia. Con tu compañero/a, haz diálogos.

- *Estoy enfermo/a.*
- *¿Qué le pasa?*
- *Estoy / Tengo… Además, …*
- *¿Desde hace cuánto tiempo?*
- *Desde hace…*
- *Hay que… También tiene que…*
- *Muchas gracias.*

💬 When saying new words, apply the pronunciation rules you know.
How do you pronounce…?
aspirinas   jarabe   pastillas   hospital

Unidad 5

112 *ciento doce*

Módulo 6

5 Escucha y escribe las letras en el orden correcto. (1–3)

- **a** la espalda
- **b** los oídos / las orejas
- **c** los dientes / las muelas
- **d** la mano
- **e** el brazo
- **f** la nariz
- **g** los ojos
- **h** la cabeza
- **i** la boca
- **j** la garganta
- **k** el estómago
- **l** la pierna
- **m** el pie

Zona Cultura

La Tomatina es una fiesta que tiene lugar en Buñol (Valencia) el último miércoles de agosto. Cada año, los 20.000 participantes lanzan más de 150.000 tomates en una hora. Después de la batalla, las calles están cubiertas de jugo de tomate.

el cuerpo	body
¡Qué asco!	How disgusting!
¡Qué risa!	What a laugh!

6 Escucha. Apunta los detalles en inglés. (1–5)

- problem
- advice given

¿Qué te duele? / ¿Qué te pasa?		
Me	duele… duelen…	el pie los ojos la garganta las muelas etc.
Me he	roto… cortado… quemado…	

> To say that something hurts use **tengo dolor de**.
> **Tengo dolor de** cabeza.   I've got a headache.
>
> You can also use the stem-changing verb **doler** (to hurt). It works like **gustar**.
> **Me** duele **la** espalda.   My back hurts.
> ¿**Te** duelen **los** pies?   Do your feet hurt?
>
> To say you have broken/cut/burnt something, use the **perfect tense**.
> **Me he roto** la pierna.   I have broken my leg.

7 Traduce las frases al español.

1 I am ill. My stomach aches.
2 I'm sleepy and I have a temperature.
3 I've had a cold for more than a week.
4 I think that I have broken my arm.
5 I've cut my foot and I have to rest.

- *Me duele* or *me duelen*?
- *Estoy* or *Tengo*?
- Use *desde hace*.
- Use *me he…*
- Don't forget the word *que*.

ciento trece **113**

1 Dietas del mundo

- Talking about typical foods
- Using me gusta / me gustaría
- Using quantity expressions

1 Escucha y escribe las <u>dos</u> o <u>tres</u> letras correctas para cada persona. (1–6)

¿Qué comen los españoles?

La dieta mediterránea tradicional es popular en España. Incluye…

frutas:
- a naranjas
- b manzanas
- c plátanos

verduras:
- d tomates
- e pimientos
- f cebollas

y también:
- g aceite de oliva
- h marisco
- i arroz

Sin embargo, hoy en día muchos españoles también comen más…

dulces:
- j pasteles
- k galletas

carne roja:
- l chorizo
- m bistec

y comida rápida:
- n hamburguesas
- o patatas fritas

2 Escucha otra vez. Escribe la razón en inglés.

Ejemplo: **1** quick

Soy	goloso/a, alérgico/a
Es	sano/a(s), rápido/a(s)
Son	rico/a(s), picante(s)

3 Mira la foto y lee la lista. Escribe las <u>cinco</u> letras correctas.

- a veinte litros de agua
- b un paquete de azúcar
- c seis latas de cerveza
- d una caja de cereales
- e cien gramos de mantequilla
- f una docena de huevos
- g quinientos gramos de harina
- h dos botellas de refrescos
- i dos barras de pan
- j un kilo y medio de zanahorias

¿Qué consume una familia típica cada semana?

Cuba

4 Escucha y comprueba. Luego escribe el país correcto para las cinco letras que sobran.

Ejemplo: France **a**

⭐ Words for quantities or containers are followed by *de*. What do the <u>ten</u> examples in exercise 3 mean?

114 *ciento catorce*

Módulo 6

5 Escribe una lista de la compra para tu familia. Incluye <u>ocho</u> productos para una semana típica.

> Dos paquetes de galletas
> Un kilo y medio de manzanas

6 Escucha y lee. Luego copia y completa la tabla en inglés.

dish	origin	description	ingredients
el chairo	Bolivia	hot dish	

¿Cuál es tu plato favorito?

¿Qué plato te gustaría probar?

el chairo

Mi plato favorito es **el chairo**, que es típico de Bolivia. Es un plato caliente que contiene zanahorias, cebolla, carne de ternera y patatas. Me gusta mucho porque es rico.

Me gustaría probar **la paella**, un plato tradicional que es típico de Valencia. Contiene arroz, judías verdes y pimientos. Hay versiones diferentes, pero normalmente contiene marisco y también pollo.
Edurne

Mi plato favorito es **el gazpacho**. Es un tipo de sopa fría y es muy típica de Andalucía. Contiene tomates, cebolla, pepino, ajo, pimientos y pan. Me gusta, ya que es muy refrescante cuando hace calor.

el borí borí

Me gustaría probar **el borí borí**, un tipo de sopa que es muy típica de Paraguay. Contiene harina, queso y pollo.
Adrián

| el ajo | garlic |
| refrescante | refreshing |

7 Describe los platos. Tu compañero/a los adivina.

● *Es un tipo de <u>postre</u>. Es un plato <u>típico de</u>… Contiene…*
■ *¿Es…?*

- Toad in the hole
- Shepherd's pie
- Espaguetis a la boloñesa
- Chicken korma
- Bread and butter pudding

Es	un tipo de	bebida, sopa comida, postre
	un plato	caliente / frío / picante típico de (Italia / Inglaterra, etc.)
Contiene(n)		carne de cerdo / cordero / ternera, pasta, guisantes, pepino, ajo, queso, salchichas, pollo, etc.

8 Escribe un texto. Usa los textos del ejercicio 6 como modelo.

> Mi plato favorito es…
> Es un tipo de… que es típico de…
> Contiene… Me gusta porque…
>
> Me gustaría probar…
> Es… Contiene…

G Me gusta / Me gustaría

Use **me gusta(n)** to say what you **like** (the present tense).
  Me gusta la tortilla española.   **I like** Spanish omelette.
Use **me gustaría** + **infinitive** to say what you **would like** to do (the conditional).
  Me gustaría probar la paella.   **I would like to try** paella.

ciento quince **115**

2 ¡De fiesta!

- Comparing different festivals
- Using verbs in the 'we' and 'they' form
- Working out the meaning of new words

1 Escucha y lee. Busca los verbos en español.

Fiestas curiosas
¡Las fiestas más raras de España!

El 28 de diciembre, en el pueblo de Ibi **celebramos** la fiesta de **Els Enfarinats**. **Participamos** en una gran batalla en la que **lanzamos** huevos y harina. Es una tradición con más de 200 años de historia.

En julio siempre **vamos** a Pamplona para celebrar **los Sanfermines**, cuando más de un millón de personas visitan la ciudad. **Llevamos** ropa blanca con un pañuelo rojo, y **corremos** delante de los toros.

En **las Hogueras de San Juan**, en Alicante, **hacemos** 'hogueras' (enormes figuras de madera y cartón). Luego las **quemamos** el 24 de junio. También **vemos** los desfiles y los fuegos artificiales.

el pañuelo	neck scarf / handkerchief
el desfile	procession
la hoguera	bonfire
los fuegos artificiales	fireworks

1 we make
2 we celebrate
3 we throw
4 we burn
5 we run
6 we go
7 we wear
8 we watch
9 we participate

⭐ To help you understand new words when reading a text, **use the four Cs**!
1 **Clues** (e.g. photos, the word box)
2 **Cognates** (e.g. *enormes figuras*)
3 **Context** (e.g. *llevamos ropa*)
4 **Common sense** (e.g. which text will include 'run'?)

G Using verbs in the we and they form ▶ Page 198

In the present tense, all 'we' form verbs end in **–mos**. All 'they' form verbs end in **–n**.

	we	they
–ar verbs	–amos	–an
–er verbs	–emos	–en
–ir verbs	–imos	–en

Lanz**amos**… y v**emos**…   We throw… and we watch…
Lanz**an**… y v**en**…   They throw… and they watch…

Take care with irregular verbs.
E.g. **somos** (we are) → **son** (they are)

How many verbs in the 'they' form can you spot in exercise 3?

2 Escribe los nueve verbos del ejercicio 1 en la forma *'they'*.
Ejemplo: **1** *hacemos* → *hac**en***

3 Escucha y apunta (a) ¿cuándo es la fiesta? (b) las letras correctas. (1–2)

1 las Fallas (Valencia)

2 la Feria de Abril (Sevilla)

a b c d e f

116 *ciento dieciséis*

Módulo 6

4 Con tu compañero/a, habla de las fiestas de los ejercicios 1 y 3.

- Me gustaría ir a <u>las Fallas</u>.
- Es…
- Muchas personas <u>llev</u><u>an</u>…
  También, <u>las familias v</u><u>en</u>…

■ ¿Dónde/Cuándo es la fiesta?
■ ¿Cómo celebran esta fiesta?

5 Lee el texto y elige la opción correcta.

¿Qué sabes del Día de Muertos?

1 Celebramos el Día de Muertos el [31 de octubre / 1 y 2 de noviembre].
Coincide con la fiesta católica de Todos los Santos.

2 Esta costumbre es muy popular en [Inglaterra / México], pero también en muchos otros países del mundo.

3 Durante esta fiesta, muchas personas decoran [las tumbas con velas y flores / las casas con linternas de calabaza].

4 En casa [vemos películas de terror / preparamos un altar de muertos] y comemos [pan de muerto / manzanas de caramelo].

5 Los niños llevan un disfraz de [bruja o monstruo / calavera].

6 También salen a la calle, donde [ven los desfiles con sus padres / juegan a 'truco o trato' con sus amigos].

un disfraz de calavera

un altar de muertos

la tumba	grave
la vela	candle
la calabaza	pumpkin
el disfraz	(fancy dress) costume

6 Escucha y comprueba tus respuestas.

7 Escribe un texto sobre el Día de Muertos y Halloween.

To talk about the Day of the Dead:
- use 'they' form verbs.
- use vocabulary from exercise 5.

To talk about Halloween:
- use 'we' form verbs.
- use the left over pink expressions from exercise 5.
- add details about other things you do (e.g. bonfire, fireworks).

Say which you prefer and why.

En México celebran el Día de Muertos el… de…
Sin embargo, en Inglaterra celebramos Halloween…
En el Día de Muertos, los niños… Las familias…
Además, muchas personas…
En Halloween, … También…
Prefiero… porque…

⭐ To say which one you prefer, use phrases such as:
- **es más** divertido / emocionante / animado — it's more fun / exciting / lively
- **es una fiesta para** niños / familias / todos — it's a festival for children / families / everyone

ciento diecisiete **117**

3 Un día especial

- Describing a special day
- Using reflexive verbs in the preterite
- Inferring meaning in a literary text

1 Lee y escribe el número y la letra correctos para cada texto. Sobra una letra.

¿Qué día fue ayer?

¿Qué hiciste para celebrar el día?

Ayer fue ——. Celebramos el final del mes de Ramadán con una rutina especial. Me desperté muy temprano, recé, me bañé y me vestí con mi mejor ropa. Desayuné algo dulce y luego fui a la mezquita. Después, visité a los amigos.
Mariam

Ayer fue —— y por eso llevé ropa interior roja – ¡una tradición muy rara! A medianoche comí doce uvas (para tener buena suerte en el año nuevo), y mis padres bebieron 'cava', que es similar al champán. Todos nos acostamos muy tarde.
Alba

Ayer fue ——, y por eso hicimos una cena especial con toda la familia. Cenamos bacalao y pavo, y luego comimos 'turrón' (un dulce de Navidad). Después, fuimos a la iglesia, donde cantamos villancicos. Fue genial.
Fer

1 Nochebuena (24 de diciembre) 2 Eid al-Fitr 3 Domingo de Pascua 4 Nochevieja (31 de diciembre)

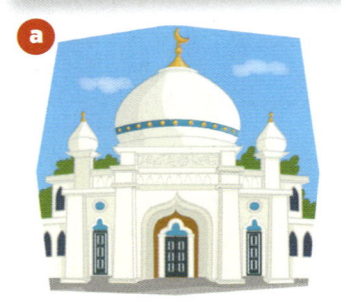

a b c d

2 Escucha. ¿Qué día especial celebraron ayer? (1–6)
Ejemplo: **1** *Nochebuena*

las uvas	grapes
recé	I prayed
el bacalao	cod
el pavo	turkey

3 Escucha a Daniel y completa las frases en inglés. (1–5)

1. Yesterday he celebrated… and…
2. He got up early and then…
3. At the ceremony he had to…
4. At the party they all… and…
5. He received lots of cards and…

⭐ To talk about family celebrations you tend to use a mixture of the 'I' and 'we' form of verbs.

*Com**í** doce uvas.*   **I** ate twelve grapes.
*Cant**amos** villancicos.*   **We** sang carols.

G Preterite tense of reflexive verbs   ▶ Page 202

Reflexive verbs follow the same pattern as other verbs in the preterite tense, but need a reflexive pronoun in front of the verb.

me acosté	**nos** acostamos
te acostaste	**os** acostasteis
se acostó	**se** acostaron

4 Habla de tu día especial de ayer. Tu compañero/a cierra el libro y adivina qué día fue.

- *Ayer comí huevos de chocolate.*
- *¿Fue Domingo de Pascua?*
- *Sí. Ayer fui…*

ciento dieciocho

Módulo 6

5 Traduce las frases al español.

1. Yesterday it was the School Prom.
2. First I had a shower and did my make up.
3. Then I got dressed. I wore my new dress.
4. We had dinner, danced and took lots of photos.
5. At midnight I returned home and went to bed.

> Proms don't really exist in Spain, so there isn't a word for this. Use the phrase *el baile de fin de curso* to explain what you mean.

> Use the reflexive verb *maquillarse (me maquill_)*.

> Careful – only one of these is a reflexive verb!

> Use *volver a casa* with the correct verb ending.

> Use the 'we' form. Which verb do you need here?

6 Lee los dos extractos de la novela. Escribe las letras correctas.

Una madre de Alejandro Palomas

En el comedor, mamá cuenta uvas y yo preparo las servilletas rojas. En la cocina se enfría la sopa de verduras y un asado de pavo.

Barcelona. Hoy es 31 de diciembre.

–Vamos a ser cinco personas –dice mamá. Sin contar a Olga. –Olga es la novia de Emma.

–Sin embargo, tío Eduardo llegará un poco más tarde, porque su vuelo lleva retraso –aclara.

* * * * *

Olga y Silvia ponen platos y copas en el lavavajillas y preparan el cava, las uvas y el turrón.

Instantes después suena un pequeño tintineo en mi móvil. Lo saco del bolsillo y veo un WhatsApp. Es de ella. "Si es niña, se llamará Sara".

Alejandro Palomas

sin contar	without counting
el vuelo	flight
el bolsillo	pocket

1. For the main course, they are going to have…
   a. meat.
   b. fish.
   c. meat and fish .

2. Including Olga, there will be…
   a. four people.
   b. five people.
   c. six people.

3. Emma and Olga are…
   a. mother and daughter.
   b. sisters.
   c. a couple.

4. Uncle Eduardo is…
   a. not coming.
   b. arriving late.
   c. already there.

5. In the second extract Olga and Silvia are…
   a. preparing for midnight.
   b. preparing dinner.
   c. eating dinner.

6. The person who has sent the WhatsApp message…
   a. is called Sara.
   b. is going to give Sara a call.
   c. is going to name her baby 'Sara', if it's a girl.

> ⭐ When reading extracts from novels or plays, first look at the questions to give you an idea of the structure of the story, the characters, etc.
>
> You often have to 'read between the lines' to infer what is being said. For example, what can you deduce from these details?
>
> *preparan el cava, **las uvas** y el turrón*   (question 5)
> ***Si** es niña, se llamar**á** Sara.*   (question 6)

ciento diecinueve **119**

4 ¡A comer!

- Ordering in a restaurant
- Using **estar** to describe a temporary state
- Understanding adjectives ending in –ísimo

1 Escucha. ¿Quién habla? Escribe la letra correcta. (1–6)

a. No como ni carne ni pescado.
b. Quiero reservar una mesa al aire libre.
c. Vamos a celebrar un día especial con toda la familia.
d. Es para el Día de San Valentín.
e. Soy alérgico al gluten.
f. No tengo mucho dinero.

2 Lee los anuncios. ¿Qué restaurante recomiendas para cada persona del ejercicio 1?

1 Restaurante El Faro

En el restaurante El Faro te espera un ambiente acogedor. El destino ideal para disfrutar del marisco y del pescado. Espectacular terraza exterior.

Apto para celiacos e intolerancias alimentarias.

2 Parrilla Río Plata

¿Quieres probar los filetes de ternera más suculentos de Madrid? Con su iluminación suave es el lugar perfecto para una cena romántica. Salón privado disponible para fiestas familiares, bodas, comuniones, etc.

3 Bufé Libre Estrella

No hay mejor sitio para comer bien y barato. Puedes disfrutar de una amplia selección de pastas, pizzas, ensaladas, carnes y platos vegetarianos. Ofertas especiales cada día.

Menú infantil: 4 €

3 Lee el menú. Luego escucha el diálogo y rellena los espacios en blanco.

- Buenos días. ¿Qué va a tomar?
- De primer plato voy a tomar **1** _____.
- Muy bien. ¿Y de segundo plato?
- ¿Qué me recomienda?
- Le recomiendo la especialidad de la casa, **2** _____. Está riquísimo.
- Bueno, voy a tomar **3** _____, entonces.
- ¿Y para beber?
- **4** _____, por favor.
- Muy bien. ¡Que aproveche!

****

- ¿Quiere postre?
- Sí, voy a tomar **5** _____.
- ¿Algo más?
- Nada más, gracias. ¿Me trae la cuenta, por favor?

MENÚ DEL DÍA

Primer plato
Albóndigas
Gambas al ajillo
Croquetas de atún
Jamón serrano

* * *

Segundo plato
Calamares con patatas
Filete de cerdo
Chuletas de cordero
Tortilla de champiñones

* * *

Postre
Flan, melocotón, piña o fresas

* * *

pan, agua y vino o cerveza

4 Con tu compañero/a, haz diálogos. Cambia los detalles del ejercicio 3.

> Adjectives ending in **–ísimo** suggest that something is *really/extremely* (nice/cheap, etc). Like all adjectives, they agree with the noun.
> Las gambas están buen**ísimas**. The prawns are **extremely** good.

ciento veinte

Módulo 6

5 Escucha y apunta los detalles en inglés. (1–3)

  a food   **b** drink   **c** problem

  Ejemplo: **1 a** *prawns, omelette, …*

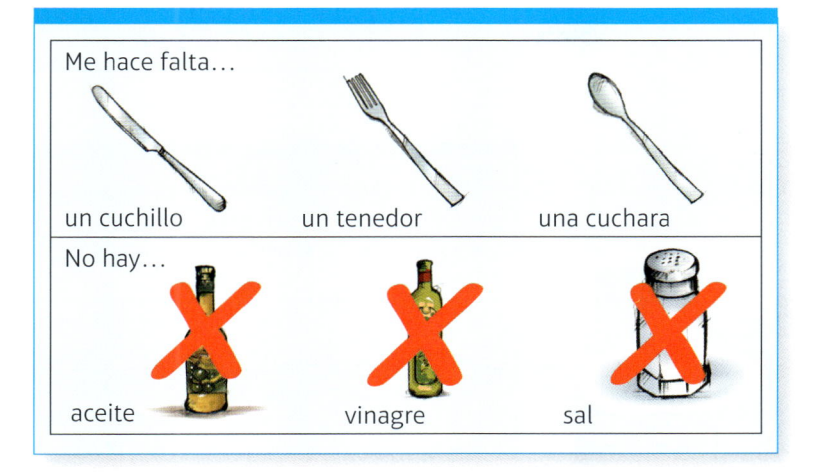

Me hace falta…

un cuchillo   un tenedor   una cuchara

No hay…

aceite   vinagre   sal

El plato está sucio.   El vaso está roto.

El vino está malo.   La carne está fría.

Lo siento… Aquí tiene aceite / una cuchara / otro vaso.

---

6 Con tu compañero/a, haz diálogos.

● ¡Camarero/a! *Me hace falta un tenedor* y *el plato está*…
■ *Lo siento, señor/señora. Aquí tiene…* y…

7 Escribe un diálogo en un restaurante español. Luego haz el diálogo con tu compañero/a.
  • Use the dialogue in exercise 3 as a model.
  • Include a couple of problems / complaints.

> To make your dialogue more interesting, include some of the other foods/dishes you have seen earlier in this Module. You could also use or adapt phrases from exercise 1 (e.g. the customer has an allergy!).

G *Using* **estar** *to describe a temporary state*

Use the verb **estar** (to be) to describe a temporary state.

  El plato **está** *sucio.*   The plate **is** dirty.
  La carne **estaba** *fría.*   The meat **was** cold.

8 Lee el texto y contesta a las preguntas en inglés.

1 For which occasion did Ana take her mum out for dinner?
2 Name <u>one</u> thing she liked about the restaurant.
3 Why did she not order the same thing as her mum?
4 Why was Ana disappointed with her meal?
5 Why didn't she leave a tip? Give <u>one</u> reason.

amable	nice/kind
la propina	tip

Platosenlinea.com

Ana Sánchez *(Santander)*

Restaurante Mil Maravillas

Invité a mi mamá a cenar aquí para celebrar el Día de la Madre. Me gustó, ya que el ambiente era animado y todo estaba muy limpio.

El camarero era amable y nos recomendó la especialidad de la casa, las gambas.

A mi madre le encantan las gambas, pero yo soy alérgica al marisco, y por eso pedí pollo asado. Lo malo fue que el pollo estaba frío. Sin embargo, según mi madre, las gambas estaban buenísimas.

Desafortunadamente, el servicio era bastante lento, y cuando finalmente recibimos la cuenta, era carísima: 85 €. ¡No dejé propina!

ciento veintiuno **121**

5 El festival de música

- Talking about a music festival
- Saying 'before' / 'after' (doing)
- Using acabar de + infinitive

1 escuchar Escucha y apunta los detalles en inglés. (1–4)

Ejemplo: **1** Likes: Coldplay – music is original
Dislikes: …

¿Cuál es tu cantante / grupo favorito?

Zona Cultura

Cada año en julio, más de 150.000 personas llegan a la costa valenciana para disfrutar del Festival Internacional de Benicàssim (FIB) – cuatro días de música pop, rock, indie y electrónica.

(No) me gusta Admiro No aguanto No soporto	su comportamiento su estilo su forma de vestir su talento	
Su música Su voz	(no) es	imaginativa(s) preciosa(s)
Sus canciones Sus ideas Sus letras	(no) son	repetitiva(s) original(es) triste(s)

2 leer Lee el programa y la página web. Contesta a las preguntas en español.

Ejemplo: **1** jueves 16 de julio

1. ¿**Cuándo** empieza el festival?
2. ¿**Cuánto** cuestan las entradas más baratas?
3. ¿**Dónde** se puede acampar?
4. ¿**Cómo** se puede viajar en el festival?
5. ¿**Quién** no puede ir al festival solo/a?
6. ¿**Qué** <u>tres</u> artículos son necesarios si hace sol?

VIVIENDO EL FESTIVAL

Campfest: Es la zona de acampada gratuita.
Cómo moverse: Alquila una bici por 40 € (4 días).
Menores de 15 años: Siempre deben estar acompañados de un adulto.
Te hace falta… crema solar, gafas de sol, sombrero/gorra, tapones para los oídos.

fib Benicàssim Costa Azahar
Entradas desde 40 €

Julio · 16 | 17 | 18 | 19

JUEVES 16 — VIERNES 17 — SÁBADO 18 — DOMINGO 19

LAS PALMAS

FLORENCE + THE MACHINE — **THE PRODIGY** — **BLUR** — **PORTISHEAD**

CRYSTAL FIGHTERS — NOEL GALLAGHER'S HIGH FLYING BIRDS — LOS PLANETAS — BASTILLE

CLEAN BANDIT — JAMIE T — KAISER CHIEFS — VETUSTA MORLA
L.A. — BRODINSKI — TIMO MAAS — MADEON
SWIM DEEP — MOODOÏD — REVEREND & THE MAKERS — AUGUSTINES
TRAJANO! — NUNATAK — BEACH BEACH — DEBIGOTE
ELYELLA DJ'S

FIBERFIB.COM - radio 3

GODSPEED YOU! BLACK EMPEROR — MARK RONSON — FFS (FRANZ FERDINAND & SPARKS)
PALMA VIOLETS — TIGA (DJ) — PUBLIC ENEMY
LA BIEN QUERIDA — FRANK TURNER & THE SLEEPING SOULS — THE CRIBS
EVAN BAGGS — HINDS — MØ
MONKI — EDU IMBERNON — A-TRAK
HAMSANDWICH — THE ZOMBIE KIDS (ARTISTA DESPERADOS) — BELAKO
HOLÓGRAMA — LA M.O.D.A. — HUDSON TAYLOR
PAPAYA

RED BULL TOUR BUS FIBCLUB

DMA'S — NUDOZURDO — DARWIN DEEZ — JOE CREPÚSCULO
OCELLOT — VESSELS — CURTIS HARDING — CROCODILES
THE LAST DANDIES — POLOCK — LOYLE CARNER — NOVEDADES CARMINHA
MOX NOX — PUBLIC ACCESS T.V. — SIESTA! — THE RIPTIDE MOVEMENT
LUIS LE NUIT — ELSA DE ALFONSO Y LOS PRESTIGIO — THE DEATH OF POP — JONATHAN TOUBIN
MIQUI BRIGHTSIDE — LEY DJ — SUNTA TEMPLETON (XFM) — ALDO LINARES
— DIEGO RJ (RADIO 3) — OPATOV — LITTLE JESUS
— — ORLANDO — CELICA XX

3 hablar Con tu compañero/a, haz diálogos.

- ¿Cuál es tu cantante / grupo favorito?
- ¿Qué grupos / cantantes no aguantas?
- ¿Te gustaría ir al Festival de Benicàssim?

■ Mi cantante / grupo favorito/a es… porque…
■ No aguanto a… porque no me gusta…
■ Sí, me gustaría ir el <u>viernes</u> porque me encanta <u>The Prodigy</u>.

ciento veintidós

Módulo 6

4 Escucha a estas personas que hablan del FIB. Copia y completa la tabla en inglés. (1–6)

	past / present / future	<u>one</u> extra detail
1	future	

⭐ Pay attention to verb forms. In the 'I' form these include:

present	preterite	near future	future
bail**o**	bail**é**	**voy a** bail**ar**	bail**aré**
com**o**	com**í**	**voy a** com**er**	com**eré**
voy	**fui**	**voy a ir**	**iré**

In the 'we' form, –ar and –ir verbs are identical in the present and preterite:

*Cant**amos** y bail**amos**.*
We **sing** and **dance**. / We **sang** and **danced**.

Time phrases **may** give you a clue (e.g. *siempre* often refers to present tense), but not always! E.g. Does *en julio* help you identify the tense?

5 Lee el texto e identifica las <u>tres</u> frases correctas.

Acabo de pasar cuatro días en el Festival de Benicàssim, donde vi muchas de mis bandas favoritas. Soy un fanático de la música *indie*, y por eso fue una experiencia inolvidable. Decidí acampar porque era más barato – ¡aunque no era muy cómodo!

Después de llegar al festival, montamos la tienda. Por desgracia, tuve un accidente. Me corté la mano y tuve que ir al hospital para ver a un médico. ¡Qué tonto!

El segundo día vimos al grupo *Los Planetas*. Empezaron con una canción nueva, antes de tocar una selección de sus mejores canciones. El ambiente era increíble. Durante cuatro días canté mucho, bailé mucho… ¡y comí muchos perritos calientes!

Lo peor fue el calor, y cuando me acosté, decidí dormir fuera de la tienda. Sin embargo, el camping era tan ruidoso que no dormí nada. ¡La próxima vez voy a llevar tapones para los oídos!

Álvaro

montar una tienda	to put up a tent
el perrito caliente	hot dog
fuera (de)	outside

1. Álvaro has mixed feelings about camping.
2. He broke his arm at the festival.
3. *Los Planetas* started their set with a new song.
4. Álvaro enjoyed the weather.
5. He couldn't sleep because of the heat.
6. Next time he's going to wear ear plugs.

⭐ To say that you 'have just' done something use **acabar de** + *infinitive*.

Acabo de volver de un festival.
I've just returned from a festival.

6 Traduce el primer párrafo del texto del ejercicio 5 al inglés.

7 Acabas de ir a un festival de música. Describe tus experiencias.

> Acabo de pasar dos días en el Leeds Festival.
> Soy un(a) fanático/a de…
> Después de llegar / El primer día…
> También vi / comí / bebí / canté / bailé…
> Por desgracia, tuve un accidente / perdí…
> El ambiente era…
> Fue una experiencia…
> La próxima vez voy a…

G *Saying* **before / after** *(doing)*

To enhance your writing, use these phrases which are followed by the **infinitive**:

antes de + **infinitive** — before (doing)
después de + **infinitive** — after (doing)

Después de llegar al festival…
After arriving at the festival…

ciento veintitrés **123**

Módulo 6   Leer y escuchar

1   *leer*

You receive an email from your Argentinian friend, José, who has recently been to the *Fiesta de la Vendimia* (Grape Harvest Festival).

> ¡Hola!
> Acabo de llegar a casa después de pasar una semana en Mendoza para participar en la Fiesta de la Vendimia. Fue inolvidable. Vi los desfiles por las calles, por supuesto, pero lo mejor fue el espectáculo de bailes folclóricos que vimos en el Teatro Griego. Fue impresionante porque más de mil personas participaron en el espectáculo.

Answer the following questions in English. You do not need to write full sentences.

(a) How long did José spend in Mendoza?
(b) What did he like best about the festival?
(c) Why was he impressed by this?

The email continues:

> Antes de volver visitamos algunas de las atracciones turísticas más famosas de la región, incluidos el Parque General San Martín y el Museo del Vino. ¡Qué guay!
>
> Ahora estoy muy cansado ya que me levanté muy temprano esta mañana. Además, no dormí nada en el viaje.

(d) What type of museum did he visit?
(e) Why is he feeling tired now? Mention <u>two</u> reasons.

2   *leer*   Lee el artículo sobre la Nochevieja. Elige la letra correcta para cada pregunta.

> Por lo general, mis padres, mis hermanos y yo pasamos el 31 de diciembre en casa de mis abuelos. Es genial porque mi abuela suele preparar una cena deliciosa de bacalao. Lo malo es que mis abuelos se acuestan bastante temprano.
>
> Sin embargo, este año creo que voy a pasar la Nochevieja bailando con amigos en una discoteca. Me encanta el ambiente divertido cuando estás con mucha gente, pero las entradas para la discoteca no son nada baratas. **Ana**

(a) Normalmente Ana celebra la Nochevieja…
    A   sola.
    B   con su novio.
    C   con sus amigos.
    D   con toda la familia.

(b) Su abuela…
    A   cocina bien.
    B   canta bien.
    C   come mucho.
    D   habla mucho.

(c) Sus abuelos no…
    A   comen pescado.
    B   viven en España.
    C   tienen animales en casa.
    D   se van a la cama muy tarde.

(d) Este año en Nochevieja Ana va a…
    A   cenar en un restaurante.
    B   salir con sus padres.
    C   hacer algo diferente.
    D   celebrar la fiesta en casa.

(e) Lo malo de la discoteca es que…
    A   hay demasiadas personas.
    B   cuesta mucho dinero.
    C   es muy ruidosa.
    D   no le gusta el ambiente.

> ⭐ This task requires you to draw conclusions. Remember that the correct option and the text will usually use different words to say the same thing. For each question work through the four options to identify the correct answer.

ciento veinticuatro

Módulo 6

3 leer **Translate this passage into English.**

> Mi cumpleaños es el dos de marzo. Me encanta pasar la noche en casa con mis amigos. A veces vamos a la pista de hielo, también. El año pasado recibí muchos regalos fantásticos. Este año voy a ir a un concierto con mi hermana.

1 escuchar **You are listening to a radio programme about music festivals. What advice does each person give?**

Listen and write the correct letter or letters for each person.

Sofía   Moisés   Nicolás

- **A** Don't forget your mobile phone.
- **B** Avoid drinking too much.
- **C** Watch what you eat.
- **D** Take headache tablets with you.
- **E** Wear ear plugs.
- **F** Stay safe in the sun.
- **G** Leave your valuables at home.
- **H** Bring water-proof clothing.

2 escuchar **Your Spanish friend's teacher is talking about the *Feria de Abril*, a festival which takes place in Seville. Complete the sentences. Use the correct word(s) from the box.**

| bull fights | ham | Friday | late at night |
| at lunchtime | dance shows | ~~fish~~ | Sunday |

⭐ Before listening to the extract, narrow down the options by working out which words make sense in each gap. This will make it easier to spot the correct answer when you hear it.

(a) On Monday people tend to eat fish. The festival officially starts _____ on this day.

(b) The festival ends on _____ when lots of people watch _____.

3 escuchar **You are listening to the local radio news whilst on holiday in Spain. Listen and answer the following questions in English.**

- **(a)** Which award has the Luz Rosa restaurant won?
- **(b)** When **exactly** did the awards ceremony take place? Give <u>two</u> details.
- **(c)** For what reason did the Tenedor Dorado restaurant win an award?

ciento veinticinco **125**

Módulo 6   Prueba oral

A – Role play

1 leer Look at this role play card and prepare what you are going to say.

> **Topic: Cultural life**
>
> **Instructions to candidates:**
>
> You are in a restaurant in Spain and want a table. The teacher will play the role of the waiter/waitress and will speak first.
>
> You must address the waiter/waitress as *usted*.
>
> You will talk to the teacher using the five prompts below
> - where you see – **?** – you must ask a question
> - where you see – **!** – you must respond to something you have not prepared
>
> **Task**
>
> *Usted está en un restaurante en España y quiere una mesa.*
> 1   Mesa – número de personas
> 2   Mesa – dónde
> 3   **!**
> 4   Restaurante – opinión
> 5   **?** De primer plato – recomendación

- Use *Quiero* or *Quisiera…, por favor*.
- For example, 'on the terrace', 'outdoors', etc.
- What might the waiter/waitress ask you here?
- You could say that it's modern, you like the menu, it's cheap, etc.
- How could you turn this into a question? (*¿Qué… de primer…?*)

2 escuchar Practise what you have prepared. Then, using your notes, listen and respond.

3 escuchar Now listen to Freja doing the role play task. **In English**, note down what she says for the first <u>four</u> bullets.

B – Picture-based task

> **Topic: Cultural life**
>
> Mira la foto y prepara las respuestas a los siguientes puntos:
> - la descripción de la foto
> - tu opinión sobre la Navidad
> - lo que hiciste en un día especial reciente
> - los planes para tu próximo cumpleaños
> - tu tipo de música preferido

1 escuchar Look at the photo and read the task. Then listen to Natalie's response to the first bullet point.
1   How old does she think the children are?
2   What do you think the following phrases mean: *en el fondo, árbol de Navidad, muchas cajas, Día de los Reyes Magos*?
3   Which <u>two</u> dates does she mention?

126 *ciento veintiséis*

Módulo 6

2 Listen to and read Natalie's response to the second bullet point on the card.

1. Write down the missing word for each gap.
2. Look at the Answer Booster on page 128. Note down <u>five</u> examples of language which Natalie uses to give a strong answer.

> ⭐ Notice how Natalie develops her answer by giving a detailed description of what her family does to celebrate Christmas.

Me encanta la Navidad. A mi modo de ver, es una fiesta muy especial y **1** ———— para toda la familia. Siempre decoramos la casa y en el **2** ———— ponemos un árbol de Navidad con una estrella enorme. También vamos a la **3** ———— para cantar villancicos. Lo mejor es que se puede **4** ————. Además, es importante porque mandamos tarjetas a los amigos. Sin embargo, lo malo es que comemos demasiados **5** ————.

3 Listen to Natalie's response to the third bullet point.

1. Make a note **in English** of <u>five</u> details that she gives.
2. Can you work out the meaning of *un ramo de flores*?

> ⭐ In the picture-based discussion the third bullet point is always about the **past** and the fourth bullet point is always about the **future**. Make sure you use verbs in the correct tense.
> E.g. *La semana pasada **fui** / **compré** / **comí**…*
> *El año próximo **voy a ir** / **voy a comprar** / **voy a comer**…*

4 Prepare your own answers to all <u>five</u> bullet points. Then listen and take part in the full picture-based task with the teacher.

C – General conversation

1 Listen to Lucas introducing his chosen topic and complete these sentences **in English**.

a Lucas eats lots of…
b He has a quick breakfast because…
c He drinks hot chocolate…
d He never eats…
e After school he has…
f Yesterday his dad cooked…

2 The teacher asks Lucas '*¿Te gusta la comida española?*' Which of these adjectives does he use? What do they mean?

riquísimo/a	buenísimo/a	frío/a	típico/a
salado/a	dulce	picante	refrescante

> ⭐ To add variety to your language, try to use a wide range of adjectives, including some ending in *–ísimo* (e.g. *Está/Estaba buenísimo/a* – It is/was extremely nice).

3 Listen to how Lucas answers the next question, '*¿Prefieres cenar en casa o en un restaurante?*' Look at the Answer Booster on page 128. Note down <u>five</u> examples of language which Lucas uses to give a strong answer.

4 Prepare your own answers to Module 6 questions 1–6 on page 189. Then practise with your partner.

ciento veintisiete

Módulo 6 Prueba escrita

Answer booster	Aiming for a solid answer	Aiming higher	Aiming for the top
Verbs	**Different time frames:** past, present, near future	**Different persons of the verb:** hacemos, mi madre cocina…	**Verbs with an infinitive:** suelo, se puede **More than one tense to talk about the past:** preterite, imperfect, perfect
Opinions and reasons	**Verbs of opinion:** me chifla, me encanta	**Different opinion phrases with reasons:** no aguanto… porque es…	**Opinions:** creo que, a mi modo de ver **Exclamations:** ¡Qué miedo! ¡Qué guay! **Adjectives ending in –ísimo:** riquísimo, buenísimo
Connectives	y, pero, también	sin embargo, además, por ejemplo, sobre todo	**Add more variety:** ya que, así que, aunque, por un lado… por otro lado
Other features	**Qualifiers:** muy, un poco, bastante **Time phrases and sequencers:** por la mañana, primero	**Interesting vocab:** los desfiles, los villancicos, goloso/a, alegre **Phrases followed by the infinitive:** para, antes de, después de	**Positive / Negative phrases:** lo bueno / malo / mejor / peor **Complex sentences with que, donde, si, cuando:** …que hacen…, …donde vi…, si es…, cuando hacemos…

A – Picture-based task

1 Look at the photo and the task. Write your answer, checking carefully what you have written.

> For the first part of your answer you could describe:
> - the people (who they are, what they are wearing / doing).
> - the location
> - the weather
>
> For the second part you have to give your opinion of festivals. E.g.
>> Me gustan las fiestas porque son…
>> Mi fiesta favorita es… porque…

> **Una fiesta española**
> Estás en España de vacaciones. Publicas esta foto en una red social para tus amigos.
> Describe la foto **y** da tu opinión sobre las fiestas.
> Escribe aproximadamente 20–30 palabras **en español**.

B – Translation

1 Traduce las siguientes frases **al español**.

(a) I have breakfast every day.
(b) I never drink orange juice.
(c) There are lots of restaurants in my town.
(d) Last night I ate chicken with vegetables.
(e) I love fruit because it's healthy, but I don't like eggs.

- Remember that there is a special verb for this in Spanish.
- Start with the word for 'never'.
- You need to use the masculine plural word here.
- Use *Anoche*….
- Singular or plural? Don't forget to use *el/la/los/las* for opinions.

Módulo 6

C – Extended writing task

1 Look at the task and answer these questions.
- What is each bullet point asking you to do?
- Which tense(s) will you need to use to answer each one?

2 Read Matthew's answer at the bottom of this page. What do the phrases in **bold** mean?

3 Look at the Answer Booster. Note down <u>six</u> examples of language which Matthew uses to write a strong answer.

4 Prepare your own answer to the task.
- Look at the Answer Booster and Matthew's text for ideas.
- Write a detailed plan. Organise your answer in paragraphs.
- Write your answer and carefully check what you have written.

Las fiestas y la cultura

Tu profesor te ha pedido escribir un artículo para una revista sobre tu visita reciente a una fiesta en España.

Debes incluir los siguientes puntos:
- qué hiciste en la fiesta
- tu opinión sobre la comida española
- las diferencias entre las fiestas en España y en Gran Bretaña
- los planes que tienes para participar en otro evento cultural.

Escribe aproximadamente 80–90 palabras **en español**.

> ⭐ Matthew talks about Bonfire Night to help him answer the third bullet point. Giving a specific example like this can help you to show how some things are different between the UK and Spain.

los Castellers de Vilafranca

En agosto fui a las fiestas de Vilafranca del Penedès, donde vi los desfiles increíbles. Lo mejor fue cuando saqué fotos de los Castellers, que hacen **torres humanas muy altas**. ¡Qué miedo!

Me chifla la comida española, pero **no me gusta nada el salchichón** porque es demasiado picante. En Vilafranca probé una 'coca' (un tipo de pastel dulce) **con mermelada**. Estaba buenísima. ¡Soy muy goloso!

En España hay muchas fiestas al aire libre, **sobre todo en verano**, ya que hace buen tiempo. Una fiesta típica en Inglaterra es el 5 de noviembre, cuando **hacemos hogueras** y vemos fuegos artificiales.

Pasado mañana voy a ir a un festival de música en mi pueblo. Voy a cantar y a bailar mucho. **¡Va a ser flipante!**

Módulo 6   Palabras

Las comidas	**Meals**
el desayuno	breakfast
la comida / el almuerzo	lunch
la merienda	tea (meal)
la cena	dinner / evening meal
desayunar	to have breakfast / to have… for breakfast
comer	to have lunch / to have… for lunch
merendar	to have tea / to have… for tea
cenar	to have dinner / to have… for dinner
tomar	to have (food / drink)
Desayuno…	I have breakfast…
temprano / tarde	early / late
a las ocho (y media)	at (half past) eight
a las nueve (menos / y cuarto)	at (quarter to / past) nine
Desayuno / Como…	For breakfast / lunch I have…
Meriendo / Ceno…	For tea / dinner I have…
algo dulce / rápido	something sweet / quick
un huevo	an egg
un yogur	a yogurt
un pastel	a cake
un bocadillo	a sandwich
una hamburguesa	a hamburger
(el) bistec	steak
(el) café / (el) té	coffee / tea
(el) chorizo	spicy chorizo sausage
(el) marisco	seafood
(el) pescado	fish
(el) pollo	chicken
(el) zumo de naranja	orange juice
(la) carne	meat
(la) ensalada	salad
(la) fruta	fruit
(la) leche	milk
(la) sopa	soup
(la) tortilla	omelette
(los) cereales	cereals
(los) churros	fried doughnut sticks
(las) galletas	biscuits
(las) patatas fritas	chips
(las) tostadas	toast
(las) verduras	vegetables
Soy alérgico/a a…	I'm allergic to…
Soy vegetariano/a.	I'm a vegetarian.
Soy goloso/a.	I have a sweet tooth.
(No) tengo hambre.	I'm (not) hungry.
Es / Son…	It is / They are…
picante(s) / rápido/a(s)	spicy / quick
rico/a(s) / sanos/as(s)	tasty / healthy

Las expresiones de cantidad	**Expressions of quantity**
cien gramos de…	100 grammes of…
quinientos gramos de…	500 grammes of…
un kilo (y medio) de…	a kilo (and a half) of…
un litro de…	a litre of…
un paquete de…	a packet of…
una barra de…	a loaf of…
una botella de…	a bottle of…
una caja de…	a box of…
una docena de…	a dozen…
una lata de…	a tin / can of…

Mi plato favorito	**My favourite dish**
Me gustaría probar…	I would like to try…
Es un tipo de comida / bebida / postre.	It's a type of food / drink / dessert.
Es un plato caliente / frío.	It's a hot / cold dish.
Es un plato típico de…	It's a typical dish from…
Contiene(n)…	It contains / They contain…
(el) aceite de oliva	olive oil
(el) agua	water
(el) ajo	garlic
(el) arroz	rice
(el) azúcar	sugar
(el) pan	bread
(el) queso	cheese
(la) cerveza	beer
(la) carne de cerdo / cordero / ternera	pork / lamb / beef
(la) coliflor	cauliflower
(la) harina	flour
(la) mantequilla	butter
(la) pasta	pasta
(los) guisantes	peas
(los) pepinos	cucumbers
(los) pimientos	peppers
(los) plátanos	bananas
(los) refrescos	fizzy drinks
(los) tomates	tomatoes
(las) cebollas	onions
(las) judías (verdes)	(green) beans
(las) manzanas	apples
(las) naranjas	oranges
(las) salchichas	sausages
(las) zanahorias	carrots

Mi rutina diaria	**My daily routine**
me despierto	I wake up
me levanto	I get up
me ducho	I have a shower
me afeito	I have a shave
me visto	I get dressed
me lavo los dientes	I clean my teeth
me acuesto	I go to bed
salgo de casa	I leave home
vuelvo a casa	I return home
si tengo tiempo	if I have time
enseguida	straight away
el comedor	the dining room
el cuarto de baño	the bathroom
el salón	the living room
la cocina	the kitchen
mi dormitorio	my bedroom

Módulo 6

¿Qué le pasa?	What's the matter?	la garganta / la mano	throat / hand
No me encuentro bien.	I don't feel well.	la nariz / la pierna	nose / leg
Estoy enfermo/a / cansado/a.	I am ill / tired.	los dientes / las muelas	teeth
Tengo calor / frío.	I am hot / cold.	los oídos / las orejas	ears
Tengo un resfriado.	I have a cold.	los ojos	eyes
Tengo dolor de garganta.	I have a sore throat.	¿Desde hace cuánto tiempo?	How long for?
Tengo fiebre.	I have a fever / temperature.	Desde hace…	For…
Tengo mucho sueño.	I am very sleepy.	un día / un mes	a day / a month
Tengo tos.	I have a cough.	una hora / una semana	an hour / a week
Tengo una insolación.	I have sunstroke.	quince días	a fortnight
Me duele(n)…	My… hurt(s).	más de…	more than…
Me he cortado…	I've cut my…	Tiene(s) que / Hay que…	You have to…
Me he quemado…	I've burnt my…	beber mucha agua	drink lots of water
Me he roto…	I've broken my…	descansar	rest
el brazo / el estómago	arm / stomach	ir al hospital / médico / dentista	go to the hospital / doctor / dentist
el pie / la boca	foot / mouth	tomar aspirinas	take aspirins
la cabeza / la espalda	head / back	tomar este jarabe / estas pastillas	take this syrup / these tablets

Las fiestas	Festivals	Llevamos / Llevan un disfraz.	We / They wear a costume.
Celebramos / Celebran la fiesta de…	We / They celebrate the festival of…	Participamos / Participan en…	We / They participate in…
Comemos / Comen…	We / They eat…	Quemamos / Queman las figuras.	We / They burn the figures.
Corremos / Corren…	We / They run…	Vamos / Van a…	We / They go to…
Decoramos / Decoran las tumbas.	We / They decorate the graves.	Vemos / Ven los desfiles / los fuegos artificiales.	We / They watch the processions / the fireworks.
Hacemos / Hacen hogueras.	We / They make bonfires.	Es una fiesta para niños / familias / todos.	It's a festival for children / families / everyone.
Lanzamos / Lanzan huevos.	We / They throw eggs.		

Un día especial	A special day	Recibí regalos y tarjetas.	I received gifts and cards.
Ayer fue…	Yesterday was…	Visité a amigos.	I visited friends.
(el) Domingo de Pascua	Easter Sunday	Me bañé / Me vestí.	I had a bath / I got dressed.
(la) Nochebuena	Christmas Eve	Me desperté temprano.	I woke up early.
(la) Nochevieja	New Year's Eve	Cantamos villancicos.	We sang carols.
Comí doce uvas.	I ate twelve grapes.	Cenamos bacalao / pavo.	We had cod / turkey for dinner.
Desayuné / Recé.	I had breakfast / I prayed.	Hicimos una cena especial.	We had a special (evening) meal.
Fui a la iglesia / a la mezquita.	I went to church / to the mosque.	Nos acostamos muy tarde.	We went to bed very late.

¿Qué va a tomar?	What are you going to have?	La especialidad de la casa.	The house speciality.
Quiero reservar una mesa.	I want to book a table.	Está buenísimo/a / riquísimo/a.	It's extremely good / tasty.
De primer / segundo plato…	For starter / main course…	¡Que aproveche!	Enjoy your meal!
De postre…	For dessert…	¿Algo más?	Anything else?
voy a tomar…	I'm going to have…	Nada más, gracias.	Nothing else, thank you.
(el) filete de cerdo	pork fillet	¿Me trae la cuenta, por favor?	Can you bring me the bill, please?
(el) flan	crème caramel	Me hace falta un cuchillo / un tenedor / una cuchara.	I need a knife / a fork / a spoon.
(el) jamón serrano	Serrano ham	No hay aceite / sal / vinagre.	There's no oil / salt / vinegar.
(el) melocotón	peach	El plato / vaso… está sucio / roto.	The plate / glass… is dirty / broken
(la) piña	pineapple	El vino está malo.	The wine is bad/off.
(la) tortilla de champiñones	mushroom omelette	La carne está fría.	The meat is cold.
(los) calamares	squid	El ambiente era alegre.	The atmosphere was cheerful / happy.
(las) albóndigas	meatballs	El camarero / La camarera era amable.	The waiter / waitress was nice / kind.
(las) chuletas de cordero	lamb chops	El servicio era lento.	The service was slow.
(las) croquetas de atún	tuna croquettes	Todo estaba muy limpio.	Everything was very clean.
(las) fresas	strawberries		
(las) gambas al ajillo	garlic prawns		
¿Qué me recomienda?	What do you recommend?		
El menú del día	The set menu		

Un festival de música	A music festival	precioso/a(s)	beautiful
Admiro…	I admire…	repetitivo/a(s)	repetitive
No aguanto / soporto…	I can't stand…	original(es)	original
su comportamiento	his/her behaviour	Acabo de (pasar cuatro días)	I have just (spent four days)
su forma de vestir	his/her way of dressing	Vi / Comí / Bebí / Canté / Bailé	I saw / ate / drank / sang / danced
su talento	his/her talent	Antes de… / Después de…	Before… / After…
Su música / voz es…	His/her music / voice is…	Fue una experiencia inolvidable.	It was an unforgettable experience.
Sus canciones / letras son…	His/her songs / lyrics are…	La próxima vez voy a…	Next time I'm going to…
imaginativo/a(s)	imaginative		

7 ¡A currar!
Punto de partida

- Talking about different jobs
- Discussing job preferences

1 Escucha y escribe el trabajo correcto. (1–6)
Ejemplo: **1** *camarera*

- peluquero/a
- camarero/a
- veterinario/a
- jardinero/a
- profesor(a)
- dependiente/a

Trabajo en	un hotel / un instituto / un taller / un restaurante / una oficina / una peluquería / una tienda
Ayudo a los	pasajeros / clientes
cuido	los jardines / a los pacientes / a los animales
enseño a los niños	hago entrevistas
preparo platos distintos	vendo ropa
sirvo comida y bebida	reparo coches
corto el pelo a los clientes	
Es	aburrido / interesante / fácil / difícil importante / repetitivo / variado

2 Escucha otra vez. ¿Le gusta el trabajo? ¿Por qué (no)? (1–6)
Ejemplo: **1** ✗ – *repetitivo*

> ⭐ When saying what job someone does, you don't use the indefinite article ('a').
> *Soy periodista.*   I am **a** journalist.
> *Mi padre es cocinero.*   My dad is **a** chef.

G *Masculine and feminine nouns*   ▸ *Page 208*

Some nouns have different masculine and feminine forms.

camarer**o** → camarer**a**
diseñad**or** → diseñad**ora**

Those ending in **–e** or **–ista** don't usually change.

cantant**e** → cantant**e**
recepcion**ista** → recepcion**ista**

3 Escribe tres frases para cada persona. Inventa los otros detalles.
Ejemplo: **1** *Soy cocinera y trabajo en un restaurante francés. Todos los días preparo… Me gusta mi trabajo porque es…*

¿En qué trabajas?

1. Soy cocinera.
2. Soy azafata. 
3. Soy periodista. 
4. Soy recepcionista. 
5. Soy mecánico. 

a bordo de un avión   on board a plane

4 Escucha y lee. ¿En qué trabajan? Escribe el trabajo correcto.

1 Trabajo para una revista de moda, pero no escribo artículos. Siempre llevo mi cámara.
Soy **modelo / fotógrafo**.

2 Trabajo en un hotel donde reparo el aire acondicionado cuando no funciona.
Soy **electricista / cocinero**.

3 Trabajo en un crucero enorme. No sirvo comida ni cocino. Cada noche canto en un espectáculo.
Soy **bailarina / cantante**.

4 No soy ni médica ni veterinaria, pero trabajo en una clínica. Ayudo a mis pacientes a cuidar los dientes.
Soy **enfermera / dentista**.

el crucero   cruise ship

ciento treinta y dos

Módulo 7

5 Con tu compañero/a, juega a '¿Cuál es mi profesión?'.

- Trabajo en un hotel.
- No, no soy jardinero. Sirvo comida.
- Sí, soy…

■ ¿Eres jardinero?
■ ¿Eres camarero?

6 Mira las <u>cuatro</u> listas. Escribe la letra correcta (A–D) para cada lista.

1
bombero/a
policía
soldado

2
electricista
fontanero/a
ingeniero/a

3
dentista
enfermero/a
médico/a

4
diseñador(a)
músico/a
pintor(a)

A Seguridad **B** Actividades artísticas **C** Construcción / Ingeniería **D** Medicina / Sanidad

7 Escucha. ¿Qué trabajos les gustaría hacer? ¿Por qué? (1–5)
Ejemplo: **1** c – brave

¿Qué te gustaría hacer?   Me gustaría ser…

(No) Soy	comprensiv**o**/**a** creativ**o**/**a** fuerte inteligente paciente práctic**o**/**a** trabajador(**a**) valiente	Es un trabajo	artístico manual variado con un buen sueldo con mucha responsabilidad para personas sociables

8 Con tu compañero/a, haz <u>cuatro</u> diálogos. Inventa los detalles.

- ¿Qué tipo de persona eres?
■ Creo que soy…, pero no soy…
- ¿Qué trabajo te gustaría hacer?
■ Me gustaría ser… porque es un trabajo…

> I am… Soy…
> I'd like to be… Me gustaría ser…
> If you aren't sure, use *no sé* (I don't know) or *tal vez* (perhaps).

9 Traduce las frases al **español**.

1 I am a receptionist and I work in a clinic.
2 I love my job because it's quite varied.
3 I serve food and drink in a hotel.
4 My sister is a designer. She works in an office.
5 I am patient and understanding and so I'd like to be a nurse.

ciento treinta y tres **133**

1 ¿Qué haces para ganar dinero?

- Talking about how you earn money
- Using verbs followed by the infinitive
- Words with more than one meaning

1 Escuchar
Escucha. Indica el trabajo y apunta los detalles en inglés. (1–5)
Ejemplo: 1 b – once a week, €4 per hour

¿Tienes un trabajo a tiempo parcial?

Sí, tengo un trabajo.

No, no tengo trabajo, pero ayudo en casa.

a – Reparto periódicos.
b – Hago de canguro.
c – Trabajo de cajero.
d – Cocino y lavo los platos.
e – Paso la aspiradora.
f – Pongo y quito la mesa.
g – Plancho la ropa.

¿Cuándo lo haces? / ¿Cuándo trabajas?	
Lo hago / Trabajo	los (sábados)
	todos los días
	los fines de semana
	antes / después del insti
	cuando necesito dinero
	una vez / dos veces a la semana
¿Cuánto ganas?	
Gano…euros / libras (a la hora / a la semana)	
¡No gano nada!	

los vecinos neighbours

2 Leer
Lee los textos. Busca las expresiones en español.

Soy estudiante, pero también trabajo de socorrista en un parque acuático, donde tengo que vigilar a los niños. Lo hago desde hace seis meses y me encanta porque me gusta mi jefe y mis compañeros son amables. No ayudo mucho en casa, pero pongo los platos en el lavaplatos. **Carla**

Trabajo en un supermercado desde hace un año. Suelo trabajar dos veces a la semana, pero el horario es flexible. Mi trabajo es un poco monótono, aunque gano siete euros a la hora. También ayudo con las tareas en casa. Tengo que arreglar mi habitación, pero nunca paseo al perro. **Luis**

1. I have to supervise the children
2. I've been doing it for six months
3. I like my boss
4. my colleagues are nice
5. I tend to work twice a week
6. I help with the housework
7. I have to tidy my room
8. I never walk the dog

G Verbs followed by the infinitive

Remember, you use **suelo** + **infinitive** to talk about what you *tend to* do.

Suelo trabajar los lunes.   **I tend to work** on Mondays.

You use **tengo que** + **infinitive** to say what you *have to* do.

Tengo que lavar los platos.   **I have to wash** the dishes.

ciento treinta y cuatro

Módulo 7

3 **hablar** Con tu compañero/a, habla de tu trabajo a tiempo parcial (o inventa un trabajo).

- ● ¿Tienes un trabajo a tiempo parcial?
- ■ Sí, reparto periódicos.
- ● ¿Cuándo trabajas?
- ■ Trabajo…
- ● ¿Cuánto ganas?
- ■ Gano… a la…
- ● ¿Qué haces para ayudar en casa?
- ■ Todos los días cocino, pero nunca…

> Some words have more than one meaning. Look at the context and decide whether the word is a noun, verb, etc. For example:
> **Trabajo** en una tienda.   **I work** in a shop.
> Es **un trabajo** genial.   It's **a** great **job**.
> Trabaja en **la cocina**.   He/She works in **the kitchen**.
> **Cocina** en casa.   **He/She cooks** at home.

4 **escuchar** Escucha a Guillermo y escribe la letra correcta. (1–5)

1. Guillermo **a** cocina / **b** lava los platos / **c** sirve en un restaurante.
2. Trabaja **a** dos / **b** tres / **c** cuatro veces a la semana.
3. No le gusta **a** el sueldo / **b** el horario / **c** su jefe.
4. En casa **a** pone la mesa / **b** quita la mesa / **c** cocina.
5. Nunca **a** pasa la aspiradora / **b** plancha la ropa / **c** lava el coche.

Guillermo

5 **escribir** Escribe un texto sobre lo que haces en tu trabajo y en casa.

Give details of:
- your part-time job (or invent one!)
  - what you do / when
  - how much you earn
  - your opinion of it
- how you help out at home
  - what you do / how often
  - what you never do

> Use phrases from exercises 1 and 2 to help you.
> Remember to make adjectives agree:
> Me gusta **mi trabajo** porque **es** variad**o**.
> **Mi jefe es** pacient**e** y **mis compañeros son** sociabl**es**.
> Try to include suelo and tengo que + infinitive.

6 **leer** Lee el texto. Copia y completa las frases.

Buscar empleo para jóvenes de 16 años

¿Te gustaría ganar dinero en tu tiempo libre? Los trabajos típicos para los adolescentes incluyen:
- Trabajar en un restaurante de comida rápida
- Ser dependiente en una tienda
- Repartir periódicos

Si tienes 16 años también existe la posibilidad de:
- Cuidar a niños (es mejor hacer un curso de primeros auxilios)
- Arreglar jardines
- Lavar los coches de los vecinos
- Enseñar a personas mayores cómo usar el ordenador

Si tienes 14 o 15 años, solo puedes trabajar tres horas al día y un máximo de 18 horas a la semana.

1. The article asks if you would like to ———.
2. Jobs include working in a ——— restaurant.
3. Do a first aid course if you want to ———.
4. You could ——— for your neighbours.
5. You could teach older people to ———.
6. 14–15 year olds can only work ———.

ciento treinta y cinco **135**

2 Mis prácticas laborales

- Talking about work experience
- Using the preterite and imperfect together
- Extending your answers when speaking

1 Lee los textos y escribe la letra correcta para cada persona. Sobra un dibujo.

Mandé correos electrónicos, escribí cartas y contesté el teléfono. **Noemí**

Atendí a los clientes, arreglé los estantes y vendí ropa de segunda mano. **Lucía**

Pinté y leí libros con los niños. También ayudé en las clases de educación física. **Iván**

Hice reservas para excursiones y hoteles. También arreglé los folletos. **Jorge**

Trabajé en el gimnasio y di clases de natación en la piscina. **Borja**

los estantes — shelves

Hice mis prácticas laborales en…

- a una agencia de viajes
- b un polideportivo
- c una escuela
- d la empresa de mi madre
- e una fábrica
- f una tienda benéfica

2 Escucha y comprueba tus respuestas. Luego escribe P (positivo), N (negativo) o P+N (positivo y negativo).

Me encantó / Me gustó (mucho)	No me gustó (nada)
Aprendí mucho	No aprendí nada
Fue divertido / interesante / útil una experiencia positiva	Fue aburrido / duro / repetitivo una pérdida de tiempo

3 Con tu compañero/a, haz <u>dos</u> diálogos.
- ● ¿Cuándo hiciste tus prácticas?
- ■ *Hice mis prácticas en <u>mayo</u>.*
- ● ¿Dónde trabajaste?
- ■ *Trabajé en…*
- ● ¿Qué hiciste?
- ■ *…y también…*
- ● ¿Te gustó?
- ■ *Sí, me gustó (mucho) porque… / No, no me gustó (nada) porque…*

a November — a hotel — useful + learned a lot

b June — a supermarket — hard + waste of time

⭐ Use your imagination to extend your answers.
- Give extra details about where you worked: *Trabajé en un banco <u>en el centro de la ciudad</u>.*
- Use time phrases to say what you did: *El primer día… La segunda semana…*
- Give both positive and negative opinions: *Por un lado, me gustó porque…, pero por otro lado, …*

Módulo 7

4 Lee los textos y traduce las frases en **negrita** al inglés.

¿Vale la pena hacer prácticas laborales?

Carolina
Hice mis prácticas en una emisora de radio. La primera semana trabajé en el departamento de marketing, **donde saqué fotocopias** y **archivé documentos**. Luego, la segunda semana trabajé con el equipo de producción. ¡Qué emocionante! Fue una experiencia educativa y aprendí muchísimas cosas. Por desgracia, **lo malo fue que mi jefa era muy severa**.

Eduardo
En mayo **pasé quince días trabajando en una granja**. No me gustó nada, dado que **hice todos los trabajos sucios**: ordeñé las vacas, di de comer a los cerdos… **¡Qué asco!** Además, mis compañeros eran desagradables. Fue una pérdida de tiempo y solo aprendí una cosa útil – **¡no me gustaría ser granjero!**

(no) vale la pena	*it's (not) worth it*
ordeñar las vacas	*to milk the cows*
(des)agradable	*(un)pleasant*

5 Lee los textos otra vez. Escribe C (Carolina), E (Eduardo), o C+E (Carolina y Eduardo).

1 No vale la pena hacer prácticas.
2 Aprendí mucho.
3 Pasé dos semanas allí.
4 Hice trabajos administrativos.
5 No me gustó la gente.
6 Trabajé al aire libre.

G Using the preterite and the imperfect tense ▶ Pages 202, 216

Use the **preterite** for completed actions and opinions in the past.

Aprendí mucho. — **I learned** a lot.
Me gustó porque *fue* divertido. — **I liked** it because **it was** fun.

Use the **imperfect** to describe what something was like.

La granja era enorme. — The farm **was** enormous.
Los clientes eran agradables. — The customers **were** pleasant.

6 Escucha y apunta los detalles. (1–3)

Ejemplo: **1**
a When: two months ago
b Where: garage
c Tasks: washed…
d Place: quite…
e People: boss was…

El banco / La tienda La empresa / La fábrica	era	moderno/a antiguo/a grande pequeño/a
Mi jefe/a	era	alegre(s)
Mis compañeros Los clientes	eran	severo/a(s) (des)agradable(s) (mal)educado/a(s)

7 Escribe un texto sobre tus prácticas laborales, reales o inventadas.

Use the **preterite** to give details about:
- When / Where you worked
- What you did
- How much you learned
- Your opinion

Use the **imperfect** to give details about:
- The place
- The people

El año pasado, en julio, hice mis prácticas laborales. Trabajé en…

3 ¿Por qué aprender idiomas?

- Talking about languages and travel
- Using lo + adjective
- Using the 24-hour clock

1 Escucha. ¿Quién habla? (1–4)
Para cada persona escribe en inglés:
a el nombre   b el trabajo

Arleta
Gorka
Sami
Nuria

¿Qué idiomas hablas?

Domino el…	alemán
Hablo…	español
(un poco de)…	francés
	inglés
	italiano
	mandarín
	polaco
	urdu
Estudio…desde hace (dos años).	

⭐ Before listening, decide which words you need to listen out for to identify who is speaking. For example, how useful is it to listen out for *español*?

2 Escucha y lee. Copia y completa la tabla.

	his/her language skills	says languages let you…
Edurne	Fluent in… Been studying…for…	travel to…

G Lo + adjective
Lo + *adjective* means **the**… **thing**.
- **Lo** bueno / malo — **The** good / bad **thing**
- **Lo** mejor / peor — **The** best / worst **thing**
- **Lo** más importante — **The** most important **thing**

Aprender un idioma te permite…

Edurne
Soy periodista y los idiomas son muy importantes en mi trabajo. Domino el inglés y estudio árabe desde hace cuatro años. En mi opinión, lo bueno de hablar otros idiomas es que te permite **viajar a otros países** y **hacer nuevos amigos**. Sin embargo, lo más importante es que te permite **descubrir nuevas culturas**. ¡Me encanta!

Tomás
Hablar otro idioma te permite **encontrar un buen trabajo**. Soy guía turístico y tengo que hablar con clientes de muchos países diferentes. Domino el francés y el inglés, y también hablo un poco de ruso y alemán. ¡Menos mal! Para mí, lo mejor de aprender otros idiomas es que te permite **trabajar o estudiar en el extranjero**.

descubrir	to discover
encontrar	to find
¡Menos mal!	Just as well!

3 Con tu compañero/a, haz diálogos.

- ¿Qué idiomas hablas?
- Domino… y estudio… desde hace… También hablo…
- ¿Por qué es importante aprender idiomas?
- Lo bueno es que te permite… y…

⭐ Remember to use **desde hace** with the present tense to say **how long** you have been doing something.

ciento treinta y ocho

Módulo 7

4 Lee la página web y escribe el nombre correcto.

Los idiomas: La llave del mundo

💬 Estudio alemán desde hace tres años. En agosto voy a visitar Austria. Voy a ir en tren, ya que puedes ver películas en tu tableta mientras viajas. Lo mejor es que puedes dejar tu maleta en la consigna. **Óscar**

💬 En febrero voy a visitar Brasil. ¡Lo bueno es que domino el portugués! Voy a viajar en avión y luego en autocar, dado que es rápido y cómodo (hay poco tráfico en las autopistas). **Conchita**

💬 No hablo inglés, pero voy a visitar Australia. El vuelo va a ser bastante largo. ¡Qué aburrido! Voy a hacer turismo en autobús porque es barato, aunque lo peor es esperar en la parada de autobús. **Lourdes**

mientras — whilst

1 I don't like waiting at bus stops.
2 I can do other things on the journey.
3 I'm not looking forward to the flight.
4 The motorways are congestion-free.
5 You can store your suitcase.
6 Speed and comfort are important to me.

5 Escucha y mira la información. Escribe el destino correcto. (1–5)

Ejemplo: **1** *Málaga*

Destino	Salida	Llegada	Vía	Observaciones
Gijón	09:39	15:32	5	Retraso – 12 min
Málaga	09:41	12:47	8	
Zaragoza	09:46	11:25	11	Cancelado
A Coruña	09:53	15:20	4	Tren AVE
Toledo	09:58	10:29	7	Tren AVANT

⭐ Train stations and airports often use the 24-hour clock. When listening to announcements be prepared to spot the hour (0–23) followed by the minutes (up to 59).

las catorce	14:00
las quince cero dos	15:02
las dieciséis cuarenta y siete	16:47

6 Escucha y escribe las palabras correctas. (1–2)

En la taquilla
- *Buenos días. ¿Qué desea?*
- *Quisiera* **a** *dos / tres / cuatro billetes de* **b** *ida / ida y vuelta a Bilbao, por favor.*
- *¿A qué hora?*
- *A las* **c** *12:28 / 14:30 / 15:10. ¿De qué andén sale?*
- *Sale del andén* **d** *uno / nueve / quince.*
- *¿Y a qué hora llega?*
- *Llega a las* **e** *16:20 / 17:38 / 18:15.*
- *¿Es directo o hay que cambiar?*
- **f** *Es directo / Hay que cambiar.*

el tren con destino a	the train to
sale de la vía / del andén (dos)	leaves from platform (two)
un billete de ida	a single ticket
un billete de ida y vuelta	a return ticket

7 Con tu compañero/a, haz diálogos. Usa la información del ejercicio 6 e inventa los otros detalles.

ciento treinta y nueve **139**

4 Solicitando un trabajo

- Applying for a summer job
- Revising the perfect tense
- Writing a formal letter

1 Lee los anuncios. ¿Qué trabajo recomiendas para cada persona? Escribe la letra correcta.

A Animadores
¿Quieres pasar el verano en Menorca? ¿Eres un(a) fanático/a del deporte? Buscamos animadores con buen nivel de inglés y español para campamento de verano. Precioso entorno rural. No hace falta experiencia.

B Au pair
Estamos buscando a un(a) joven británico/a cariñoso/a para compartir nuestra casa en Ibiza y cuidar a nuestros dos hijos. Requisitos esenciales: experiencia previa y flexibilidad horaria.

C Varios puestos
¿Quieres trabajar en un parque de atracciones en Mallorca? Necesitamos operarios de atracciones, camareros, ayudantes de cocina y dependientes. Experiencia deseable.

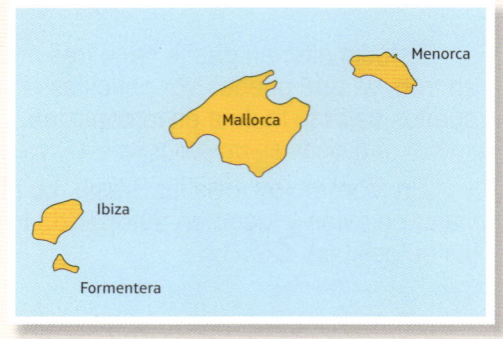

Zona Cultura

Destino: ISLAS BALEARES
Ubicación: Mar Mediterráneo, a 100 km de la costa valenciana.
Población: 1,1 millones (¡y más de 13 millones de turistas cada año!)
Famosas por: Sus playas, su paisaje hermoso y su vida nocturna.

el/la animador(a) activities organiser
cariñoso/a affectionate

1 Quiero trabajar en una tienda de regalos.
2 Hago de canguro dos veces a la semana.
3 Tengo buenas habilidades lingüísticas.
4 Quiero un trabajo con alojamiento.
5 He hecho prácticas laborales en un restaurante.
6 Me encanta estar en el campo.

2 Escucha a Rafa. Copia y completa la tabla en inglés.

advert	likes	dislikes
A	working outdoors	

3 Escucha y escribe la letra correcta. Sobra una frase. (1–4)

¿Qué experiencia tienes?

a He hecho prácticas en una oficina.
b He trabajado en equipo.
c He estudiado dos idiomas diferentes.
d He servido comida y bebida.
e He ayudado en una escuela.

G The perfect tense ▶ Page 207

Remember, to talk about what you <u>have done</u> you use the **perfect tense**.
To form it, use the present tense of **haber** + **past participle**
(**-ar** verbs ➔ **–ado**, **-er** / **-ir** verbs ➔ **–ido**).
  He trab**ado** en una tienda.   I have worked in a shop.
Some past participles are irregular.
  hacer ➔ hecho   ver ➔ visto
  escribir ➔ escrito   poner ➔ puesto

140 ciento cuarenta

Módulo 7

4 Lee la carta de presentación y escribe el verbo correcto en el perfecto.

Ejemplo: **1** *He visto*

> Muy señor mío:
>
> **1** (ver) su anuncio publicado en Internet y le escribo para solicitar el puesto de animador.
>
> No **2** (trabajar) en un campamento de verano antes, pero **3** (hacer) prácticas en un polideportivo. Además, **4** (cuidar) a los niños de mis vecinos. Soy responsable y trabajador y hago muchos deportes.
>
> Le adjunto mi currículum vitae. Domino el inglés y también **5** (estudiar) español.
>
> Le agradezco su amable atención y quedo a la espera de su respuesta.
>
> Atentamente,
>
> Daniel Fox

| **su anuncio** | your advert |
| **solicitar el puesto de** | to apply for the post of |

⭐ Just like in English, you have to follow special conventions when writing a formal letter. Can you spot these phrases in Spanish?
- Dear Sir
- I'm enclosing my CV
- Thank you for your kind attention
- Yours sincerely

Remember to use the **usted** (formal singular) form of the verb.

5 Escribe una carta de presentación para uno de los puestos del ejercicio 1. Usa el ejercicio 4 como modelo.

Mention:
- where you have seen the advert
- which job you are applying for
- your previous experience
- your personal qualities and interests
- your language skills

6 Lee la entrevista. Empareja las preguntas con las respuestas.

1. ¿Por qué quiere ser (ayudante de cocina)?
2. ¿Qué asignaturas ha estudiado?
3. ¿Qué experiencia laboral tiene?
4. ¿Ha trabajado en equipo antes?
5. ¿Qué tipo de persona es usted?

a He estudiado inglés, matemáticas, informática, etc.

b Soy ambicioso, amable y sincero. También tengo buen sentido del humor.

c Sí, he hecho una expedición en grupo para participar en el 'Duke of Edinburgh Award'.

d Me interesa este trabajo porque me encanta cocinar. Me gustaría ser cocinero.

e He hecho prácticas laborales en una carnicería y trabajo en una cafetería los sábados.

7 Escucha y comprueba tus respuestas.

8 Con tu compañero/a, haz una entrevista para un trabajo de verano. Usa las preguntas del ejercicio 6.

- ¿Por qué quiere ser <u>camarero/a</u>?
- ■ *Me interesa este trabajo porque me encanta <u>trabajar con los clientes</u>.*
- …

ciento cuarenta y uno

5 El futuro

- *Discussing plans for the future*
- *Using different ways to express future plans*
- *Using 'if' clauses*

1 Escucha y escribe las dos letras correctas. (1–3)

¿Qué planes tienes para el futuro?

a Quiero buscar un trabajo.
b Espero aprobar mis exámenes. 
c Voy a casarme.  
d Quiero trabajar como voluntario/a. 
e Voy a aprender a conducir. 
f Me gustaría tener hijos. 

aprobar — to pass

G Talking about future plans › Page 204

You can express future plans with a variety of verbs followed by the **infinitive**:

quiero	I want to
espero	I hope to
voy a	I am going to
me gustaría	I would like to

Espero **casarme**. I hope **to get married**.

2 Escucha otra vez. Apunta en inglés las dos o tres razones que mencionan. (1–3)

Ejemplo: **1** Marriage is…, …

el paro — unemployment

3 Con tu compañero/a, haz diálogos.

- ¿Qué planes tienes para el futuro?
- Primero quiero… porque… Luego voy a…
- ¿Y más tarde?
- Más tarde me gustaría… porque…

Para mí …	es	esencial
el matrimonio		importante
el paro		preocupante
la familia		algo especial
la independencia		un gran problema
sacar buenas notas		
me gusta(n)		ayudar a otras personas
me encanta(n)		los niños

4 Lee los textos. Busca las expresiones en español.

El año próximo quiero ir a otro instituto donde haré un curso de formación profesional. Espero conseguir un título en cocina y gastronomía. Después, si tengo suerte, encontraré un empleo como cocinero. Si tengo dinero, me compraré un coche. **Nico**

El año que viene voy a seguir estudiando en mi insti, donde haré el bachillerato. Luego, si tengo éxito en mis exámenes, iré a la universidad y compartiré piso con mis amigos. Más tarde, si me caso, tendré hijos. **Antonia**

1 I will do a vocational course
2 I hope to get a qualification in
3 if I'm lucky, I'll find a job as
4 where I will do A Levels
5 if I'm successful in my exams
6 I'll share a flat with my friends

⭐ Another way of referring to future plans is to use the **future tense**:
Compraré un coche. **I will buy** a car.
Haré un curso de… **I will do** a course in…
Look back at page 94 to remind yourself how to form the future tense.
You can use **'if' clauses** to describe future plans which depend on something else.
Si + present, + future
Si me caso, **tendré** hijos. If I get married, I'll have children.

ciento cuarenta y dos

Módulo 7

5 Escucha. Copia y completa la tabla. (1–5)

	if…	I will…
1	I'm successful in…	go to…

Si…	
saco buenas notas	encontraré un trabajo como…
tengo dinero	compartiré piso con…
tengo éxito	compraré un coche
tengo suerte	haré el bachillerato
trabajo mucho	iré a la universidad
me caso	me tomaré un año sabático
	seré rico/a y famoso/a
	tendré hijos

6 Con tu compañero/a, habla de los planes para el futuro. Luego habla de tus propios planes.

- ¿Qué planes tienes para el futuro?
- Si tengo dinero, …
- Si …, …

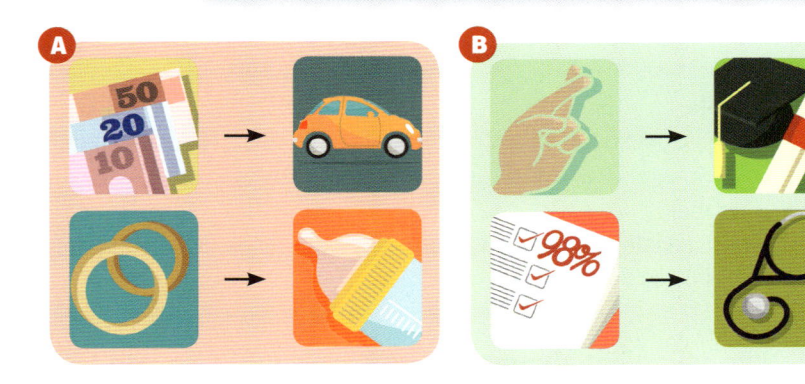

A **B**

7 Escucha e identifica las <u>tres</u> frases correctas.

Si tengo dinero, me tomaré un año sabático.

a Viajaré por todo el mundo.
b Haré un viaje en Interrail por Europa.
c Pasaré un año en Latinoamérica.
d Ayudaré a construir un colegio.
e Mejoraré mi nivel de inglés.
f Trabajaré en un proyecto medioambiental.

Zona Cultura

Muchos jóvenes deciden tomarse un año sabático. Es una buena oportunidad para viajar, pero también para ayudar a otras personas. Destinos como la ciudad inca de Machu Picchu (Perú) son populares entre los 'mochileros'.

un mochilero en Perú

8 Lee el texto y luego tradúcelo al inglés.

Después de los exámenes, si tengo bastante dinero, me tomaré un año sabático. Me gustaría aprovechar el año para hacer algo útil. Tal vez trabajaré como voluntario en un proyecto medioambiental en Costa Rica. Luego viajaré por el mundo porque quiero descubrir otras culturas.

aprovechar — to make the most of

9 Escribe un texto sobre tus planes para el futuro.

Include details of:
- your plans for work / study
- personal ambitions (e.g. learning to drive)
- any plans for a gap year

Use:
- different verbs followed by the infinitive
- 'if' clauses with the future tense

El año próximo espero aprobar…
Si saco buenas notas… haré… Luego…
En el futuro, si tengo dinero, compraré…

ciento cuarenta y tres **143**

Módulo 7 — Leer y escuchar

1 Read what these young people have written about their opinion of different jobs.

> **Nacho**
> Creo que hablar por teléfono y escribir correos es muy aburrido. Soy una persona creativa y me gusta mucho preparar platos diferentes.
>
> **Timo**
> Me gustaría cortar el pelo a los clientes. No me interesa la idea de servir comida y bebida a los pasajeros a bordo de un avión.
>
> **Rafa**
> En mi opinión, reparar coches no es nada difícil. No quiero trabajar con gatos y perros enfermos porque soy alérgico.
>
> **Isabel**
> No me interesa nada enseñar a niños pequeños. ¡Qué aburrido! Prefiero la idea de escribir artículos para un periódico o una revista.

Who says what about the jobs they would / wouldn't like to do? Write either **Nacho**, **Timo**, **Rafa** or **Isabel**. You can use each person more than once.

- (a) ——— thinks that being a teacher is boring.
- (b) ——— doesn't want to be a vet.
- (c) ——— would like to be a hairdresser.
- (d) ——— thinks that being a mechanic is easy.
- (e) ——— wouldn't like to be a flight attendant.
- (f) ——— would like to be a chef.

2 Read this extract from a play in which two candidates are waiting for a job interview.

El Método Grönholm by Jordi Galcerán

> Enrique: ¿Has venido en coche?
> Fernando: Sí.
> Enrique: Yo también. Mucho tráfico, ¿no?
> Fernando: Como cada día.
> Enrique: Yo ya he hecho tres entrevistas. No sé qué más quieren saber de mí. Y tú, ¿cuántas llevas?
> Fernando: Tres.
> Enrique: Vengo de una empresa pequeña, y no he trabajado nunca en una multinacional. ¿Y tú?
> Fernando: Yo he trabajado en muchos sitios.
> Enrique: Y las condiciones son increíbles. El sueldo es… Bueno, no sé qué ganas tú, pero yo ganaría casi el doble…

Answer the following questions **in English**. You do not need to write in full sentences.

- (a) How did Enrique travel to the interview?
- (b) How many interviews has Enrique already had?
- (c) Where does Enrique work at the moment?
- (d) Why do you think Enrique wants this job?

> ⭐ In this sort of task, the questions always follow the order of the text. You may have to read several lines of the dialogue to work out the right answer (e.g. question a).

ciento cuarenta y cuatro

Módulo 7

3 **leer** Read the article about work experience below.

> El año pasado hice prácticas en un banco. Pasé tres meses en el departamento de marketing, y aunque no gané mucho dinero, me encantó la experiencia porque aprendí muchas cosas útiles.
>
> Acabo de empezar un nuevo trabajo, pero lo odio porque no me gusta mi jefa. El problema es que va a ser difícil encontrar otro trabajo con el salario fantástico que gano ahora. Sin embargo, lo bueno de donde trabajo es que hay buenas oportunidades para los que hablan idiomas extranjeros. Por eso, estoy haciendo un curso de alemán este año. **Samuel**

Answer the following questions in English.
- (a) Why did Samuel enjoy his work experience placement?
- (b) Why is he currently doing a course in German?
- (c) Summarise how Samuel's financial situation has changed.

> ⭐ When you are asked to summarise how something has changed (e.g. question c), the answer probably won't be given in a single part of the text. In this particular text you need to look for all references to money, salary, etc. and then draw your own conclusion.

1 **escuchar** You listen to part of a radio interview with a Spanish teenager called Julia. What does she mention? Listen and write the <u>three</u> correct letters.
- **A** her travel plans
- **B** her work colleagues
- **C** her boss
- **D** her working hours
- **E** her future studies
- **F** her language skills
- **G** her salary

2 **escuchar** Your Spanish friend, Álvaro, is talking about how he prefers to travel. Listen to the recording and answer the following questions **in English**.
- (a) Why does he not enjoy travelling to work by train?
- (b) What does he like about travelling by coach when on holiday?
- (c) Why does he prefer travelling by bike rather than by bus?

3 **escuchar** Una amiga española, Carmen, está hablando de su trabajo. ¿Qué dice? Escoge entre **ideal, aburrido, fácil o difícil**. Puedes usar las palabras más de una vez.
- (a) Su trabajo es _____.
- (b) El viaje a la oficina es _____.
- (c) El horario es _____.
- (d) Comer en el restaurante es _____.
- (e) Trabajar con su jefe es _____.

> ⭐ In this task you have to draw conclusions from what you hear and decide which adjective best fits each sentence. <u>Before</u> listening to the extract, make sure you are clear about what information you have to listen out for.

ciento cuarenta y cinco **145**

Módulo 7   Prueba oral

A – Role play

1 *leer*   Look at this role play card and prepare what you are going to say.

> **Topic: Travel and tourist transactions**
> **Instructions to candidates:**
> You are at a train station in Spain and want to buy a ticket. The teacher will play the role of the booking clerk and will speak first.
>
> You must address the booking clerk as *usted*.
>
> You will talk to the teacher using the five prompts below.
> - where you see – **?** – you must ask a question
> - where you see – **!** – you must respond to something you have not prepared
>
> **Task**
> *Usted está en una estación de trenes en España y quiere comprar un billete.*
> 1. Billete – destino
> 2. Billete – tipo
> 3. !
> 4. Viajar en tren – opinión
> 5. ? Andén

- How do you say 'I would like…'?
- You don't need to use a full sentence here. Just use the Spanish word for 'single' or 'return'.
- What might the booking clerk ask you here?
- Remember that you only need to give one detail (e.g. it's cheap, comfortable, etc.).
- Start with *¿De qué…?*

2 *escuchar*   Practise what you have prepared. Then, using your notes, listen and respond.

3 *escuchar*   Now listen to Bethany doing the role play task. **In English**, note down what she says for the first <u>four</u> bullets.

B – Picture-based task

Topic: Ambitions

Mira la foto y prepara las respuestas a los siguientes puntos:
- la descripción de la foto
- tu opinión sobre tomarse un año sabático
- un ejemplo de cuándo has ayudado a alguien
- tus estudios el próximo año
- tu opinión sobre estudiar en el extranjero

1 *escuchar*   Look at the photo and read the task. Then listen to Oliver's response to the first bullet point.

1. How does he describe the adult in the middle?
2. Write down the <u>two</u> verbs he uses in the present continuous.
3. What do you think *una pizarra* is?

ciento cuarenta y seis

Módulo 7

2 Listen to and read Oliver's response to the second bullet point.
1 Write down the missing word for each gap.
2 Look at the Answer Booster on page 148. Note down <u>five</u> examples of language which Oliver uses to give a strong answer.

> Para mí, tomarse un año sabático es **1** ———— ya que te permite viajar a otros países y descubrir culturas **2** ————. ¡Qué guay! Sin embargo, lo más **3** ———— es que te permite ayudar a otras personas. Por eso, si tengo **4** ————, en el futuro pasaré seis meses en Australia, donde trabajaré como **5** ———— en un proyecto medioambiental.

3 Listen to Oliver's response to the third bullet point. **In English**, note down <u>six</u> details that he gives.

4 Prepare your own answers to all <u>five</u> bullet points.
Then listen and take part in the full picture-based task with the teacher.

Oliver

C – General conversation

1 Listen to Mark introducing his chosen topic. Make notes **in English** about his job.

- Job
- When
- Opinion
- Tasks
- Pay

2 The teacher asks Mark *'¿Qué planes tienes para el futuro?'* Look at the Answer Booster on page 148. Note down <u>five</u> examples of language which Mark uses to give a strong answer.

| *estoy harto/a de* | I'm fed up with |

3 The teacher then asks Mark *'¿Qué opinas de ir a la universidad?'* Look at the following statements and decide if they are <u>for</u> or <u>against</u>. Then listen to Mark's answer and note down which ones he mentions.

- **a** Es una pérdida de tiempo.
- **b** Es muy caro.
- **c** Ganas más dinero en el futuro.
- **d** Aprendes a ser independiente.
- **e** Para muchos trabajos no es necesario.
- **f** Te permite hacer nuevos amigos.

4 Prepare your own answers to Module 7 questions 1–6 on page 189, then practise with your partner.

ciento cuarenta y siete **147**

Módulo 7   Prueba escrita

Answer booster	Aiming for a solid answer	Aiming higher	Aiming for the top
Verbs	**Different time frames:** past, present, near future	**Phrases to refer to future plans:** *espero, quiero, me gustaría* + infinitive **Desde hace:** *estudio… desde hace… años*	**A wide range of tenses:** present, preterite, imperfect, perfect, future **Verbs with an infinitive:** *necesito, suelo, acabo de*
Opinions and reasons	**Verbs of opinion:** *me gusta, me chifla, me encanta*	**Different opinion phrases with reasons:** *estoy harto/a de… porque…*	**Opinions:** *a mi modo de ver* **Lo + adjective:** *lo bueno / malo / mejor / peor / más importante* **Exclamations:** *¡Qué rica!*
Connectives	*y, pero, también*	*o, sin embargo, además, por ejemplo*	**Add more variety:** *ya que, por eso, sobre todo, tal vez*
Other features	**Qualifiers:** *muy, un poco, bastante, demasiado* **Sequencers:** *luego, después*	**Interesting vocab:** *según, un orfanato, cualidades, un proyecto medioambiental* **Expressions with tener:** *tengo éxito, tengo suerte*	**Complex sentences with donde:** *…donde limpié…* **Si + present + future:** *Si tengo bastante dinero, …* **Te permite + infinitive:** *te permite viajar…*

A – Short writing task

1 Look at the task. What information do you need to give for each bullet point?

> **Un curso de idiomas**
> Usted va a hacer un curso de español en Salamanca.
> Escriba usted un email al director con la siguiente información:
> - por qué quiere hacer este curso
> - qué idiomas habla
> - qué le gusta hacer en su tiempo libre
> - cómo va a viajar a Salamanca.
>
> Escriba aproximadamente 40–50 palabras **en español**.

2 Look at Adam's answer below. Put the paragraphs in the order of the bullet points.

Estimado señor:

A Estudio español desde hace cinco años. Domino el inglés y también hablo un poco de alemán.

B Voy a viajar en avión ya que es cómodo. Voy a llegar a las cinco de la tarde.

C Quiero hacer este curso porque aprender idiomas te permite hacer nuevos amigos y encontrar un buen trabajo.

D Me encanta leer, sobre todo los tebeos. En verano me chifla nadar.

Atentamente,
Adam

3 Look at the Answer Booster. Note down <u>five</u> examples of language which Adam uses to write a strong answer.

4 Now prepare your own answer to the question.
- Look at the Answer Booster and Adam's text for ideas.
- Write your answer and then check carefully what you have written.

> ⭐ You must cover all four bullet points, but remember that the **quality** of what you write is more important than the **quantity**. Vary your language, but above all, make sure your work is accurate.

Módulo 7

B – Extended writing task

1 Look at the task and answer these questions:
- What is each bullet point asking you to do?
- Which tense(s) will you need to use to answer each one?

> **Un trabajo de verano**
> Quieres pasar el verano trabajando en España.
> Escribe un anuncio para una página web.
> **Debes** incluir los siguientes puntos:
> - qué tipo de persona eres
> - por qué quieres trabajar en España
> - lo que hiciste en tus prácticas laborales
> - los planes que tienes para el futuro.
>
> Escribe aproximadamente 80–90 palabras **en español**.

2 Read Georgina's answer at the bottom of this page. What do the phrases in **bold** mean?

3 Look at the Answer Booster. Note down <u>six</u> examples of language which Georgina uses to write a strong answer.

4 Write a plan based on Georgina's answer.

First paragraph
– As a person I'm...
– I tend to...
– My friends...

5 Prepare your own answer to the task.
- Look at the Answer Booster and Georgina's text / plan for ideas.
- Write a detailed plan. Organise your answer in paragraphs.
- Write your answer and carefully check what you have written.

Tengo muchas cualidades. Soy trabajadora, sociable y muy activa. Por ejemplo, suelo jugar al baloncesto todos los días. Además, **según mis amigos**, tengo buen sentido del humor.

Quiero trabajar en España ya que **necesito mejorar mi nivel de español**. También, me encanta el paisaje español porque es muy variado. Finalmente, soy adicta a la tortilla española. ¡Qué rica!

Acabo de hacer prácticas en una escuela de equitación, donde **limpié los establos** y ayudé a los niños. **El olor era horrible**, pero mis compañeros eran graciosos.

En el futuro, si tengo bastante dinero, me tomaré un año sabático. **Tal vez ayudaré a construir un orfanato** en África. Después, iré a la universidad, **pero no sé dónde**.

Georgina Anson

⭐ If you haven't done any work experience or you don't know what you want to do in the future, use your imagination! The important thing is to show off your Spanish.

ciento cuarenta y nueve **149**

Módulo 7   Palabras

¿En qué trabajas?	What is your job?
Trabajo en…	I work in…
un hotel / un instituto	a hotel / a school
un taller / una oficina	a garage / an office
una tienda / una peluquería	a shop / a hair salon
Ayudo a los pasajeros / los clientes.	I help the passengers / the customers.
Corto el pelo a los clientes.	I cut customers' hair.
Cuido los jardines / a los pacientes.	I look after the gardens / the patients.
Enseño a los niños.	I teach (the) children.
Hago entrevistas.	I do interviews.
Preparo platos distintos.	I prepare different dishes.
Reparo coches.	I repair cars.
Sirvo comida y bebida.	I serve food and drink.
Vendo ropa.	I sell clothes.
Es aburrido / interesante / fácil / difícil / importante / repetitivo / variado.	It's boring / interesting / easy / difficult / important / repetitive / varied.
Soy… / Es…	I am… / He/She is…
Me gustaría ser…	I would like to be…
azafato/a	a flight attendant
bombero/a	a firefighter
camarero/a	a waiter/waitress
cantante	a singer
cocinero/a	a cook
dependiente/a	a shop assistant

diseñador(a)	a designer
electricista	an electrician
enfermero/a	a nurse
fontanero/a	a plumber
fotógrafo/a	a photographer
ingeniero/a	an engineer
jardinero/a	a gardener
mecánico/a	a mechanic
médico/a	a doctor
músico/a	a musician
peluquero/a	a hairdresser
periodista	a journalist
pintor(a)	a painter
policía	a police officer
profesor(a)	a teacher
recepcionista	a receptionist
socorrista	a lifeguard
soldado	a soldier
veterinario/a	a vet
Es un trabajo para personas sociables.	It's a job for sociable people.
Es un trabajo…	It's a… job
artístico / manual / variado	artistic / manual / varied
con un buen sueldo	with a good salary
con responsabilidad	with responsibility
No sé / Tal vez.	I don't know / Perhaps.

¿Qué tipo de persona eres?	What type of person are you?
Creo que soy…	I think I'm…
comprensivo/a	understanding
creativo/a	creative
fuerte	strong

inteligente	intelligent
paciente	patient
práctico/a	practical
trabajador(a)	hardworking
valiente	brave

¿Qué haces para ganar dinero?	What do you do to earn money?
¿Tienes un trabajo a tiempo parcial?	Do you have a part-time job?
Reparto periódicos.	I deliver newspapers.
Hago de canguro.	I babysit.
Trabajo de cajero/a.	I work as a cashier.
Ayudo en casa.	I help at home.
Cocino.	I cook.
Lavo el coche / los platos.	I wash the car / the dishes.
Paseo al perro.	I walk the dog.
Paso la aspiradora.	I do the vacuuming.
Plancho la ropa.	I iron the clothes.
Pongo y quito la mesa.	I lay and clear the table.
Lo hago…	I do it…

antes / después del insti	before / after school
cuando necesito dinero	when I need money
los sábados	on Saturdays
todos los días	every day
una vez / dos veces a la semana	once / twice a week
Gano… euros / libras a la hora / a la semana.	I earn… euros / pounds an hour / a week.
No gano nada.	I don't earn anything.
Tengo que lavar los platos.	I have to wash the dishes.
Suelo trabajar los lunes.	I tend to work on Mondays.
(No) me gusta mi jefe/a.	I (don't) like my boss.
Mis compañeros son amables.	My colleagues are nice.
El horario es flexible.	The hours are flexible.

Mis prácticas laborales	Work experience
Hice mis prácticas laborales en…	I did my work experience in…
un polideportivo	a sports centre
una agencia de viajes	a travel agency
una granja	a farm
una escuela	a school
una fábrica	a factory
una tienda benéfica	a charity shop
la empresa de mi madre	my mum's company
Arreglé los estantes / los folletos.	I tidied the shelves / the brochures.
Atendí a los clientes.	I served the customers.
Ayudé en las clases de educación física.	I helped in PE classes.
Contesté el teléfono.	I answered the phone.
Di clases de natación.	I gave swimming lessons.
Escribí cartas.	I wrote letters.
Hice reservas.	I made reservations.
Mandé correos electrónicos.	I sent emails.
Pinté y leí libros.	I painted and read books.
Saqué fotocopias.	I did photocopying.

Trabajé en el gimnasio.	I worked in the gym.
Vendí ropa.	I sold clothes.
Me encantó.	I loved it.
Me gustó (mucho).	I (really) liked it.
No me gustó (nada).	I didn't like it (at all).
Fue…	It was…
divertido / interesante / útil	fun / interesting / useful
una experiencia positiva	a positive experience
aburrido / duro / repetitivo	boring / hard work / repetitive
una pérdida de tiempo	a waste of time
Aprendí mucho.	I learned a lot.
No aprendí nada.	I didn't learn anything.
Mi jefe / jefa era…	My boss was…
Mis compañeros eran…	My colleagues were…
Los clientes eran…	The customers were…
alegre(s)	cheerful
severo/a(s)	strict
agradable(s) / desagradable(s)	pleasant / unpleasant
educado/a(s) / maleducado/a(s)	polite / rude
El banco era moderno / antiguo.	The bank was modern / old.

Módulo 7

¿Por qué aprender idiomas? / Why learn languages?

Hablo (un poco de) alemán / árabe / español / francés / inglés / italiano / mandarín / polaco / ruso / urdu — I speak (a bit of) German / Arabic / Spanish / French / English / Italian / Mandarin / Polish / Russian / Urdu
(No) domino el inglés. — I (don't) speak English fluently.
Estudio francés desde hace… años. — I've been studying French for… years.

Aprender un idioma te permite… — Learning a language allows you to…
- descubrir nuevas culturas. — discover new cultures.
- encontrar un buen trabajo. — find a good job.
- hacer nuevos amigos. — make new friends.
- trabajar o estudiar en el extranjero. — work or study abroad.
- viajar a otros países. — travel to other countries.

¿Cómo vas a viajar? / How are you going to travel?

Voy a viajar en autobús / autocar / avión / tren. — I am going to travel by bus / coach / plane / train.
Lo bueno / malo / es que… — The good / bad thing is that…
Lo mejor / peor es que…
- es barato / cómodo / rápido. — it's cheap / comfortable / quick.
- hay poco tráfico en las autopistas. — there isn't much traffic on the motorways.

Puedes… — You can…
- ver películas mientras viajas. — watch films whilst you travel.
- dejar tu maleta en la consigna. — leave your suitcase in the left-luggage office.

Lo peor es esperar en la parada de autobús. — The worst thing is waiting at the bus stop.

Viajando en tren / Travelling by train

Quisiera un billete de ida a… — I would like a single ticket to…
Quisiera un billete de ida y vuelta a… — I would like a return ticket to…
¿De qué andén sale? — From which platform does it leave?
¿A qué hora sale / llega? — What time does it leave / arrive?
¿Es directo o hay que cambiar? — Is it direct or do I have to change?
el tren con destino a… — the train to…
sale de la vía / del andén dos. — leaves from platform two.
el tren AVE — high-speed train
la taquilla — the ticket office

Solicitando un trabajo / Applying for a job

Muy señor mío — Dear Sir
Le escribo para solicitar el puesto de… — I'm writing to apply for the post of…
Le adjunto mi currículum vitae. — I'm enclosing my CV.
Le agradezco su amable atención. — Thank you for your kind attention.
Atentamente — Yours sincerely / faithfully
He ayudado (en una escuela). — I've helped (in a school).
He estudiado (dos idiomas). — I've studied (two languages).
He hecho prácticas (en una oficina). — I've done work experience (in an office).
He servido comida y bebida. — I've served food and drink.
He trabajado (en equipo). — I've worked (in a team).
Me interesa este trabajo porque… — I'm interested in this job because…
- tengo buen sentido del humor. — I have a good sense of humour.
- me encanta trabajar con… — I love working with…

El futuro / The future

Espero… — I hope to…
Me gustaría… — I would like to…
Quiero… — I want to…
Voy a… — I am going to…
- aprender a conducir — learn to drive
- aprobar mis exámenes — pass my exams
- buscar un trabajo — look for a job
- casarme — get married
- tener hijos — have children
- trabajar como voluntario/a — work as a volunteer

El matrimonio… — Marriage…
El paro… — Unemployment…
La familia… — Family…
La independencia… — Independence…
Sacar buenas notas… — Getting good grades…
- es esencial / importante / preocupante / — is essential / important / worrying /

algo especial / un gran problema. — something special / a big problem.
Me gusta ayudar a otras personas. — I like helping other people.
Me encantan los niños. — I love children.
Si… — If…
- saco buenas notas — I get good grades
- tengo dinero — I have money
- tengo éxito — I'm successful
- tengo suerte — I'm lucky
- trabajo mucho — I work a lot
- me caso — I get married

encontraré un trabajo como… — I will find a job as…
compartiré piso con… — I will share a flat with…
compraré un coche — I will buy a car
haré el bachillerato — I will do A Levels
iré a la universidad — I will go to university
seré rico/a y famoso/a — I will be rich and famous
tendré hijos — I will have children

Un año sabático / A gap year

Me tomaré un año sabático. — I will take a gap year.
Ayudaré a construir un colegio. — I will help to build a school.
Haré un viaje en Interrail por Europa. — I will go Interrailing around Europe.
Mejoraré mi nivel de inglés. — I will improve my level of English.
Pasaré un año en Latinoamérica. — I will spend a year in Latin America.
Trabajaré en un proyecto medioambiental. — I will work on an environmental project.
Viajaré por el mundo. — I will travel around the world.

ciento cincuenta y uno 151

8 Hacia un mundo mejor
Punto de partida 1

- Describing types of houses
- Talking about the environment

1 Escucha y escribe las <u>dos</u> letras correctas. (1–5)
Ejemplo: **1** *d, g*

a una casa adosada
b un bloque de pisos
c una casa individual
d un apartamento
e una granja

¿En qué tipo de casa vives?
Vivo en…
¿Dónde está?

Está en…
f el centro de la ciudad
g un barrio en las afueras
h el campo
i un pueblo en la costa
j la montaña

2 Escucha. Escribe la opinión y la razón en inglés. (1–5)

¿Te gusta dónde vives? ¿Por qué (no)?

el edificio / mi casa / la zona…

- es hermoso/a
- es feo/a
- está limpio/a
- está sucio/a
- es antiguo/a
- es moderno/a
- es viejo/a
- es cómodo/a
- es incómodo/a

3 Escucha y lee los textos. Empareja los textos con las fotos correctas. Luego traduce las palabras en **negrita** al inglés.

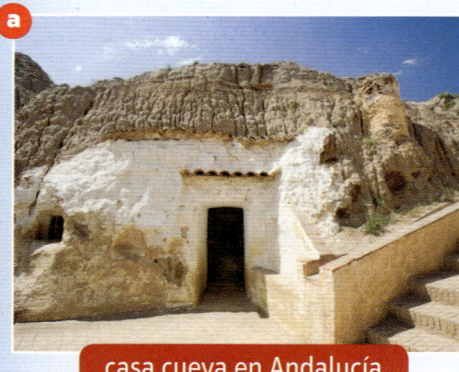

a casa cueva en Andalucía
b granja en Argentina
c casa antigua en Granada

1 **Arriba en la primera planta** tenemos ocho dormitorios, tres cuartos de baño y un aseo. No tenemos jardín **delante de la casa**, pero no importa porque vivimos en el campo.

2 Tenemos un dormitorio para toda la familia **en la planta baja** y un cuarto de baño muy pequeño. ¡El salón también es la cocina y el comedor!

3 Mi dormitorio está **en la tercera planta. Al lado,** hay un despacho donde hago mis deberes. **Abajo** hay una cocina amplia y un salón cómodo. **Fuera** hay una terraza **detrás de la casa**, pero desafortunadamente, no hay jardín ni garaje.

Unidades 1 + 2

Módulo 8

4 Con tu compañero/a haz un diálogo.

- ¿En qué tipo de casa vives?
- ¿Dónde está?
- ¿Te gusta dónde vives?
- ¿Qué hay en tu casa?

■ Vivo en una casa adosada.
■ Está en el campo.
■ Sí, me gusta porque la zona está limpia y…
■ Abajo hay un salón y… Arriba hay…

| Abajo
Arriba
En la primera / segunda planta
Fuera | hay | un aseo
un comedor
un cuarto de baño
un despacho / estudio | un dormitorio
un garaje
un jardín | un salón
una cocina
una terraza |

5 Completa los textos con las frases a–f. Luego escucha y comprueba tus respuestas. Traduce las expresiones en **negrita** al inglés.

Ejemplo: **1** d la lámpara

¿Cómo cuidas el medio ambiente en casa?
En casa, para cuidar el medio ambiente…

1 Apagamos la luz y **siempre apago** ―――― en mi dormitorio.
2 **Desenchufamos los aparatos eléctricos**, como ――――, el ordenador y la televisión.
3 Preferimos ―――― y nunca usamos la bañera. **Así no malgastamos el agua**.
4 Separamos el papel, el plástico y el vidrio. En ―――― de la cocina **tenemos varios cubos de basura**.
5 No malgastamos energía. **Cerramos las ventanas** y ―――― en invierno.
6 **Siempre compramos productos verdes**, por ejemplo, para ―――― o para limpiar el baño.

a la ducha
b la lavadora
c el armario
d la lámpara
e el equipo de música
f la puerta

6 Escucha. Copia y completa la tabla en inglés. (1–5)

	always	(almost) never
1		

la calefacción — heating

Para ser verde… Para cuidar el medio ambiente…	
siempre	usamos la ducha reciclamos todo lo posible vamos en bici / a pie separamos la basura
(casi) nunca	usamos bolsas de plástico ponemos la calefacción vamos en coche

7 Escribe un texto. Incluye los siguientes puntos:

- dónde vives y tu opinión
- cómo es tu casa
- qué haces en casa para cuidar el medio ambiente.

Vivo en un bloque de pisos en el centro de la ciudad. Me gusta porque… pero…
Mi apartamento es moderno. Hay… pero no hay…
En casa, para cuidar el medio ambiente…

ciento cincuenta y tres 153

Punto de partida 2

- Talking about healthy eating
- Discussing diet-related problems

1 Escucha y lee. Copia y completa la tabla. (1–4) Luego traduce las frases en **negrita** al inglés.

Los nutrientes

a proteínas
b minerales
c grasa
d sal
e vitaminas
f azúcar
g gluten

Los alimentos

Lácteos
Dulces
Carne, pescado y huevos
Grasas
Frutas y verduras
Cereales

	eats…	it contains / they contain…	doesn't eat…	it contains / they contain…
1	lots of fruit	e		

un poco = a bit
poco = not very (much)

1 **Mi dieta es poco variada**, pero como muchas frutas porque contienen vitaminas. Nunca como dulces, ya que contienen demasiado azúcar. *Mateo*

2 No puedo comer ni pan ni cereales porque soy alérgica al gluten, pero como muchas verduras que son ricas en minerales. **La fibra de la verdura es buena porque combate la obesidad.** *Beatriz*

3 **Creo que llevo una dieta bastante sana.** Suelo comer pescado todos los días porque contiene muchas proteínas. Como poco queso porque contiene mucha grasa. *Nuria*

4 Como mucha comida frita porque es deliciosa, aunque contiene mucha grasa. Sin embargo, nunca como carne como jamón o salami porque contiene mucha sal. **Además, no me gusta el sabor.** *Jaime*

2 Con tu compañero/a, haz un diálogo.
- ¿Qué sueles comer?
- Suelo comer muchas frutas porque contienen…
- ¿Qué no comes?
- No como mucho pescado porque…

(No) Como… (No) Suelo comer…	much**o** / demasiad**o** (queso) much**a** / demasiad**a** (carne) much**os** / demasiad**os** (dulces) much**as** / demasiad**as** (frutas)	
porque / aunque contiene(n)…	much**o/a** demasiad**o/a**	azúcar (m.) grasa (f.), sal (f.)
	much**os/as** demasiad**os/as**	minerales (m.) proteínas (f.), vitaminas (f.)

154 ciento cincuenta y cuatro

Módulo 8

3 Escucha las entrevistas. Elige las opciones correctas para cada persona. Sobra una opción. (1–3)

¿Llevas una dieta sana?
- a Normalmente, sí.
- b No.
- c A veces.
- d Casi nunca.

¿Cuál es el problema?
- a ¡Tengo alergias!
- b ¡No tengo tiempo!
- c ¡Es mi trabajo!
- d ¡Soy adicto!

¿Cómo vas a mejorar tu dieta?
- a Voy a comer menos dulces.
- b Voy a preparar comida en casa.
- c Voy a evitar beber refrescos.
- d Voy a comer menos comida rápida.

no puedo evitar la comida basura
puedo comer gratis
no puedo dormir
quiero buscar recetas en Internet

4 Con tu compañero/a, haz diálogos. Utiliza las preguntas del ejercicio 3.

● ¿Llevas una dieta sana?
■ No, no llevo una dieta sana.
● ¿Cuál es el problema?
■ Ahora suelo comer mucha comida basura. Además, no suelo comer verduras porque no me gustan.
● ¿Cómo vas a mejorar tu dieta?
■ En el futuro voy a evitar la comida basura y voy a comer más fruta.

Ahora (no)…	suelo comer (comida rápida)
	suelo beber (mucha agua)
	como…
	bebo…
	llevo una dieta sana / variada
porque…	soy adicto/a, alérgico/a a…
	no me gusta(n)

En el futuro…	
(No) Voy a …	mejorar mi dieta
(No) Quiero…	evitar comer…
	evitar beber…
	comer más / menos…
	beber más / menos…
	preparar comida en casa
	practicar más deporte
	buscar recetas en Internet

5 Escribe un párrafo sobre tu dieta.

Incluye:
- si llevas una dieta sana
- lo que (no) comes y por qué
- un problema con tu dieta
- cómo vas a llevar una dieta más sana

Creo que llevo una dieta sana / malsana.
Ahora suelo comer… porque…
No como… porque…
Soy adicto/a a…
En el futuro voy a evitar…
y voy a comer más…

🇪🇸 Zona Cultura

En España solo un 7,5% de los niños toma un desayuno equilibrado. Este póster era parte de una campaña a favor de desayunar.

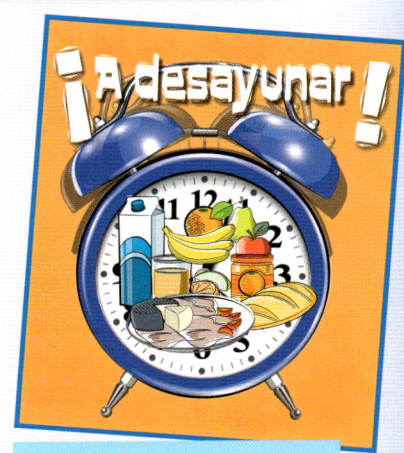

equilibrado/a balanced

ciento cincuenta y cinco 155

1 ¡Piensa globalmente…!

- Considering global issues
- Using the superlative
- Listening for high numbers

1 Escucha y lee. Escribe las dos letras correctas.
Ejemplo: **1** g, d

¿Cuál es el problema global más serio?

1 Para mí, el mayor problema global es la desigualdad social. En mi zona hay gente que vive en **las condiciones más pobres** del país. Muchos no tienen suficiente comida. ¡No es justo! *Teresa, Bolivia*

2 En mi opinión, **el peor problema** es la destrucción del medio ambiente. Vivo cerca del río Motagua, **el río más contaminado** de Guatemala. También me preocupan los animales, como el puma. *Silvio, Guatemala*

3 En mi país **el problema más serio** es la salud. Estados Unidos tiene **el mayor número de obesos** del mundo y demasiados drogadictos. ¡Me preocupa mucho! *Eduardo, Estados Unidos*

4 Lo más preocupante es la crisis económica. Creo que mi país tiene **la tasa más alta de desempleo** de Europa. Por eso hay muchas personas sin hogar. ¡Qué pena! *Maya, España*

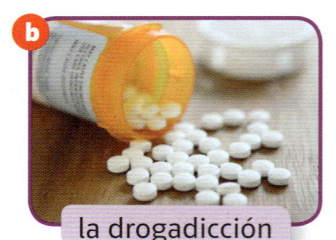

a la contaminación de los ríos
b la drogadicción
c los sin hogar
d el hambre
e la obesidad
f los animales en peligro de extinción
g la pobreza
h el paro / desempleo

2 Lee los textos del ejercicio 1 otra vez. Busca las expresiones en español (en **negrita** en los textos).

1 the most serious problem
2 the most polluted river
3 the poorest conditions
4 the highest rate of unemployment
5 the worst problem
6 the greatest number of obese people

3 Escucha las entrevistas. Apunta el problema más serio del ejercicio 1, a–h. (1–3)

⭐ More than one problem is mentioned. To identify the **most serious** for each speaker, listen out for **mayor** (greatest), **peor** (worst) and **más** (most/more).

G The superlative ▶ Page 220

Use the **superlative** to say 'the (poor)-est', 'the most / least (serious)', etc.

The adjective *usually* goes after the noun and agrees with it.

el / la / los / las + noun + *más / menos* + adjective

el lago **más** limpio	the cleanest lake
la montaña **más** alt*a*	the highest mountain

Some superlatives are formed differently and go in front of the noun:

el mayor / menor problema	the greatest / smallest problem
la mejor / peor solución	the best / worst solution

Módulo 8

4 Escucha otra vez. Elige una acción. (1–3)
Luego traduce las seis acciones al inglés.

¿Qué hay que hacer?
Hay que…
a cuidar el planeta
b crear más empleo
c hacer campañas publicitarias
d reducir el consumo
e apoyar proyectos de ayuda
f usar productos verdes

5 Con tu compañero/a, haz diálogos.

● *En tu opinión, ¿cuál es el problema global más serio?*
■ *Para mí, el mayor problema es la salud, sobre todo la drogadicción.*
● *¿Qué hay que hacer?*
■ *Hay que hacer campañas publicitarias.*

6 Lee el texto. Contesta a las preguntas en inglés.
Luego traduce los verbos en **negrita** al inglés.

'**Me quedé** sin hogar hace cuatro años. Primero **perdí** mi trabajo y no encontré otro porque **había** mucho desempleo. Luego perdí mi piso, ya que no **tenía** dinero para pagar el alquiler.

Viví unos meses en una casa abandonada, pero una noche sufrí agresiones por parte de una banda de jóvenes. ¡Qué miedo! Fue el momento más terrible de mi vida. Después, **pasé** una semana en la calle. Fue muy duro. Por fin **encontré** un centro de ayuda donde una voluntaria, Ana, me ayudó un montón.

Ahora vivo y **trabajo** para ayudar a gente en la misma situación. Si **tengo éxito** en este trabajo, en el futuro **trabajaré** para una organización humanitaria en uno de los países más pobres del mundo.'

Enrique

1 In which two ways was Enrique unlucky with work?
2 Why did he lose his flat?
3 What does Enrique describe as the most terrible moment of his life?
4 What did Enrique do the following week?
5 How did he get out of the situation?
6 Where does Enrique intend to work in the future?

7 Escucha y escribe la cifra correcta.

La tasa de los sin hogar

1 En España unas ——— personas no tienen casa.
2 El ——— por ciento de los sin techo son hombres y el ——— por ciento son mujeres.
3 La edad media de una persona sin hogar es ——— años.

> When listening for higher numbers keep calm and don't assume you'll hear the answer immediately. Listen the second time to be sure.
>
> 1.000.000 = un millón
> 1.000 = mil
> 3.574 = tres mil quinientos setenta y cuatro
> 95% = el noventa y cinco por ciento
>
> Use a **full stop** to separate thousands and a **comma** for decimals.

8 Traduce las frases al español.

1 In my country there are lots of homeless people.
2 The most serious problem is poverty.
3 I'm worried about the environment.
4 We have to create more jobs and buy green products.

- Change the ending so it agrees with 'people'.
- Make sure you get the word order right, 'the problem most serious'.
- Nouns like this take a definite article in Spanish: *el / la*.
- Remember you translate this as *me preocupa…*
- What form of the verb follows *tenemos que…*?

ciento cincuenta y siete **157**

2 ¡Actúa localmente!

- Talking about local actions
- Using se debería
- Using synonyms

1 Lee los comentarios. Empareja el problema 1–6 con el consejo apropiado a–f.

> Always practise pronouncing new language. Cognates look similar on the page but sound different when spoken.

1 El aire está contaminado.

2 Hay demasiada basura.

3 La sequía es un problema grave.

4 Me preocupa el calentamiento global.

5 La destrucción de los bosques es un problema muy serio.

6 La polución de los mares y ríos me preocupa mucho.

G Se debería

Use **se debería** followed an **infinitive** to mean 'you/one should'. It is the conditional form of **se debe** (you/one must).

Se debería ahorrar energía. — You/One should save energy.
No se debería tirar basura al suelo. — You/One should not throw litter on the ground.

Se debería…
- **a** ahorrar agua.
- **b** plantar más árboles.
- **c** usar productos ecológicos.
- **d** ahorrar energía en casa.
- **e** usar el transporte público.
- **f** reciclar todo lo posible.

2 Escucha. Apunta <u>un</u> problema y <u>dos</u> consejos del ejercicio 1. (1–6)
Ejemplo: **1** 2 c,f

3 Escribe un slogan para cada póster. Utiliza **se debería / no se debería**.

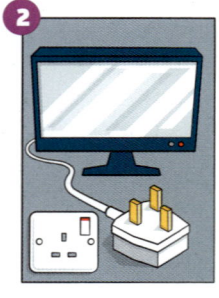

desenchufar	reciclar	el plástico y el papel	basura al suelo
tirar	apagar	el agua	bolsas de plástico
usar	malgastar	la luz	los aparatos eléctricos

ciento cincuenta y ocho

Módulo 8

4 Escucha y lee. Pon los temas en el orden correcto.

> **Antonio**
>
> Soy optimista. Para proteger el medio ambiente creo que se debería pensar globalmente y actuar localmente. ¡Todas las acciones ayudan!
>
> Vivo en Vigo, una ciudad industrial en la costa noroeste de España que tiene unos trescientos mil habitantes. En mi ciudad el peor problema es la contaminación. Hay demasiados coches y pocos espacios verdes. Hay que mejorar la red de transporte público.
>
> Otro problema es la basura. Soy miembro de un grupo ecologista local que se llama Vida Verde. El sábado pasado fuimos al parque para recoger papeles y botellas y hacer una campaña publicitaria.
>
> Mi familia y yo hacemos todo lo posible en casa para ahorrar energía. Solo usamos la calefacción durante los meses más fríos, siempre desenchufamos todos los aparatos eléctricos, y compramos productos verdes para limpiar.
>
> En el futuro voy a trabajar como voluntario. Me gustaría viajar a las islas Galápagos para participar en un proyecto medioambiental.

- **a** conservation work abroad
- **b** volunteering for a local project
- **c** air pollution
- **d** improving the city
- **e** helping the environment at home

5 Lee el blog otra vez y busca la expresión equivalente.

1. la naturaleza
2. la polución
3. informar al público
4. conservar
5. productos ecológicos
6. un proyecto de conservación

> ⭐ Exam tasks are often based on identifying synonyms.

6 Escucha. ¿Qué se debería hacer para cuidar el medio ambiente? Apunta en inglés. (1–4)
- the issue mentioned
- <u>two</u> actions

Para	limpiar las calles proteger el medio ambiente / los ríos y mares reducir la contaminación luchar contra el calentamiento global	
se debería hay que	ir en bici	
	usar	el transporte público energías renovables productos ecológicos
	hacer	proyectos medioambientales campañas publicitarias
no se debería	malgastar el agua / energía tirar basura al suelo	

7 Con tu compañero/a, haz un diálogo sobre el medio ambiente.

- ● ¿Cuál es el mayor problema medioambiental?
- ■ *Para mí, el mayor problema es <u>la contaminación del aire</u>. Otro problema es <u>el calentamiento global</u>.*
- ● Describe un problema medioambiental de tu ciudad.
- ■ *Un problema medioambiental de mi ciudad es…*
- ● ¿Qué se debería hacer para ayudar?
- ■ *Para proteger el medio ambiente, se debería… También en casa hay que…*

ciento cincuenta y nueve **159**

3 ¡Vivir a tope!

- Discussing healthy lifestyles
- Understanding different tenses
- Giving extended reasons

1 Escucha y lee. Empareja los textos 1–4 con los vicios a–d.

1 Mis amigos lo hacen, así que **no me parece tan malo**. Por otro lado, **huele mal**. ¡Qué asco!

2 Creo que **causa el fracaso escolar**. Por otro lado, fumar porros **te hace sentir más adulto**.

3 En mi opinión, **no es bueno para la salud**. Sin embargo, tomar una copa con tus amigos **te relaja**.

4 **Es ilegal y peligroso**. Además, **es fácil engancharse**.

- **a**  beber alcohol
- **b** tomar drogas blandas
- **c** fumar cigarrillos
- **d** tomar drogas duras

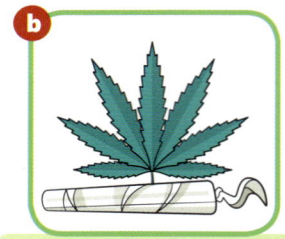

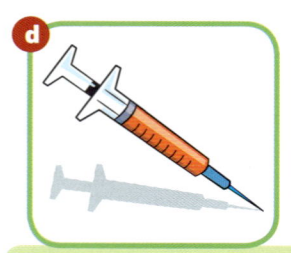

2 Lee los textos otra vez. Completa la tabla con las expresiones en **negrita**. Luego tradúcelas al inglés.

	en contra	a favor
1	huele mal (it smells bad)	no me parece tan malo
…		…

3 Escucha. Apunta los detalles en inglés. (1–4)

Ejemplo: **1** *smokes at parties, …*

- bad habit
- opinion (P / N / P+N)
- the reason

me emborracho	I get drunk
emborracharse	to get drunk

bebo alcohol fumo cigarrillos / porros tomo drogas me emborracho	(casi) todos los días a veces los fines de semana cuando salgo de fiesta
(fumar) no es tan malo	porque / ya que — no soy adicto/a / me relaja
(tomar drogas) es una tontería	es un malgasto de dinero mis amigos se ponen agresivos cuando beben estoy nervioso/a si no tengo cigarrillos

4 Con tu compañero/a, pregunta y contesta.

- ¿Tienes algún vicio?
- ■ Sí / No. A veces <u>bebo</u>.
- ¿Qué opinas de <u>beber alcohol</u>?
- ■ Creo que <u>beber alcohol</u> es una tontería porque…

⭐ Use the language from exercises 2 and 3 to extend your answers.

E.g. *…porque mis amigos se ponen agresivos cuando beben. Sin embargo, me relaja.*

ciento sesenta

5 Lee el chat. ¿**Ahora** llevan una vida **más** o **menos sana** que antes?

> These words will help you to understand and write about different time frames:
> **todavía** – still   **ya** – already   **ya no** – no longer

Ernesto87
Me gusta fumar porque me relaja. Antes fumaba veinte cigarrillos al día y llevaba una dieta poco variada. Pero ya hago las cosas de forma diferente. Suelo comer fruta y verduras todos los días y solo fumo cinco cigarrillos, aunque todavía soy adicto. Voy a ser más activo y en seis meses espero dejar de fumar completamente.

AnaEme
Antes llevaba una vida muy sana: comía bien y hacía ejercicio todos los días. Ahora soy poco activa y suelo comer comida rápida porque es más fácil. Sé que se debería evitar la grasa, así que en el futuro quiero cambiar mi dieta y preparar más comida en casa.

DioxaD
Cambié mi vida hace un año. Antes bebía demasiado alcohol. Además, nunca practicaba deporte. Ya no me emborracho y ahora soy miembro de un gimnasio, donde voy a entrenar tres veces a la semana. En seis meses voy a participar en un medio maratón en mi ciudad y voy a hacer una campaña publicitaria sobre la importancia de la salud.

dejar de — to stop

6 Lee el chat otra vez. Apunta en inglés para cada persona:
- <u>two</u> things he/she used to do
- <u>two</u> things he/she does now
- <u>two</u> things he/she is going to do

> Look at the verb endings to help you work out the time frame.
> The **imperfect** (–*aba*, –*ía* endings) here describes what you used to do.
> The **preterite** (–*é*/–*í* endings) refers to finished actions in the past.
> The **near future** (*voy a…*), **espero…** (I hope to), **quiero…** (I want to) are all used to talk about the future.

7 Escucha. Copia y completa la tabla con los detalles en inglés. (1–2)

	in the past (2)	now (2)	in the future (2)
1			

8 Escribe un post para el blog *Estilo de vida*. Usa tu imaginación.

Incluye:
- un vicio que tenías
- cómo es la situación ahora
- tus planes para el futuro.

Antes…
comía…
bebía…
fumaba…
hacía…
llevaba…

Decidí…
 ir al gimnasio
 hacer más ejercicio

Ahora…
ya no
todavía
 como…
 bebo…
 fumo…
 hago…
 llevo…

soy adicto/a
soy activo/a
hago…

A partir de ahora…
voy a / quiero / espero
 cambiar mi vida
 comer…
 beber…
 fumar…
 llevar…
 hacer…
 dormir…
 entrenar…

También se debería…
Luego…

4 ¡El deporte nos une!

- Talking about international sporting events
- Using verbs in the third person plural
- Understanding equivalent expressions

1 Escucha. Apunta la letra y el beneficio. Sobra un beneficio. (1–4)
Ejemplo: **1** c, 1

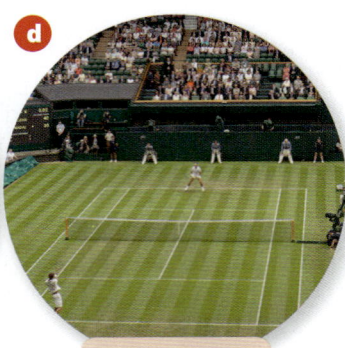

a la Copa Mundial de Fútbol
b los Juegos Olímpicos
c la Vuelta a España
d Wimbledon

2 Lee las frases. Elige una frase para cada evento del ejercicio 1. Luego traduce las palabras en **negrita** al inglés.

1 **Gracias a este evento** hay más gente que practica el ciclismo.
2 Grupos de familias y amigos **ven los partidos juntos**.
3 El éxito del equipo nacional **me inspira**.
4 Cada año **atrae a quinientos mil visitantes** a Londres.

> Los eventos deportivos internacionales…
> 1 promueven la participación en el deporte.
> 2 promueven el turismo.
> 3 unen a la gente.
> 4 elevan el orgullo nacional.
> 5 transmiten los valores de respeto y disciplina.

3 Lee los posts. Apunta una opinión del ejercicio 1 y una desventaja en inglés.

> **Natalia** Soy fan de los grandes acontecimientos deportivos, sobre todo de los Juegos Paralímpicos. Siempre estoy muy orgullosa de ser española cuando gana uno de mis compatriotas. Sin embargo, hay que mencionar el problema del dopaje.

> **Lorena** Por un lado, los eventos deportivos son buenos para la economía, sobre todo para la hostelería. Por otro lado, hay un riesgo alto de ataques terroristas durante el evento.

> Una desventaja es…
> el riesgo de ataques terroristas
> el tráfico
> el dopaje
> el coste de organización

4 Con tu compañero/a, haz un diálogo.

- ¿Qué evento deportivo internacional es el más interesante para ti?
- *El evento más interesante para mí es/son… porque…*
- ¿Qué opinas de los eventos deportivos internacionales?
- *En mi opinión, son importantes porque unen a la gente…*
- ¿Hay otros beneficios?
- *Sí, también elevan el orgullo nacional.*
- ¿Hay desventajas?
- *Una desventaja es el tráfico.*

> Remember: for the third person plural (they) of present tense verbs, add –**an** to the stem for –*ar* verbs, and –**en** for –*er* and –*ir* verbs.
>   elev**an** (they increase)
>   un**en** (they unite)
> Some verbs change their spelling – o ➝ ue
> E.g. prom**o**ver (to promote)
>   ➝ prom**ue**ven (they promote)

ciento sesenta y dos

Módulo 8

5 Escucha y lee. Rellena los espacios con las expresiones del recuadro. Luego traduce las expresiones al inglés.

¡Solidarios por el deporte!

Para mí, los eventos deportivos solidarios son importantes porque te dan la oportunidad de **1** ——— y de informar a la gente. En julio **2** ——— una carrera en bici de 20 km con más de cien participantes. **3** ——— mil quinientos euros. El año que viene **4** ——— en un espectáculo de baile para los refugiados de Siria. Vamos a bailar al son de diferentes músicas internacionales. ¡**5** ——— genial!

María

Pienso que el deporte es un idioma universal. Los eventos deportivos solidarios **6** ——— unir a la gente y de **7** ———. El año pasado vi un artículo sobre la Copa Mundial de los Sin Techo, y decidí organizar un torneo de fútbol sala. Los equipos pagaron para participar y **8** ——— más de ciento veinte participantes. Recaudamos más de ochocientos euros. ¡Fue flipante! El próximo año **9** ——— dos torneos, uno para niños y otro para adultos.

Felipe

decidí organizar	ayudar a otras personas	tuvimos
recaudamos	recaudar dinero	va a ser
espero participar	te dan la oportunidad de	voy a organizar

6 Escucha *Solidarios: ¡Inspiración en acción!* Completa las frases en inglés. (1–2)
1. Charity sports events ———.
2. They also give you the opportunity ———.
3. Last year I took part in ——— with another ——— participants.
4. It was ——— and we raised ——— euros.
5. Next year ———.

7 Escribe un artículo sobre tu acción solidaria en un evento deportivo. Usa el ejercicio 5 como modelo, o tu imaginación. Incluye:
- por qué son importantes los eventos deportivos solidarios
- un evento deportivo reciente
- tus planes para ser solidario/a en el futuro.

| Los eventos deportivos solidarios te dan la oportunidad de…
     recaudar dinero
     informar a la gente
     ayudar a otras personas
     hacer algo práctico | El año pasado…
   decidí organizar…
   tuvimos… participantes
   recaudamos…
   participé en…
     con… participantes | El año que viene…
   voy a… / vamos a…
   espero…
   quiero…
     organizar…
     participar en… |

ciento sesenta y tres **163**

Módulo 8 — Leer y escuchar

1 Read this advertisement in a Madrid tourism magazine.

> Se llama la Fiesta de la Bici y es un evento sano. Además de dar un paseo en bici por la ciudad, se pueden visitar las zonas de juegos y de disfraces, que son muy populares entre los niños. ¡Ojo! Para su seguridad, hay que dar instrucciones a los niños en caso de pérdida.

la Puerta de Alcalá, Madrid

Answer the following questions in English.
You do not need to write in full sentences.

(a) How does the text describe the *Fiesta de la Bici*?
(b) Name <u>one</u> activity children can enjoy apart from cycling.
(c) What do you need to give children for their safety?

The advertisement continues:

> El evento es un recorrido de 20 kilómetros por las calles principales de Madrid. Por eso, es importante hacer una revisión básica de la bicicleta. Sobre todo se debería revisar el aire de los neumáticos.

(d) Where does the 20 kilometre cycle route take you?
(e) What does the advertisement say you should check?

2 Read the extract from the play. The Marquesa has just arrived to visit the Moncada household.

La loca de la casa by Benito Pérez Galdós

Gabriela: (A la Marquesa.) ¿Pero no se sienta usted?
Marquesa: No, tengo poco tiempo. Con dos objetos he venido. Primero: visitar a tu papá y a tu tía Eulalia; segundo: ver y alquilar, si me gusta, una de las casas que han construido… ahí en la calle de Paulet.
Jaime: ¿Sabes?, junto al convento de Franciscanos.
Gabriela: ¡Ah, sí! Son preciosas.
Marquesa: Y baratas, según dice este. Hija mía, los tiempos están malos, y lo primero que hay que buscar es la economía.
Gabriela: ¿De modo que seremos vecinas esta primavera?
Marquesa: Sí.

> Don't panic if you don't understand every word in literary texts. Use the questions to help you focus on the information you are looking for.

Write the correct letter for each question.

(a) During her visit, the Marquesa is hoping to see…
 A the convent.
 B good weather.
 C Gabriela's family.
 D friends.

(b) She also plans to…
 A rent a house.
 B build a house.
 C buy a house.
 D sell her house.

(c) Gabriela thinks the houses near the convent are…
 A expensive.
 B beautiful.
 C cheap.
 D new.

(d) For the Marquesa the most important thing is…
 A the location.
 B the condition.
 C the colour.
 D the price.

(e) The Marquesa is planning to move house…
 A next year.
 B in spring.
 C in one month's time.
 D in winter.

Módulo 8

3 leer — Lee la información sobre proyectos solidarios.

Proyecto Parque
En mayo y junio todos los sábados organizamos un evento deportivo en el parque para niños pequeños. ¡Va a ser muy divertido!

Proyecto Pasteles
¿Te interesa cocinar? Cada trimestre vamos a organizar una gran venta de pasteles en el colegio para recaudar dinero para los niños víctimas de la guerra en el mundo.

Proyecto Escultura
Todos los jueves vamos a recoger la basura del pueblo. Luego vamos a trabajar en equipos, creando una escultura enorme para informar a la gente sobre el medio ambiente.

Proyecto Benéfico
En febrero vamos a montar un concierto benéfico. Si te gustaría participar y estás libre los lunes desde las cuatro hasta las cinco, eres la persona que buscamos.

¿Cuál es el proyecto ideal? Escoge entre **Parque, Pasteles, Escultura** o **Benéfico**.
Puedes usar las palabras más de una vez.

Ejemplo: Te encanta preparar comida: Pasteles

(a) Solo tienes una hora libre a la semana: ⎯⎯⎯
(b) Te preocupa el medio ambiente: ⎯⎯⎯
(c) Tienes un hermano de cuatro años que es un fanático del baloncesto: ⎯⎯⎯
(d) Te gustaría ayudar a los niños en peligro: ⎯⎯⎯
(e) Te gusta tocar la batería: ⎯⎯⎯

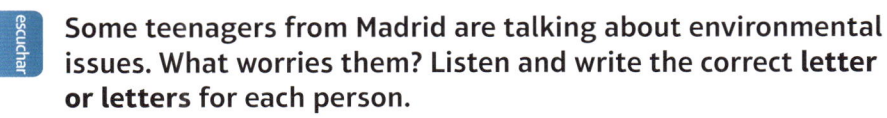

1 escuchar — Some teenagers from Madrid are talking about environmental issues. What worries them? Listen and write the correct **letter or letters** for each person.

Nora   Fabio   Juana

A litter
B river pollution
C air pollution
D global warming
E drought
F traffic
G destruction of natural habitats
H noise

2 escuchar — Escuchas una entrevista con un experto meteorólogo. Rellena el espacio de cada frase con una palabra del recuadro. Hay más palabras que espacios.

| Gran Bretaña | fuera | complicado | moderno | en casa | agua |
| grave | España | nuevos | pobres | ~~extremo~~ | frecuente |

Ejemplo: Se habla de un calor extremo.

(a) En el futuro el fenómeno será más ⎯⎯⎯.
(b) 28°C significa una ola de calor en ⎯⎯⎯.
(c) La situación en Asia es muy ⎯⎯⎯.
(d) En el futuro las olas de calor van a ocurrir en países ⎯⎯⎯.
(e) Lo más importante es quedarse ⎯⎯⎯.

> ⭐ Work out the meaning of the task sentence starters before you listen. Use your logic and your grammatical knowledge to eliminate the impossible options. For example, why can't question (a) finish with *en casa* or *España*? Which other options are impossible?

ciento sesenta y cinco **165**

Módulo 8   Prueba oral

A – Role play

1 *leer* Look at this role play card and prepare what you are going to say.

Topic: Ambitions

Instructions to candidates:

You are in Spain and want to do some voluntary work in an organisation. The teacher will play the role of the employee and will speak first.

You must address the employee as *usted*.

You will talk to the teacher using the five prompts below.
- where you see – **?** – you must ask a question
- where you see – **!** – you must respond to something you have not prepared

Task

Usted está en una organización benéfica en España. Habla con el / la empleado/a sobre un trabajo voluntario.

1 Trabajar – dónde
2 Empezar – cuándo
3 !
4 Trabajar en España – razón
5 ? Uniforme

Be specific – mention a specific place where people typically volunteer (library, hospital, shop…).

Anticipating how you might be asked this question will help you to start the answer. ('When can you…?' 'I can…')

Predict what you may be asked, but more importantly, take the time to listen very carefully to what is said before you reply.

Stick to language you know well and can pronounce confidently.

There are several ways to ask this question: 'Is there a uniform?' 'Do I have to wear uniform?'

2 *escuchar* Practise what you have prepared. Then, using your notes, listen and respond.

3 *escuchar* Now listen to Arthur doing the role play task.
1 Where does he want to volunteer?
2 How does he answer the unexpected question?
3 Why does he want to work in Spain?

B – Picture-based task

Topic: Environmental issues

Mira la foto y prepara las respuestas a los siguientes puntos:
- la descripción de la foto
- tu opinión sobre el reciclaje
- lo que hiciste recientemente para ser verde
- tus planes para ser solidario/a
- tu opinión sobre el problema global más serio hoy en día

1 *escuchar* Look at the photo and read the task. Then listen to Ed's answer to the first bullet point.
1 How does he describe the boy?
2 Where does he suggest the boy lives?
3 What do you think *los cubos de basura* are? How can you work this out?

ciento sesenta y seis

Módulo 8

2 **Listen to and read Ed's answer to the second bullet point.**
- Write down the missing word for each gap.
- Look at the Answer Booster on page 168. Note down <u>six</u> examples of what he says to give a strong answer.

> En mi opinión, reciclar es importante y también **1** _____. Todos podemos reciclar en casa para **2** _____ el medio ambiente. Además **3** _____ ahorrar energía. Por ejemplo hay que **4** _____ los aparatos eléctricos como el ordenador y la tele. Y no se debería malgastar el agua. Así podemos ser **5** _____.

3 **Listen to his answer to the third bullet point. As you listen, put the phrases in order. Then translate them into English.**

- **A** Fue genial e hice nuevos amigos.
- **B** En marzo participé en un proyecto medioambiental en mi pueblo.
- **C** Luego por la tarde plantamos unos árboles en el parque en el centro del pueblo.
- **D** Creo que es importante hacer algo concreto para mejorar el medio ambiente.
- **E** Primero recogimos basura de las calles para reciclar.

4 **Prepare your own answers to all <u>five</u> bullet points. Then listen and take part in the full picture-based task with the teacher.**

C – General conversation

1 **Listen to Alison introducing her chosen topic and complete these sentences in English.**

- **a** She wants to talk about _____.
- **b** In her view, Spain's greatest problem is _____.
- **c** There is a lot of unemployment and therefore _____.
- **d** She thinks they should create more jobs in _____.
- **e** In South America, what worries her most is _____.
- **f** She thinks that we should buy _____.
- **g** In March they held a Fairtrade chocolate sale and it was _____.

comercio justo	Fairtrade

> ⭐ Strengthen your answer by using one of the following strategies. Which <u>one</u> of the following strategies does Alison **not** use in exercise 2?
> - refers to future plans
> - refers to other people or things
> - narrates a past event
> - gives reasons

2 **The teacher asks Alison '¿Crees que son importantes los eventos deportivos internacionales?' Note the <u>two</u> opinion phrases and <u>three</u> examples of third person plural verbs in the present tense.**

3 **The teacher then asks '¿Qué opinas de los grandes eventos musicales?' Look at the Answer Booster on page 168. Write down <u>five</u> examples of what she says to give a strong answer.**

4 **Prepare your answers to Module 8 questions 1–6 on page 189, then practise with a partner.**

ciento sesenta y siete

Módulo 8 Prueba escrita

Answer booster	Aiming for a solid answer	Aiming higher	Aiming for the top
Verbs	**Different time frames:** past, present, near future	**Different persons of the verb:** *fuimos, vamos a hacer* **Phrases to refer to future plans:** *me gustaría, quiero, espero* + infinitive	**A wide range of tenses:** present, preterite, perfect, near future **Verbs with an infinitive:** *se debería, hay que, podemos*
Opinions and reasons	**Verbs of opinion:** *me gusta, me chifla, me encanta*	**Different opinion phrases with reasons:** *me preocupa… porque…*	**Opinions:** *para mí, en mi opinión, creo que* **Superlative adjectives:** *el problema global más serio, lo más importante*
Connectives	*y, pero, también*	*o, sin embargo, además, por ejemplo, como*	**Add more variety:** *por eso, ya que, por un lado… por otro lado*
Other features	**Qualifiers:** *poco, bastante, muy, demasiado* **Sequencers:** *primero, luego, después*	**Interesting vocab:** *un proyecto medioambiental, desenchufar, malgastar* ***Para* + infinitive:** *para cuidar el medio ambiente*	**Complex sentences with *donde, cuando, si*:** *…donde voy a participar*

A – Picture-based task

1 Look at the photo and the task. Write your answer, checking carefully what you have written.

> Remember to include the following information when you do a picture-based task:
> **P** – People / Things
> **A** – Actions
> **W** – Weather
> **S** – Situation / Location

Un evento solidario

Estás en España de intercambio. Publicas esta foto en una red social para tus amigos.

Describe la foto **y** da tu opinión sobre los eventos deportivos solidarios.

Escribe aproximadamente 20–30 palabras **en español.**

B – Translation

1 Traduce las siguientes frases **al español**.

(a) I live in a small house.
(b) There is a large garden behind the house.
(c) We normally recycle everything.
(d) Last week I did lots of things to save energy.
(e) I prefer going by bike and I don't like using the car.

> Remember! Adjectives usually go after the noun and change their spelling to agree with it.

> Remember to use the preterite.

> The meaning here is 'in order to'. Use *para* followed by the infinitive.

> Put this adverb before the verb 'we recycle'.

> After verbs of opinion, use the infinitive.

C – Extended writing task

1 Look at the task and answer these questions.
- What is each bullet point asking you to do?
- Which tense(s) will you need to use to answer each one?

2 Read Alexandra's answer at the bottom of this page. What do the phrases in **bold** mean?

3 Look at the Answer Booster. Note down <u>six</u> examples of language which Alexandra uses to write a strong answer.

4 Write a plan based on Alexandra's answer.

5 Prepare your own answer to the task.
- Look at the Answer Booster and Alexandra's text for ideas.
- Write a detailed plan. Organise your answer in paragraphs.
- Write your answer and carefully check what you have written.

Una vida responsable

Tu profesor te ha pedido escribir un artículo para una revista titulada *Una vida responsable*. Escribe un artículo para la revista.

Debes incluir los siguientes puntos:
- cómo cuidas el medio ambiente en casa
- tu opinión sobre cuál es el problema global más serio
- un evento solidario reciente en tu zona
- tus planes para ayudar en el futuro.

Escribe aproximadamente 80–90 palabras **en español**.

First paragraph
- In my view it's important...
- My family and I...
- In addition...

Para mí, es importante **hacer todo lo posible** en casa para cuidar el medio ambiente. Mi familia y yo siempre separamos la basura y **compramos productos ecológicos para limpiar**. Además, no malgastamos el agua.

Creo que la destrucción del medio ambiente es **el problema global más serio**. Por ejemplo, **me preocupa** la contaminación de los mares y los ríos.

El mes pasado **decidí participar en** un proyecto para limpiar mi ciudad. Fuimos al centro de la ciudad **para recoger papeles y botellas** e hicimos una campaña publicitaria contra la basura. ¡Fue un éxito!

En el futuro **quiero trabajar** como voluntaria, ya que **se debería cuidar** el medio ambiente. Por eso espero ir a Mozambique, **donde voy a participar** en un proyecto medioambiental. ¡Va a ser genial!

Módulo 8 Palabras

¿Cómo es tu casa?
Vivo en…
  un bloque de pisos
  una casa individual
  una casa adosada
  un piso / apartamento
  una granja
Está en…
  el centro de la ciudad
  un barrio en las afueras
  las afueras
  el campo
  un pueblo en la costa
  la montaña
abajo / arriba
en la planta baja
en la primera planta
en el primer piso
fuera…
hay…
  un aseo
  un comedor
  un cuarto de baño
  un despacho / estudio
  un dormitorio
  un salón
  un garaje
  un jardín
  una cocina
  una terraza
  una mesa
  unas sillas

What is your house like?
I live in…
  a block of flats
  a detached house
  a semi-detached / terraced house
  a flat / apartment
  a farmhouse
It is in…
  the centre of city
  a district in the suburbs
  the outskirts / suburbs
  the country
  a village on the coast
  the mountains
downstairs / upstairs
on the ground floor
on the first floor
on the first floor
outside…
there is…
  a toilet
  a dining room
  a bathroom
  a study
  a bedroom
  a living room
  a garage
  a garden
  a kitchen
  a terrace / balcony
  a table
  some chairs

¿Cómo cuidas el medio ambiente en casa?
Apago / Apagamos
  la luz
  la lámpara
Desenchufo / Desenchufamos
  los aparatos eléctricos
  el equipo de música
  el ordenador
  la televisión
Prefiero usar…
  la ducha / la bañera
Ahorramos agua.
Separamos…
Reciclamos…
  la basura
el papel
el plástico
el vidrio
los cubos de basura
Cerramos…
  las ventanas
  la puerta
Compramos productos verdes.
el armario
el sofá
la cama
la lavadora
la calefacción
Malgastamos energía.
hacer todo lo posible
ser verde

How do you look after the environment at home?
I turn off / We turn off
  the light
  the lamp
I unplug / We unplug
  electric devices
  the stereo
  the computer
  the television
I prefer using…
  the shower / the bath
We save water.
We separate…
We recycle…
  the rubbish
paper
plastic
glass
rubbish bins
We shut…
  the windows
  the door
We buy green products.
the cupboard
the sofa
the bed
the washing machine
the heating
We waste energy.
to do everything possible
to be green

¿Cuál es el problema global más serio?
El mayor problema global es…
  el paro / desempleo
  el medio ambiente
  el hambre
  los sin hogar / techo
  los animales en peligro
    de extinción
  la desigualdad social
la salud
la crisis económica
la contaminación…
  de los ríos / mares
la pobreza
la drogadicción
los drogadictos
los obesos
los animales amenazados
la tasa de desempleo

What is the most serious global problem?
The greatest global problem is…
  unemployment
  the environment
  hunger
  the homeless
  the animals in danger
    of extinction
  social inequality
health
the economic crisis
the pollution…
  of the rivers / seas
poverty
drug addiction
drug addicts
obese people
endangered animals
the unemployment rate

¡Actúa localmente!
Hay demasiada basura.
El aire está contaminado.
la sequía
el calentamiento global
la destrucción de los bosques
Para…
  limpiar las calles
  proteger el medio ambiente /
    los ríos y mares
  reducir la contaminación
  luchar contra el calentamiento
    global
Se debería…
  ducharse
  plantar más árboles

Act locally!
There is too much rubbish.
The air is polluted.
drought
global warming
destruction of woodland / forest
In order to…
  clean (up) the streets
  protect the environment /
    the rivers and seas
  reduce pollution
  combat global warming
You should…
  shower
  plant more trees

usar productos ecológicos

ahorrar energía en casa
usar el transporte público
reciclar todo lo posible
usar energías renovables
hacer proyectos
  medioambientales
apagar la luz
reciclar el papel y el vidrio
desenchufar los aparatos
  eléctricos
No se debería…
  tirar basura al suelo
  usar bolsas de plástico
  malgastar el agua / la energía

use environmentally-friendly
  products
save energy at home
use public transport
recycle everything possible
use renewable energies
do environmental projects

switch off the light
recycle paper and glass
unplug electronic devices

You should not…
  throw rubbish on the ground
  use plastic bags
  waste water / energy

ciento setenta

Módulo 8

¿Qué hay que hacer? — What must be done?
Hay que… — One / We must…
- cuidar el planeta — look after the planet
- crear más empleos — create more jobs
- reducir el consumo — reduce consumption
- apoyar a proyectos de ayuda — support aid projects
- usar productos verdes — use green products
- hacer campañas publicitarias — do publicity campaigns

Me quedé sin hogar — I ended up homeless
Perdí mi trabajo — I lost my job
Sufrí agresiones — I suffered attacks
Pasé una semana… — I spent a week…
Encontré un centro de ayuda — I found a help centre
el alquiler — the rent
Si tengo éxito… — If I am successful…
una organización humanitaria — humanitarian organisation
actualmente — currently
por ciento — per cent
la edad media — average age

Una dieta sana — A healthy diet
los alimentos — foods
lácteos — milk products
carne, pescados y huevos — meat, fish and eggs
frutas y verduras — fruit and vegetables
cereales — cereals
fideos — noodles
grasas — fats
dulces — sugars / sweet things
los nutrientes — nutrients
proteínas — proteins
minerales — minerals
grasa — fat
sal — salt
vitaminas — vitamins
azúcar — sugar
gluten — gluten
Llevo una dieta sana. — I have a healthy diet.
Mi dieta es poco variada. — My diet is not very varied.
Suelo comer / beber… — I usually eat / drink…
- porque contiene(n)… — because it contains / they contain

la fibra… — fibre…
combate la obesidad — combats obesity
el sabor — taste
sano / malsano — healthy / unhealthy
No puedo… — I can't…
- llevar una dieta sana — have a healthy diet
- evitar la comida basura — avoid junk food
- dormir — sleep
- comer sano — eat heathily

porque… — because
- soy adicto/a a — I'm addicted to
- soy alérgico/a a — I'm allergic to

(No) Voy a… — I'm (not) going to…
- cambiar mi dieta — change my diet
- mejorar mi dieta — improve my diet
- evitar comer / beber… — avoid eating / drinking…
- comer más / menos… — eat more / less…
- preparar comida en casa — prepare food at home
- practicar más deporte — do more sport
- buscar recetas en línea — look for recipes online

¡Vivir a tope! — Live life to the full!
Beber alcohol — Drinking alcohol
Fumar cigarrillos / porros — Smoking cigarettes / joints
Tomar drogas blandas / duras — Taking soft / hard drugs
Emborracharse — Getting drunk
(no) es… — is / isn't…
- ilegal / peligroso — illegal / dangerous
- una pérdida de dinero — a waste of money
- una tontería — stupid
- bueno/malo para la salud — good/bad for your health

No me parece… — It doesn't seem… (to me)
- tan malo — so bad

porque / ya que… — because / as…
- te relaja — it relaxes you
- causa el fracaso escolar — it causes failure at school
- te hace sentir… — it makes you feel…
- bien / más adulto — good / more grown up

Es fácil engancharse. — It is easy to get hooked.
¡Qué asco! — How disgusting!
Decidí… — I decided…
- cambiar mi vida / dieta — to change my life / diet
- dejar de fumar — to give up smoking
- evitar la grasa — to avoid fat

A partir de ahora — From now on

¿Por qué son importantes los eventos deportivos internacionales? — Why are international sporting events important?
los Juegos Paralímpicos — the Paralympics
los Juegos Olímpicos — the Olympics
la Copa Mundial de Fútbol — the Football World Cup
Promueven… — They promote…
- la participación en el deporte — participation in sport
- el turismo — tourism

Unen a la gente. — They unite people.
Elevan el orgullo nacional. — They increase national pride.
Transmiten los valores de respeto y disciplina. — They transmit the values of respect and discipline.
Una desventaja es… — A disadvantage is…
- el riesgo de ataques terroristas — the risk of terrorist attacks
- el tráfico — the traffic
- el dopaje — doping
- el coste de organización — the cost of organisation

los grandes acontecimientos deportivos — big sporting events
los eventos solidarios — charity events
te dan la oportunidad de… — give you the opportunity to…
- recaudar dinero — raise money
- informar a la gente — inform people
- ayudar a otras personas — help other people
- hacer algo práctico — do something practical
- organizar un torneo / un espectáculo — organise a tournament / a show

ciento setenta y uno **171**

Módulo 1 ¡A repasar!

1 *leer*

Refresh your memory! Look back through Module 1 and find the following:
- <u>five</u> adjectives to describe holiday accommodation (e.g. *cómodo* – comfortable)
- <u>five</u> holiday activities in the present tense (e.g. *saco fotos* – I take photos)
- <u>five</u> facilities you might find in a hotel or campsite (e.g. *una piscina* – a pool)

2 *leer*

Refresh your memory! Match the sentence halves. Then translate each sentence **into English**.

1 Me chifla ir a la playa…
2 En verano…
3 Aprendí a jugar al…
4 En verano me…
5 Fue horroroso cuando…
6 Prefiero pasar…

a las vacaciones en el extranjero.
b prefiero estar al aire libre.
c me alojé en un camping ruidoso.
d si hace calor.
e mola ir al campo para descansar.
f voleibol y lo pasé fenomenal.

3 *escuchar*

Refresh your memory! Listen to these people talking about their holidays. Copy and complete the grid. (1–4)

	with whom?	when?	type of accommodation?	problems?
1	family	last year	hotel	dirty room
2				
3				
4				

⭐ Don't leave gaps! Make a sensible guess based on the context of the passage. For example, you may pick out the word *móvil* and could therefore work out that the holiday problem is likely to be a lost mobile phone.

4 *escuchar*

Your friend is talking to a girl called Maribel about a new hotel. Listen to the conversation and answer the following questions **in English**.

(a) Where is the hotel?
(b) What does Maribel say about the hotel facilities? Give <u>two</u> details.
(c) What does Maribel say about the activities at the hotel?

⭐ Each part of the question will be played twice; there will be a pause for you to write down your answer before the next part. You do **not** need to answer in full sentences.

5 Read the opinions about holiday activities on a website forum.

Gabriela	Es emocionante ir de excursión a la montaña, pero prefiero pasar tiempo en la playa.
David	Me encanta ver partidos de baloncesto y ¡siempre es más divertido si mi equipo gana!
Sofía	Siempre voy al centro para ir de compras, aunque lo que más me gusta es ver una película con mis amigos.
Rafael	Creo que montar en una montaña rusa es lo mejor de todo. No me gusta descansar porque soy deportista.

Who says what about how they spend their free time? Write either **Gabriela**, **David**, **Sofía** or **Rafael**.

(a) ———— likes going to the cinema.
(b) ———— enjoys going to the coast.
(c) ———— loves going to theme parks.
(d) ———— likes watching live sport.
(e) ———— enjoys going to the mountains.
(f) ———— prefers being active to relaxing.

6 Translate this passage **into English**.

> Me gusta mucho ir de vacaciones. Suelo tomar el sol o jugar al tenis. Normalmente nado en la piscina del hotel. El verano pasado fui a España y aprendí a hacer vela. Este año quiero ir al campo con mi familia.

7 Look at the task card and do this picture-based writing task.

Holidays

Estás en España con tu familia. Publicas esta foto en una red social para tus amigos.

Describe la foto **y** da tu opinión sobre las vacaciones.

Escribe aproximadamente 20–30 palabras **en español**.

⭐ Your sentences must be relevant to what is in the picture. Make sure the verb endings are correct. You will need to use the 'he/she' (*él/ella*) or 'they' (*ellos/ellas*) parts of the verb, e.g. **Las familias nadan en la piscina**. You must also give your opinion about holidays, e.g. **Me gusta mucho ir de vacaciones a un hotel con una piscina**.

8 Traduce las siguientes frases **al español**.

(a) The campsite is small.
(b) There is a cheap restaurant.
(c) I do sport with my friends – we play volleyball.
(d) Last summer I went to Spain by plane.
(e) If it is bad weather I prefer to use the computer because it is fun.

Módulo 2 ¡A repasar!

1 *Refresh your memory!* Look back at Module 2 and find the Spanish for the following school vocabulary. Can you then cover the words and write them down again from memory?

1. a blue jacket
2. some grey trousers
3. a white shirt
4. a green tie
5. a football pitch
6. a playground
7. a gym
8. a library

2 *Refresh your memory!* With a partner, take it in turns to give the following opinions about different school subjects. Make sure you include a reason for the opinion. Look back through Module 2 for ideas.

Example:
● ¿Qué opinas de las matemáticas?
■ Me gustan las matemáticas porque son fáciles.

⭐ Remember to use a variety of opinion phrases in your speaking and writing. Try to avoid using *me gusta* too many times. E.g *prefiero, me chifla, me mola, me encanta*, etc.

3 *Refresh your memory!* Listen to a girl talking about school rules. Note down **in English** <u>three</u> rules that she mentions.

4 *Refresh your memory!* Complete the sentences with an infinitive from the box.

1. El grupo va a ――― el sábado a las cinco de la tarde a una estación de tren de Madrid.
2. Vamos a ――― a muchas clases durante la semana.
3. Vas a ――― muchas cosas nuevas durante el intercambio.
4. Vamos a ――― juntos en el comedor del instituto.
5. Voy a ――― de excursión al parque del Retiro.

asistir	ir
hacer	llegar
comer	ver

5 You are listening to your exchange partner, Jorge, who is talking to your Spanish teacher about after-school activities.

What after-school activities does Jorge like doing?

Listen and write the <u>three</u> correct letters.

A chess club
B singing in the choir
C playing the guitar
D computing club
E drama club
F homework
G art club

ciento setenta y cuatro

Módulo 2

6 **leer** Read the extract from the text. Pedro has been threatened by another boy and describes going to school the next day.

> *La guerra de mi abuelo* by Leonardo Cervera
>
> Ayer por la mañana fui al colegio con cierto temor. Estaba claro que una agresión como la del día anterior no podía pasar sin castigo. Avancé por el pasillo mirando para atrás de vez en cuando, tenía miedo de que Jorge pudiera volver a atacarme por la espalda. Entré en mi clase rápidamente, me coloqué en el centro de la clase y miré hacia la puerta, dispuesto a defenderme como un león.

⭐ When faced with a complex text, read the questions first to give you an idea of what the text is about and what information you need to look for. Focus on the answers you have to find!

Write the letter of the correct words to complete each sentence.

(a) Pedro describes what happened…
  A   last week.
  B   last year.
  C   yesterday afternoon.
  D   yesterday morning.

(b) As Pedro goes along the corridor he looks…
  A   behind him.
  B   at Jorge.
  C   in every classroom.
  D   at the door.

(c) Pedro is feeling…
  A   confident.
  B   angry.
  C   afraid.
  D   happy.

(d) Pedro is ready to defend himself in the…
  A   town centre.
  B   classroom.
  C   playground.
  D   science laboratory.

7 **leer** Translate this passage **into English**.

> Nuestro instituto es muy grande y bastante moderno. Me encanta la informática porque es práctica, pero mi asignatura preferida es el inglés. Ayer por la tarde jugué al baloncesto y canté en el coro. El año que viene voy a aprender a tocar la trompeta.

8 **hablar** Prepare and perform this role play.

Topic: What school is like

Instructions to candidates:
You are talking to a Spanish friend about your school. The teacher will play the part of your Spanish friend and will speak first.
You must address your Spanish friend as *tú*.
You will talk to the teacher using the five prompts below.
- where you see – **?** – you must ask a question
- where you see – **!** – you must respond to something you have not prepared

Task

Estás hablando con un/a amigo/a español/a sobre tu colegio.

1 Clases – hora (terminar)
2 Actividades – después del colegio
3 **!**
4 Asignatura preferida – razón
5 **?** Uniforme – opinión

9 **escribir** Traduce las siguientes frases **al español**.

(a) I play the guitar.
(b) There are big laboratories.
(c) At break I download music – it is fun.
(d) Last term I took part in a competition.
(e) I don't like my uniform because the colour is ugly, but it is comfortable.

ciento setenta y cinco   **175**

Módulo 3 ¡A repasar!

1 *Refresh your memory!* Look back through Module 3 and then complete the sentences with an appropriate word or phrase from the box.

1 Siempre uso aplicaciones para ———.
2 Mi móvil es útil para ———.
3 En este momento estoy ——— en casa.
4 No puedo ir al concierto porque tengo que ———.
5 Quiero ——— porque está lloviendo.
6 Creo que leer en formato digital ———.

cuidar a mi hermana	organizar las salidas con mis amigos
subir y ver vídeos	escuchando música
quedarme en casa	protege el planeta

2 *Refresh your memory!* Listen to four people talking about reading. Copy and complete the table in English. (1–4)

	What do they read?	How often do they read?	What is their opinion of reading? Write P, N or P+N
1 Ángel			
2 Cristina			
3 Luis			
4 Alicia			

3 *Refresh your memory!* Choose two family members or friends. Note down two physical characteristics and two character traits for each of them. Then write out a full description for one of them.

Mi…	**Es…**	**Es…**	**Tiene** los ojos…	**Tiene** el pelo…
hermano hermana	bajo/a alto/a	impaciente paciente	azules	corto largo
padre madre	gordo/a delgado/a	tímido/a hablador(a)	verdes	rizado liso
abuelo abuela	guapo/a feo/a	divertido/a pesimista	marrones	rubio castaño
amigo amiga	viejo/a joven		grises	

Ejemplo: Mi hermano – bajo, pelo corto, tímido, paciente
→ Mi hermano **es** bastante bajo y **tiene** el pelo corto. **Es** muy tímido y **es** paciente.

4 Your Spanish friend, Mateo, is telling you about his family. Complete the sentences. Choose the correct word from the box.

| brother | fun | father | impatient |
| mother | football | grandmother | cars |

(a) Mateo gets on really well with his ——— and they share an interest in ———.
(b) Mateo describes his sister as ——— but he has the best time with his ———.

⭐ You need to listen very carefully for the details about each family member. Remember, some of the words you hear may be distractors!

ciento setenta y seis

Módulo 3

5 leer — Read this web article about technology.

La tecnología, y especialmente los móviles, han cambiado nuestras relaciones sociales. Tienen muchas ventajas, pero también pueden ser estresantes. Para aprovechar la tecnología móvil, recomendamos varias cosas. En primer lugar, no se debe utilizar el móvil una hora antes de ir a la cama si quieres dormir bien. También hay que apagar el teléfono durante las horas de estudio para evitar distracciones.

Answer the following questions in English. You do not need to write full sentences.
- **(a)** What **specifically** has changed the way we interact with each other?
- **(b)** What disadvantage is there to using this type of technology?
- **(c)** Name one piece of advice the article gives.

The article continues.

Sobre todo, debemos ser conscientes de los peligros de las redes sociales. Nosotros, los jóvenes, usamos los chats frecuentemente y siempre habrá gente desconocida que buscará oportunidades para conversar con nosotros. Hay que tener cuidado y usar las redes sociales de una manera segura.

- **(d)** What does this part of the article say we must be aware of?
- **(e)** What do young people use regularly that may put them at risk?

6 leer — Translate this passage into English.

Ahora estoy jugando con mi móvil y estoy comiendo pizza. Me gusta mucho usar una nueva aplicación que tengo para controlar mi actividad física. ¡Es muy divertido! La semana pasada corrí quince kilómetros. Mañana voy a descargar música con mis amigos.

7 hablar — Prepare and perform this picture-based speaking task.

Topic: Cultural life

Mira la foto y prepara las respuestas a los siguientes puntos:
- la descripción de la foto
- tu opinión sobre la lectura
- la última vez que saliste con tus amigos
- lo que vas a hacer este fin de semana
- tu opinión sobre los videojuegos

⭐ Use part of the 12 minutes preparation time to prepare notes on what you are going to say for each bullet point. However, you are not allowed to read out whole sentences from your notes. Think about the verbs needed for each point. You will be required to give justified **opinions** and use the **preterite** and the **near future** tenses.

8 escribir — Traduce las siguientes frases al español.

- **(a)** I am tall.
- **(b)** My brother has curly hair.
- **(c)** I get on well with my mother – she is very talkative.
- **(d)** Yesterday morning I uploaded lots of videos.
- **(e)** I like to read newspapers because they are interesting, but I don't like magazines.

Módulo 4 ¡A repasar!

1 escuchar **Refresh your memory!** Listen to Mónica talking about her leisure activities and answer the questions **in English**.

1. What hobbies does Mónica mention?
2. What does she like to do most?
3. What type of film did she see recently?
4. a) What does she do to relax?
   b) Where did she go with friends?

2 escribir **Refresh your memory!** Complete the following sentences with an appropriate phrase. Then translate them **into English**.

1. Gasto mi paga en ⬚. 
2. Jugué al ⬚ e hice ⬚. 
3. Mi programa favorito es ⬚. 
4. Suelo ⬚. 
5. Antes ⬚, pero ahora ⬚. 
6. He perdido mi ⬚.

3 escribir **Refresh your memory!** Make a list of <u>ten</u> adjectives that you could use to describe a book, film or leisure activity. Avoid the obvious ones like *interesante* and *aburrido*!

> ⭐ Having a bank of interesting and less common adjectives at your fingertips will raise the level of your Spanish. Create your own top ten!

4 escribir **Refresh your memory!** Now use your adjectives from exercise 3 to complete the sentences. Remember to check the endings of your adjectives.

1. Me chiflan las comedias porque son ⬚.
2. Los personajes de este libro son ⬚.
3. Recomiendo la telenovela porque es ⬚.
4. El nuevo juego de acción es ⬚.
5. Monto en monopatín porque es ⬚.

5 escuchar María and her friends have been to a live music event. What did they think of the event?
Listen and write the correct **letter or letters** for each person.

María   Juan   Álvaro

A loved hearing groups from different countries
B thought the tickets were expensive
C enjoyed dancing at the event
D thought the venue was too big
E did not like all the songs performed
F bought a souvenir at the event
G saw a classical orchestra
H found the venue overcrowded

ciento setenta y ocho

6 Lee el artículo sobre la autora J.K. Rowling.

La autora J.K. Rowling es un modelo a seguir para mucha gente joven. Es una de las escritoras preferidas por los jóvenes lectores. Sus personajes son reconocidos a nivel internacional y la serie de Harry Potter se vende en más de doscientos países y en setenta y tres idiomas.

J.K. Rowling está casada y vive en Escocia con sus tres hijos. En mayo va a recibir el premio PEN de literatura por su mundo de fantasía de Hogwarts.

**Completa cada frase con una palabra del recuadro.
No necesitas todas las palabras.**

idiomas	amigo	colegios	famosas	jóvenes	escritores
favorita	países	complicadas	tiendas	marido	inteligente

Ejemplo: J.K. Rowling es un modelo a seguir para muchos jóvenes.

(a) Para mucha gente joven, es su autora ———.
(b) Las personas en sus libros son muy ———.
(c) Se pueden comprar sus libros en muchos ———.
(d) Se pueden leer sus libros en más de setenta ———.
(e) La autora vive en Escocia con sus hijos y su ———.

> ⭐ Read through quickly to get the gist, then look at the statements to see which words make sense in each gap, in terms of meaning and grammar. The answer options often work in pairs, so first find the appropriate pair and then choose the correct option.

7 Translate this passage into English.

Me encantan los fines de semana. Suelo salir con mi mejor amigo los sábados por la tarde. Normalmente descanso en casa con mi familia los domingos. Ayer hice patinaje y jugué al balonmano. Este fin de semana iré al cine y compraré unas palomitas ricas.

8 Look at the task card and do this shorter writing task.

El cine

Usted va a hacer un intercambio en España. Un profesor en el colegio español quiere saber su opinión de ir al cine.

Escriba usted un email al profesor con la información siguiente:
- el precio de las entradas
- la comida y la bebida que compra
- el tipo de películas que usted prefiere ver
- la próxima película que quiere ver con sus amigos.

Escriba aproximadamente 40–50 palabras **en español**.

9 Traduce las siguientes frases al español.

(a) I play table football.
(b) My father goes cycling.
(c) I go to the bowling alley often – it is really fun.
(d) During the concert, I danced and took lots of photos.
(e) I prefer to watch television because it relaxes me, but I also like to read.

Módulo 5 ¡A repasar!

1 *Refresh your memory!* **Look back at Module 5 and finish these sentences appropriately. Then translate your partner's sentences.**

1. Mi ciudad está en ———.
2. En mi pueblo solo hay una ——— y un ———.
3. Sigue todo recto y toma la ——— calle a la izquierda.
4. La gorra cuesta ———.
5. El clima es ———.
6. La panadería abre ———.
7. Me gusta ir de compras porque es ———.
8. Odio comprar por Internet porque es ———.

2 *Refresh your memory!* **Listen and decide what item they bought and what the problem is. Choose from the options on the right. Do they receive a refund or an exchange for each item? Write R or E. (1–3)**

Example: t-shirt / too small / R

trousers	too small
scarf	too big
earrings	broken
t-shirt	stained
shoes	torn

3 *Refresh your memory!* **In pairs, imagine you recently visited a famous city in the UK or abroad. Ask and answer questions about this city with your partner**

- ¿Adónde fuiste?
- ¿Qué tiempo hizo?
- ¿Qué hiciste?
- ¿Qué tal tu visita a…?

- *Fui a…*
- *Hizo…*
- *Visité… Vi….*
- *Fue…*

4 **You are in the tourist office in Salamanca, with your friend Luis. What does Luis ask about?**

Listen and write the three correct letters.

Example: visiting the palace

- A the flamenco show
- B a tour of the city
- C a trip to the countryside
- D the best restaurants
- E museum tickets
- F concert tickets
- G visiting historic buildings

la Catedral Vieja, Salamanca

⭐ Make sure you read the instructions carefully. In the exam, you will be asked to put a cross in three boxes. Make sure you **only** choose three options. If you choose more than this, you may not receive any marks at all.

5 **Translate this passage into English.**

Siempre me mola ir de compras, pero odio los grandes almacenes. Ayer fui a una tienda nueva y compré una bufanda azul. Si hace buen tiempo mañana, quiero volver al centro de la ciudad para comer en la plaza Mayor.

6 Read the text about a Spanish town.

> Mateo nació en un pequeño y hermoso pueblo, a pocos kilómetros de la costa. Al lado de su casa había una pescadería, donde un señor, alto con pelo negro y una barba larga, cortaba las cabezas a los diferentes pescados que vendía cada mañana. Mateo siempre pasaba los domingos en la iglesia, enfrente de una panadería, donde otro señor mayor vendía pan, pasteles y chocolate a los vecinos.

Answer the following questions in English. You do not need to write full sentences.

(a) Where is the town located?
(b) Where does the tall man with the long beard work?
(c) Where is the church?
(d) Name **one** thing sold by the other older man?

7 Prepare and perform this role play.

Topic: Travel and tourist information

Instructions to candidates:

You are in a gift shop in Spain and want to buy a present. The teacher will play the role of the assistant and will speak first.

You must address the assistant as *usted*.

You will talk to the teacher using the five prompts below.

- where you see – **?** – you must ask a question
- where you see – **!** – you must respond to something you have not prepared.

Task

Usted está en una tienda de recuerdos y quiere comprar un regalo.

1. Recuerdo – tipo
2. Color
3. !
4. El pueblo – opinión
5. ? Tienda – horario

> ⭐ To say how you want to pay, try using *tarjeta de crédito* (credit card). How would you say 'I want to pay with…'? You do not need to use an indefinite article.

8 Traduce las siguientes frases al español.

(a) It is sunny.
(b) My city is next to a river.
(c) In winter, you can ski in the mountains.
(d) Last summer I visited the castle.
(e) On Monday we are going to go on a boat trip.

Módulo 6 ¡A repasar!

1 *hablar* — **Refresh your memory!** With your partner take it in turns to name different food and drink items. See who can name the most. Start with the items below. Then go to pages 130–131 and write down the words you did not remember.

2 *escribir* — **Refresh your memory!** Complete each food item with any appropriate quantity. Then translate each item **into English**.

Example: **1** *medio kilo de pescado* = half a kilo of fish

1. pescado
2. judías verdes
3. azúcar
4. cereales
5. refrescos
6. pollo

3 *escuchar* — **Refresh your memory!** Listen to people describing music festivals. (1–3)
Note down **in English**:
- the type of music mentioned
- whether the festival is in the past or the future
- if the description is positive (**P**), negative (**N**) or positive and negative (**P+N**)

> Time expressions do not always tell you whether something is in the past or the future. Listen for the tense of the verb used as well. E.g.
>
> *El jueves **fuimos** a un concierto.* — On Thursday **we went** to a concert.
>
> *El jueves **vamos a ir** a un concierto.* — On Thursday **we are going to go** to a concert.

4 *escuchar* — Your Spanish friend is talking about her town. What does she say?

Listen and write the correct letter for each question.

Example: Her town is located in the… D
- **A** south of Spain.
- **B** north east of Spain.
- **C** west of Spain.
- **D** north of Spain.

(a) Her favourite thing about her town is…
- **A** the buildings.
- **B** the typical food.
- **C** the climate.
- **D** the people.

(b) The place she loves most is…
- **A** the old town.
- **B** the beach.
- **C** the mountains.
- **D** the bull ring.

(c) Every weekend she…
- **A** works in a shop.
- **B** walks around the town.
- **C** swims in the sea.
- **D** goes to church.

ciento ochenta y dos

Módulo 6

5 **Traduce las siguientes frases al español.**

(a) I watch the fireworks.
(b) We have dinner at half-past eight.
(c) I like celebrating my birthday with the whole family – it is exciting.
(d) Yesterday I bought two loaves of bread.
(e) Next year I would like to go to a festival in Spain.

6 **Lee la información sobre oportunidades para estudiantes durante el verano.**

> **Oportunidad Parque Temático**
> Un parque temático en la costa busca estudiantes con energía, buen humor y lenguas extranjeras para trabajar en sus atracciones. No vas a necesitar experiencia.
>
> **Oportunidad Verano**
> Si tienes tiempo libre este verano, ¿por qué no trabajas como voluntario en nuestra famosa celebración? Va a ser una experiencia inolvidable: trabajar en la oficina de los Sanfermines y ayudar a miles de personas a participar en la fiesta.
>
> **Oportunidad Fruta**
> ¿Te mola la fruta? ¡El campo te necesita! Buscamos jóvenes para la recogida de albaricoques, aguacates y ciruelas. Es un trabajo en un ambiente relajante.
>
> **Oportunidad Tapas**
> ¿Te interesa saber más de las tapas? Ven a trabajar en un nuevo restaurante español en la plaza Mayor. Vas a tener la oportunidad de aprender a cocinar platos típicos como marisco, arroces y paellas.

¿Cuál es la oportunidad ideal? Escoge entre **Parque Temático**, **Verano**, **Fruta** o **Tapas**. Puedes usar las palabras más de una vez.

(a) Te gusta trabajar al aire libre: ─────
(b) Hablas español, inglés y un poco de francés: ─────
(c) No necesitas ganar dinero: ─────
(d) Te interesa preparar la comida: ─────
(e) Quieres estar en un lugar tranquilo: ─────

7 **Translate this passage into English.**

> Hoy es un día especial porque es mi cumpleaños. Normalmente me gusta ir al cine y luego como albóndigas con mi madre. Este año fui a un concierto para ver a mi cantante favorito. El verano que viene trabajaré como voluntario en un festival de música.

8 **Look at the task card and do this extended writing task.**

La comida inglesa

Tu amiga Elena te ha preguntado sobre los restaurantes en Inglaterra. Escribe una respuesta a Elena.

Debes incluir los siguientes puntos:

- describe la comida inglesa
- la última vez que fuiste a un restaurante
- por qué es importante comer en familia
- lo que vas a comer este fin de semana.

Escribe aproximadamente 80–90 palabras **en español**.

⭐ Remember to use the correct tense(s). For this task, you need to write about a past visit to a restaurant using the **preterite**. You will also need the **imperfect** tense if you describe the restaurant or the people there. The third bullet requires the **present** tense and you will need the **near future** tense to say what you are going to eat.

ciento ochenta y tres

Módulo 7 ¡A repasar!

1 *Refresh your memory!* Write <u>six</u> sentences about jobs you would or would not like to do, giving reasons. Look back at Module 7 for help and ideas. Then swap with your partner and translate one another's sentences.

> Me gustaría ser jardinero porque es un trabajo variado.
> I would like to be a gardener because it is a varied job.
> No quiero ser profesora porque no soy paciente.
> I don't want to be a teacher because I am not patient.

2 *Refresh your memory!* Copy and complete the grid with the *yo* (I) and *nosotros* (we) forms of the verbs.

infinitive	present	preterite
ganar (to earn)	gano ganamos	gané ganamos
ayudar (to help)		ayudamos
tener (to have)		tuvimos
hacer (to do)	hago	hicimos
ir (to go)	vamos	fui

⭐ Try to use the *nosotros* (we) form in your spoken and written work. It is usually easy to form if you know the first person singular of the verb.

3 *Refresh your memory!* Listen and answer the questions **in English**.

1. What job does Lucía do?
2. What are the good and bad points?
3. What has helped her career?
4. What does she want to do next?

4 Oyes una entrevista en la radio sobre una empresa internacional. Rellena el espacio en cada frase con una palabra del recuadro. Hay más palabras que espacios.

culturas	sueldo	personas	escribir	empleo	textos
traducir	a veces	correos electrónicos	~~internacional~~	frecuentemente	grande

Ejemplo: Xavier trabaja en un banco <u>internacional</u>.

(a) Cree que si hablas idiomas puedes conocer otras ———.
(b) Las lenguas extranjeras son útiles para tener un buen ———.
(c) Xavier habla idiomas extranjeros ———.
(d) En su trabajo, los idiomas son importantes para entender ———.
(e) Xavier no necesita ayuda para ———.

⭐ Remember, if the question is in Spanish, you answer in **Spanish**. You will receive no marks for answers in the wrong language!

ciento ochenta y cuatro

Módulo 7

5 Translate this passage **into English**.

> Tengo un trabajo aburrido porque reparto periódicos tres veces a la semana. Normalmente trabajo de socorrista en el polideportivo en julio y agosto. El verano pasado no trabajé allí, pero ayudé en el gimnasio. Si saco buenas notas, iré a la universidad.

6 Lee el artículo sobre la experiencia laboral.

> Me llamo Elena y tengo veinte años. Mi primera experiencia laboral tuvo lugar en la biblioteca de la universidad. El sueldo no era muy bueno, sin embargo, el horario me permitía asistir a clase. Organizaba las estanterías y muchas veces ayudaba en la sala de informática.
>
> Sin embargo, mi amigo Rafael trabajó en una empresa de marketing. Sacaba muchas fotocopias y tenía que repartir el correo. No era un trabajo muy interesante, pero sus colegas eran muy amables.

Escribe la letra correcta para cada pregunta.

(a) Elena trabajó con…
- A niños pequeños.
- B libros.
- C música.
- D comida.

(b) En su trabajo, Elena…
- A ganó mucho dinero.
- B era voluntaria.
- C ganó bastante dinero.
- D no ganó mucho dinero.

(c) A menudo Elena…
- A repartía el correo.
- B sacaba fotocopias.
- C trabajaba con los ordenadores.
- D mandaba correos electrónicos.

(d) Su amigo Rafael trabajó en…
- A un hospital.
- B la universidad.
- C un hotel.
- D una oficina.

(e) Lo bueno del trabajo de Rafael fue…
- A la gente.
- B el sueldo.
- C el horario.
- D el jefe.

> Many exam tasks use synonyms. So when you learn vocabulary, it is a good idea to create mind maps of any similar or closely related words or phrases.
>
> salary → *el sueldo, ganar mucho dinero*
> colleagues → *colegas, compañeros/as, personas, gente, amigos/as*

7 Prepare and perform this picture-based speaking task.

Topic: Work

Mira la foto y prepara las respuestas a los siguientes puntos:
- la descripción de la foto
- tu opinión sobre las prácticas laborales
- la última vez que hiciste algo para ganar dinero
- lo que te gustaría hacer en el futuro
- tu opinión sobre los trabajos voluntarios

8 Traduce las siguientes frases al español.

(a) I wash the dishes.
(b) He works as a cashier at the weekends.
(c) I speak English and Spanish every day.
(d) I wrote emails and I learned a lot.
(e) I want to work as a dentist because I love to help other people.

> To perform well on the picture-based task, you need to **reply clearly** to all the questions. If you do not understand, you can ask, in Spanish, for that question to be repeated: *¿Puede repetir, por favor?* You will not lose any marks for doing this.
>
> You must also remember to give and **justify** opinions. E.g. *Me gustan las prácticas laborales **porque** son una experiencia educativa y yo aprendí mucho cuando trabajé en una tienda.*

ciento ochenta y cinco

Módulo 8 ¡A repasar!

1 *Refresh your memory!* Match the sentence halves. Then translate the sentences **into English**.

1. En casa separamos…
2. Para ser verdes, casi…
3. Para mí, el peor problema…
4. Hay que cuidar…
5. Se debería ahorrar…
6. No se debería…

a. el medio ambiente.
b. nunca ponemos la calefacción.
c. energía en casa.
d. el papel, el plástico y el vidrio.
e. tirar basura al suelo.
f. es la desigualdad social.

2 *Refresh your memory!* In pairs, choose **two** of the following headings and create a mind map. Write at least **three** phrases for each one.

Example:

Nunca me emborracho. — beber alcohol — No es bueno para la salud.

- beber alcohol
- fumar cigarrillos
- tomar drogas blandas
- tomar drogas duras
- el medio ambiente

> Make sure you have a good supply of opinion phrases to discuss these types of issues. E.g.
> *Lo más preocupante es…*
> *Para mí, el problema más serio es…*
> Look back through Module 8 and write down at least **six** other opinion phrases.

3 *Refresh your memory!* Listen to the conversation about world issues. Which **two** issues are **not** mentioned?

Endangered animals   Pollution   Hunger   Drug addiction   Economic crisis

4 Some Mexican students are talking about the problems young people face in their country. What do they each say is the worst problem?

Listen and write the correct **letter or letters** for each person.

Andrea   Sergio   Alba

A unemployment
B obesity
C endangered animals
D lack of healthcare
E drugs and alcohol
F homelessness
G poverty
H pollution

ciento ochenta y seis

5 Read the article about the Galapagos Islands below.

En enero de 2001, hubo un accidente con un barco petrolero en las islas Galápagos y el agua estuvo contaminada durante muchos años. Fue uno de los mayores desastres naturales. Hace veinte años no había tantos turistas que visitaban las islas, pero ahora existe el problema del exceso de turismo: muchos turistas quieren explorar las aguas, que ofrecen la oportunidad de ver tortugas gigantes, iguanas y cientos de variedades de peces.

El gobierno de Ecuador está regulando el turismo porque, desafortunadamente, algunas de las especies de plantas y varios animales están en peligro de extinción. Por ejemplo, siempre hay que visitar estos lugares con un guía naturalista profesional. Actualmente, el gobierno está educando a la población para cuidar el medio ambiente y proteger las islas y los animales.

Answer the following questions in English.
- (a) What was the result of the boat accident?
- (b) What problem do the Galapagos Islands face today?
- (c) Summarise what the Ecuadorian government is doing to help.

6 Translate this passage into English.

El problema más serio es la destrucción del medio ambiente y me preocupa mucho. En casa ahorro energía y uso el transporte público todos los días. Ayer planté árboles en el patio de mi colegio. En el futuro usaré más productos ecológicos.

7 Look at the task card and do this picture-based writing task.

Los eventos deportivos

Estás en España de vacaciones. Ves esta foto en las redes sociales.

Describe la foto **y** da tu opinión sobre los eventos deportivos.

Escribe aproximadamente 20–30 palabras **en español**.

⭐ To describe the photo, include:
- Who or what is in the photo – *en esta foto hay…*
- What is happening – *la chica trabaja…*
- What the weather is like – *hace…*
- Where the photo is located – *están en…*

Remember, the task card also asks you to give an opinion about something – what?

8 Traduce las siguientes frases al español.

- (a) I turn off the lights.
- (b) There is a lot of pollution in my country.
- (c) At home I recycle glass and it is very easy.
- (d) Last week I took part in a football match.
- (e) I am going to use less energy because I am worried about the environment.

ciento ochenta y siete **187**

General conversation questions

> ⭐ The Edexcel Spanish course is made up of several topics (e.g. *holidays*, *cultural life*), which are grouped into five **themes**:
> - Theme 1 – Identity and Culture
> - Theme 2 – Local area, holiday and travel
> - Theme 3 – School
> - Theme 4 – Future aspirations, study and work
> - Theme 5 – International and global dimension

Module 1
Theme: Local area, holiday and travel (holidays; travel and tourist transactions)

1. ¿Qué haces en verano?
2. ¿Dónde prefieres pasar las vacaciones? ¿Por qué?
3. ¿Adónde fuiste de vacaciones el año pasado?
4. ¿Dónde te alojaste?
5. ¿Cómo era el pueblo / la ciudad?
6. ¿Qué fue lo mejor de tus vacaciones?
7. ¿Qué planes tienes para el próximo verano?
8. ¿Prefieres ir a un hotel o un camping? ¿Por qué?
9. ¿Cuándo prefieres ir de vacaciones? ¿Por qué?
10. ¿Qué país te gustaría visitar en el futuro? ¿Por qué?

Module 2
Theme: School (what school is like; school activities)

1. ¿Cómo es tu insti? ¿Qué instalaciones tiene / no tiene?
2. ¿Qué asignaturas te gustan y no te gustan? ¿Por qué?
3. ¿Qué opinas del uniforme escolar?
4. ¿Qué piensas de las normas de tu insti?
5. ¿Qué es lo bueno / malo de tu insti?
6. Describe un día escolar típico.
7. ¿Qué actividades extraescolares haces?
8. ¿Qué actividades extraescolares hiciste el año pasado?
9. ¿Qué planes tienes para este trimestre?
10. ¿Te gustaría participar en un intercambio o viaje escolar en el futuro? ¿Por qué (no)?

Module 3
Theme: Identity and culture (who am I?; cultural life)

1. Describe a un buen amigo tuyo / una buena amiga tuya.
2. ¿Quiénes son más importantes, tus amigos o tus padres?
3. ¿Estás enganchado/a a tu móvil? ¿Por qué (no)?
4. ¿Qué aplicaciones usas para estar en contacto con tus amigos y con tu familia?
5. ¿Qué piensas de las redes sociales?
6. ¿Qué te gusta leer? ¿Por qué?
7. ¿Te llevas bien con tu familia? ¿Por qué (no)?
8. ¿Por qué es importante pasar tiempo en familia?
9. ¿Cómo es un buen amigo / una buena amiga?
10. ¿Qué planes tienes con tus amigos este fin de semana?

Module 4
Theme: Identity and culture (who am I?; cultural life)

1. ¿Qué haces en tus ratos libres?
2. ¿Eres teleadicto/a? ¿Por qué (no)?
3. ¿Prefieres ver películas en casa o en el cine? ¿Por qué?
4. ¿Qué tipo de películas prefieres? ¿Por qué?
5. ¿Qué tipo de música te gusta? ¿Por qué?
6. ¿Qué planes tienes para este fin de semana?
7. ¿Tus padres te dan dinero? ¿Qué haces con tu dinero?
8. ¿Qué deportes haces? ¿Eres miembro de un club / un equipo?
9. Háblame de la última vez que participaste en un deporte.
10. ¿Quién es tu modelo a seguir? ¿Por qué?

⭐ For the General Conversation, you can choose a **topic** (e.g. *school activities*) from **one** of the themes for your discussion. You will be allowed to speak about this for up to one minute at the start. After that you will be required to continue with the discussion on your chosen topic (or the wider theme). Your teacher will then ask you questions on a second theme. You can use the questions below in order to help prepare.

Module 5
Themes: Local area, holiday and travel (town, region and country); Identity and culture (daily life)

1. ¿Cómo es la ciudad o el pueblo donde vives?
2. ¿Cuál es tu ciudad favorita? ¿Por qué te gusta?
3. ¿Dónde te gusta comprar? ¿Por qué?
4. ¿Qué es mejor, vivir en la ciudad o en el campo? ¿Por qué?
5. ¿Qué es lo mejor del lugar donde vives? ¿Y lo peor?
6. ¿Qué hay para turistas en tu zona? ¿Qué se puede hacer?
7. ¿Qué hiciste recientemente en tu zona?
8. ¿Te gusta comprar por Internet? ¿Por qué (no)?
9. ¿Adónde fuiste de compras la última vez y qué compraste? ¿Qué hiciste?
10. Describe una visita que hiciste a una ciudad (en Gran Bretaña o en otro país).

Module 6
Theme: Identity and culture (daily life; cultural life)

1. ¿Qué te gusta comer? ¿Por qué?
2. ¿Te gusta la comida española? ¿Por qué (no)?
3. ¿Prefieres cenar en casa o en un restaurante? ¿Por qué?
4. Háblame de lo que hiciste en un día especial reciente con tus amigos o tu familia.
5. ¿Cómo vas a celebrar tu próximo cumpleaños?
6. ¿Cuál es tu cantante / grupo favorito? ¿Por qué?
7. ¿Te interesa ir a un festival de música? ¿Por qué (no)?
8. Háblame de lo que hiciste por Navidad el año pasado.
9. ¿Cuál es tu fiesta favorita? ¿Por qué?
10. ¿Te gustaría ir a una fiesta en España? ¿Cuál?

Module 7
Theme: Future aspirations, study and work (using languages beyond the classroom; ambitions; work)

1. ¿Tienes un trabajo a tiempo parcial? ¿Qué haces?
2. ¿Qué planes tienes para el futuro?
3. ¿Qué opinas de ir a la universidad? ¿Por qué?
4. ¿Qué haces para ayudar en casa?
5. ¿Dónde hiciste tus prácticas laborales?
6. ¿Qué trabajo te gustaría hacer? ¿Por qué?
7. ¿Qué idiomas hablas?
8. ¿Por qué es importante aprender idiomas?
9. ¿Te gustaría tomar un año sabático? ¿Qué te gustaría hacer?
10. ¿Qué otras ambiciones tienes? ¿Por qué?

Module 8
Theme: International and global dimension (bringing the world together; environmental issues)

1. ¿Cuál es el problema más serio en el mundo o en tu país?
2. ¿Cómo se puede solucionar el problema?
3. ¿Crees que son importantes los eventos deportivos internacionales?
4. ¿Qué opinas de los grandes eventos musicales?
5. ¿Te gusta tu casa? ¿Por qué (no)?
6. ¿Qué haces para ser verde en casa?
7. ¿Cómo se debería cuidar el medio ambiente?
8. ¿Es importante ser solidario? ¿Por qué (no)?
9. ¿Participaste en algún evento solidario?
10. ¿Qué planes tienes para ser solidario en el futuro?

ciento ochenta y nueve

Te toca a ti: Módulo 1

1 *leer* — Match up the sentence halves. Then translate them into English.

1 **Hace dos años fui de vacaciones a**…
2 **El primer día** fui al parque de atracciones,…
3 **Al día siguiente por la mañana** hice…
4 **Luego, por la tarde** fui al centro comercial…
5 **El último día** hizo mucho calor, y…
6 **Por un lado,** lo pasé bien, pero…

a por eso tomé el sol en la playa.
b y compré recuerdos para mis amigos.
c por otro lado, perdí mi móvil. ¡Qué desastre!
d turismo y saqué muchas fotos.
e Benidorm con mi familia. Viajamos en avión.
f donde vomité en una montaña rusa.

2 *escribir* — Write a paragraph about your holidays. Use the phrases in **bold** in exercise 1 to help you.

3 *leer* — Read the text. What is Isabel's opinion of each of the following features of the hotel?

Example: **1** *not cheap*

ComparteTuVisita.com

Isabel-98
La Palma

¡Hotel horroroso!
No recomiendo este hotel. No es barato – 150 € por noche. ¡Qué timo! Las habitaciones son ruidosas y las camas no son cómodas – es imposible dormir por la noche. El baño es feo y no hay toallas. Es inaceptable. También la piscina y el gimnasio son bastante antiguos. No hay espacio para nuestro coche porque el aparcamiento es demasiado pequeño, y la recepcionista es muy arrogante. Además, el desayuno no es nada especial. ¡No voy a volver!

1 the price
2 the rooms
3 the beds
4 the bathroom
5 the sports facilities
6 the car park
7 the staff
8 the food

¡Qué timo!   What a con!

4 *escribir* — Write about the hotel where you are staying, using the pictures. Add extra details.

Example: Recomiendo este hotel. El baño es… y el restaurante es… ¡Qué guay! También…

luxurious

big

modern

lively

pretty

> Be sure to choose the correct verb:
>
> *es*   (it) is
> *son*   (they) are
> *hay*   there is/are
>
> Also, remember to make adjectives agree:
>
> *El baño es lujoso.*
> The bathroom is luxurious.
> *Las camas son cómodas.*
> The beds are comfortable.

Te toca a ti: Módulo 2

1 Match up the sentence halves. Write them out in full.

1 Asisto a…
2 Voy…
3 Las clases empiezan…
4 Tenemos…
5 El recreo es a las…

a a las nueve menos cuarto.
b diez y media.
c un instituto grande y mixto.
d cinco clases al día.
e al insti a pie porque está cerca de mi casa.

2 Adapt the phrases from exercise 1 to write a paragraph about your typical school day. Look back at pages 28–29 to add detail and extend your sentences.

3 Match the questions to the correct answers.
Example: **1** b

1 ¿Qué asignaturas te gustan?
  a Mi profe de geografía es genial.
  b Me gusta el español porque los idiomas son importantes.

2 ¿Cómo es tu insti?
  a Es bastante grande. Los edificios son antiguos, pero son bonitos.
  b Hay un gimnasio y un campo de fútbol.

3 ¿Qué llevas?
  a Tengo que llevar uniforme.
  b Odio mi uniforme porque es feo e incómodo.

4 ¿Qué es lo bueno de tu insti?
  a Las normas son demasiado estrictas.
  b Hay instalaciones deportivas muy buenas.

5 ¿Hay problemas en tu insti?
  a Soy miembro del club de baloncesto.
  b Sí, el estrés de los exámenes.

6 ¿Participaste en un intercambio o en un viaje escolar el año pasado?
  a Sí, participé en un viaje a Islandia.
  b Sí, voy a participar en un intercambio en el futuro.

4 Copy out the answers from exercise 3 that match the questions below.
Example: **1** Hay un gimnasio y un campo de fútbol.

1 ¿Qué instalaciones hay?
2 ¿Qué actividades extraescolares haces?
3 ¿Qué opinas de tus profes?
4 ¿Quieres participar en un intercambio?
5 ¿Qué es lo malo de tu insti?
6 ¿Qué opinas de tu uniforme?

5 Write a text about your school, answering at least <u>six</u> questions from exercises 3 and 4.

⭐ Follow the order of questions in exercises 3 and 4 to help you structure your work logically. Develop your answers fully by referring back to previous work, and pages 26–37 in this book.

ciento noventa y uno **191**

Te toca a ti: Módulo 3

1 **Read the profiles and answers the questions.**

www.amorcitos.es

mi media naranja — my other half
mi alma gemela — my soulmate

Tu gran historia de amor te espera

Mi pareja ideal es una persona inteligente, con buen sentido del humor, y que me acepta como soy. En el futuro quiero formar una familia y creo que el matrimonio es bueno porque es más estable para los niños. **Mateo**

Quiero casarme en el futuro porque me importa la seguridad, pero no quiero tener niños porque mi carrera y mis amigos son más importantes. Mi pareja ideal es alguien trabajador y romántico, pero también deportista. **Paula**

No me gusta la idea de una boda tradicional. Creo que es una costumbre anticuada y cuesta demasiado. Quiero una relación amorosa para siempre, pero prefiero la opción de una unión civil. **Vicente**

Who…
1 doesn't like the idea of a traditional wedding?
2 doesn't want to start a family?
3 wants to have children?
4 doesn't want to get married?
5 believes that marriage is more stable when you have a family?
6 is looking for a partner who is hard-working?

2 **Read the texts again and find the Spanish phrases.**
1 My ideal partner
2 who accepts me as I am
3 I want to get married
4 marriage is good
5 it is an old-fashioned custom
6 security is important to me
7 I prefer the option of a civil partnership
8 I want to start a family

3 **Write a paragraph. Use the language from the excercises above to help you answer the questions below.**
- ¿Cómo es tu pareja ideal?
- ¿Quieres casarte en el futuro? ¿Por qué (no)?
- ¿Quieres formar una familia? ¿Por qué (no)?

Mi pareja ideal es una persona <u>divertida</u> y… También…

Quiero casarme en el futuro porque <u>me importa la seguridad</u> / No quiero casarme porque… y…

Quiero formar una familia porque <u>me encantan los niños</u> / No quiero formar una familia porque…

ciento noventa y dos

Te toca a ti: Módulo 4

1 Copy the questions and choose the correct word for each gap. Then match each question to the correct answer.

Example: **1** ¿Qué sueles hacer en tu <u>tiempo</u> libre? – e

1 ¿Qué sueles hacer en tu ――― libre?
2 ¿Eres aficionado/a de un ――― de fútbol?
3 ¿Qué deportes haces los fines de ―――?
4 ¿Dónde prefieres ――― las películas?
5 ¿Qué ――― de programas te gusta?
6 ¿Te gusta ――― música?

a Soy un fanático de las series policíacas.
b Prefiero ir al cine porque el ambiente es mejor.
c Sí, siempre veo los partidos del Chelsea.
d ¡Me encanta! Mi cantante favorita es Beyoncé.
e Monto en bici y toco la guitarra.
f Los sábados hago judo y juego al pádel.

ver   escuchar   natación   ~~tiempo~~   tipo   dinero   semana   equipo

2 Write your own answers to questions 1–6 in exercise 1. Try to give extra details.

3 Read the news article and choose the <u>three</u> correct statements.

Los gustos deportivos de los españoles

Según una encuesta reciente, el Real Madrid no es solo el club español que ha ganado más premios, también es el club con más aficionados (37,9% de los encuestados). Una de cada cuatro personas prefiere el Barça.

Deportes más seguidos
– Fútbol. Es el deporte preferido del 48% de los encuestados.
– Tenis. Es el segundo deporte más popular (21,4%), gracias a los éxitos de Rafa Nadal.
– Baloncesto. En el pasado el deporte de Pau Gasol era el segundo de España, pero ahora solo es el tercero (17,1%).

Deportes más practicados
– El ciclismo. Montar en bici es el deporte más practicado (18,6%).
– Carrera a pie. El 17,1% de los españoles sale a correr frecuentemente.
– Natación. Un 16,1% de los españoles son adictos a esta actividad sana.
– Fútbol. Es muy popular ver el fútbol, pero solo un 14,7% practica este deporte.

una encuesta	a survey
solo	only

1 Real Madrid is the most successful Spanish club.
2 Barça has more fans than Real Madrid.
3 Basketball is less popular now than in the past.
4 Running is more popular than cycling.
5 The report says that swimming is an easy activity.
6 Watching football is more popular than playing it.

⭐ To decide whether statement 3 is correct, look for clues in the text such as tenses and time markers (e.g. *en el pasado, ahora*).

ciento noventa y tres **193**

Te toca a ti: Módulo 5

1 Copy and complete the text with the words below. Use the pictures to help you. Then calculate the ASL (average sentence length) by dividing the total word count by the number of sentences.

> Mi ciudad **1** ———— se llama La Paz. Está en el noroeste de Bolivia, **2** ———— de montañas y cerca de un **3** ———— enorme. Es una ciudad importante y también muy **4** ————. Está situada a unos tres mil seiscientos metros sobre el nivel del mar. Es famosa por Mi Teleférico, **5** ———— más largo del mundo. Aquí se pueden visitar ruinas de la cultura inca y el **6** ———— nacional Madidi. También se puede hacer una excursión **7** ———— por el lago Titicaca. El clima es muy variado, pero bastante **8** ————, perfecto para estar al aire libre.

| lago | alta | parque | el sistema teleférico |
| favorita | en barco | rodeada | seco |

⭐ Use connectives (*y, pero, también*) to achieve an ASL (Average Sentence Length) longer than 10 words.

2 Research a city you would like to visit. Imagine it's your favourite city and write about it, using the underlined verbs and verb phrases in the text above to help you.

3 Read this magazine interview with Gabriela about her gap year. Write **P** for something that happened in the **past**. Write **N** for something that is happening **now**. Write **F** for something that is going to happen in the **future**.

> – ¿Qué tal tu visita a Quito, Gabriela?
> – Fenomenal. Me gustó tanto que todavía estoy aquí en Ecuador. Estoy visitando a unos amigos que conocí el año pasado. Estoy muy a gusto aquí con ellos en su casa.
> – ¿Qué has hecho en Quito durante tu año sabático?
> – Primero tuve un trabajo en un restaurante. Me quedé tres meses en la ciudad y lo pasé muy bien porque vivía en una residencia de estudiantes. Luego viajé unos meses a otras ciudades en Sudamérica. Ahora, ya que no tengo que volver a la universidad hasta septiembre, quiero hacer un poco de turismo. Creo que iré a las islas Galápagos para nadar con tortugas. ¡Será genial!

1 Visiting friends
2 Working
3 Visiting cities
4 Going on holiday

Te toca a ti: Módulo 6

1 Match the photos to the recipe cards (there is one photo too many). Then translate the ingredients in **bold** into English.

1
Ingredientes:
- **dos cebollas**
- cuatro tomates
- **cuatro pimientos verdes**
- un calabacín
- **un pimiento rojo**
- aceite de oliva
- **sal y pimienta**

Preparación: 35 minutos

2
Ingredientes:
- **300 gramos de azúcar**
- medio litro de agua
- **una docena de yemas de huevo**

Para el caramelo:
- **tres cucharadas de agua**
- 100 gramos de azúcar

Preparación: 45 minutos

3
Ingredientes:
- **200 gramos de mantequilla**
- 200 gramos de harina
- **250 gramos de pan rallado**
- 150 gramos de jamón serrano
- **un litro de leche**
- cuatro huevos

Preparación: 30 minutos

el calabacín — courgette

a tocinillo de cielo
b croquetas
c albóndigas en salsa
d pisto manchego

⭐ Use context, common sense and the photos to help you work out the meaning of words like *una yema de huevo*, *una cucharada* and *pan rallado*.

2 Read the text. Complete each sentence with details from the text.

> Mi cumpleaños es el ocho de mayo. El año pasado fui a la bolera con mis amigos y luego hicimos una fiesta en casa por la noche. Recibí muchos regalos, incluso un reloj y una entrada para un festival de música. ¡Qué suerte!
>
> Prefiero comer en un restaurante indio para mi cumpleaños, ya que me encanta la comida picante. A mi padre le gusta también, ¡pero no le gusta pagar la cuenta porque tengo cuatro hermanos!
>
> Este año voy a cumplir dieciséis años y no puedo esperar. Por la mañana voy a ir al centro comercial para comprar unas zapatillas de deporte nuevas. Luego vamos a hacer una barbacoa en el jardín (¡si no llueve, claro!).
>
> **Chema**

1 Last year Chema ———.
2 He received ———.
3 He prefers going ———.
4 His dad doesn't like ———.
5 Chema is going to buy ———.
6 If it doesn't rain ———.

3 Write a text about your birthday. Use exercise 2 as a model.

Say:
- when your birthday is — *Mi cumpleaños es…*
- how you celebrated last year — *El año pasado fui / hice*, etc.
- what presents you received — *Recibí…*
- where you prefer to eat on your birthday — *Prefiero comer en casa / en un restaurante… porque…*
- how old you are going to be this year — *Este año voy a cumplir…*
- how you are going to celebrate — *Voy a… Luego vamos a…*

ciento noventa y cinco **195**

Te toca a ti: Módulo 7

1 Read these four adverts (a–d) from people who are looking for work. Then match each one with the requirements below (1–4).

BuscamosEmpleo.com

a LIMPIO CASAS
También plancho ropa y cocino. **He trabajado en muchos lugares diferentes** y soy trabajadora y responsable. **Tengo mi propio coche.**

b DOMINO EL INGLÉS
Busco trabajo como secretaria. He trabajado en Inglaterra y **tengo diez años de experiencia**. Soy seria, puntual y amable.

c CLASES INDIVIDUALES
Doy clases de francés e inglés a niños y adultos. **He terminado mis estudios** en la universidad y soy profesional y paciente. **Tengo carné de conducir.**

d BUSCO TRABAJO
Tengo experiencia en pintura, decoración y carpintería. **He hecho un curso de** formación profesional en Construcción y **soy práctico y honesto**.

1 Quiero renovar la cocina y construir una nueva terraza.
2 Tengo exámenes este año y los idiomas son muy difíciles.
3 Busco chico/a para hacer tareas domésticas y preparar comidas.
4 Empresa busca administrativo/a con buenas habilidades lingüísticas.

> ⭐ Read each text carefully and beware of distractors! For example, the first advert says *cocino* and question 1 says *la cocina*, but are they talking about the same thing?

2 Read the adverts again. Translate the phrases in **bold** into English.

3 Write adverts for these people who are looking for work. Use phrases from exercise 1 to help you.
Example: **Alba** – *Busco trabajo como camarera. Tengo tres años de…*

Alba
- 3 years' experience
- has worked in 2 restaurants
- sociable, honest, patient
- has driving licence

Iván
- 5 years' experience
- has worked in sports centre
- punctual, practical, hardworking
- has own car

4 Read the text. For each job 1–4 note down in English:
a which job it is
b why it is stressful

Los trabajos más estresantes

Éstos son cuatro de los trabajos más estresantes hoy en día, según los expertos.
1 **Bombero**. Tiene que estar alerta muchas horas del día esperando una situación de emergencia. También es uno de los trabajos más peligrosos.
2 **Piloto**. Aunque el avión es el medio de transporte más seguro, un error humano a 30,000 pies de altura puede tener consecuencias catastróficas.
3 **Taxista**. Tiene que aguantar el tráfico horrendo de las grandes ciudades. Además, pasar muchas horas conduciendo un coche puede causar dolor de espalda.
4 **Periodista**. Tiene que estar disponible las 24 horas del día. También tiene que hacer reportajes sobre situaciones traumáticas como desastres naturales, accidentes y guerras.

peligroso/a	dangerous
seguro/a	safe / secure
aguantar	to bear / put up with

Te toca a ti: Módulo 8

1 Write out these resolutions, ranking them in order of importance to you.

Año nuevo, vida nueva

Lista de propósitos
1. hacer ejercicio
2. gastar menos
3. conseguir empleo
4. ser mejor persona
5. encontrar a mi pareja ideal
6. viajar
7. dejar de fumar
8. comer más sano
9. pasar más tiempo con la familia
10. aprender un idioma extranjero

2 Read the texts. Choose the three most appropriate resolutions from exercise 1 for each person.

Soy bastante solitaria porque vivo sola. Por la noche paso mucho tiempo comprando cosas por Internet, y por eso tengo muy poco dinero. Además, gasto bastante en fumar. **Abril**

El año pasado me rompí la pierna y todavía soy poco activo, aunque quiero estar en forma. Además, me interesa conocer otras culturas y siempre me ha gustado aprender cosas nuevas. **Elías**

Sé que soy adicta al trabajo. No tengo tiempo para cocinar, así que como demasiada comida basura. Tampoco reciclo. Nunca llamo a mi madre, y soy demasiado impaciente con mis hijos. **Micaela**

3 Read the text and translate the verbs in **bold** into English.

Cómo ser un ciudadano del mundo

El ciudadano del mundo…

- **valora** la diversidad.
- **habla** otros idiomas.
- **viaja** para conocer otras culturas.
- **contribuye** a la comunidad, desde lo local a lo global.
- **cuida** el medio ambiente.
- **combate** los estereotipos.
- **aprende** sobre otros países.
- **apoya** la justicia social.
- **es** una persona activa e independiente.

4 Write a declaration about being a world citizen, using verbs from excercise 3 in the infinitive. You can change the order of the statements.

Es importante valorar la diversidad y…
Es esencial…
Es necesario…
Hay que…
Se debería…

Zona Cultura

'Mucha gente pequeña, en lugares pequeños, haciendo cosas pequeñas, puede cambiar el mundo.' Eduardo Galeano (1940–2015), periodista y escritor uruguayo.

Do you agree with this statement? Can you think of any examples?

ciento noventa y siete **197**

Gramática Hay que saber bien
The present tense – regular verbs

What is the present tense?
The present tense is used to talk about:
- What usually happens   *Normalmente **como** fruta.*   I normally **eat** fruit.
- What things are like   *Mi insti **es** grande.*   My school **is** big.
- What is happening now   ***Vivimos** en Leeds.*   We **live** in Leeds.

How does it work?
To form the present tense of regular verbs you replace the infinitive ending (*–ar*, *–er* or *–ir*) with the present tense endings like this:

	escuchar (to listen)	**comer** (to eat)	**vivir** (to live)
(yo)	escucho	como	vivo
(tú)	escuchas	comes	vives
(él/ella/usted)	escucha	come	vive
(nosotros/as)	escuchamos	comemos	vivimos
(vosotros/as)	escucháis	coméis	vivís
(ellos/ellas/ustedes)	escuchan	comen	viven

You do not need to include *yo* (I) or *tú* (you), etc. before the verb unless you need to add extra emphasis.

Stem-changing verbs
Stem-changing verbs are formed like regular present tense verbs. However, they have a vowel change in the stem in the 'I', 'you' (singular), 'he/she/it/you (polite singular)' and 'they/you (polite plural)' forms. Their endings are usually regular.
There are three main groups.

	o → ue poder (to be able/can)	e → ie querer (to want)	e → i servir (to serve)
(yo)	puedo	quiero	sirvo
(tú)	puedes	quieres	sirves
(él/ella/usted)	puede	quiere	sirve
(nosotros/as)	podemos	queremos	servimos
(vosotros/as)	podéis	queréis	servís
(ellos/ellas/ustedes)	pueden	quieren	sirven

Other stem-changing verbs include:

o → ue			
dormir	→	duermo	I sleep
volver	→	vuelvo	I return
acostarse	→	me acuesto	I go to bed
llover	→	llueve	it rains

e → ie			
despertarse	→	me despierto	I wake up
empezar	→	empiezo	I start
preferir	→	prefiero	I prefer
nevar	→	nieva	it snows

e → i			
pedir	→	pido	I ask for
vestirse	→	me visto	I get dressed

The verb *jugar* is the only stem-changing verb with the change **u → ue**:
juego (I play), *juegas* (you play), etc.

Gramática

Preparados

1 Complete the sentences with the correct form of the present tense. Then translate the sentences into English.

1 En verano **tomamos / toma / tomo** el sol en la playa. *(yo)*
2 Mi padre **vivís / vive / vivo** en el norte de Inglaterra. *(él)*
3 Mis amigos y yo **nadamos / nadan / nadas** en el mar. *(nosotros)*
4 Mi madre **leo / lees / lee** muchas revistas. *(ella)*
5 ¿**Tocas / Tocáis / Toco** la guitarra? *(tú)*
6 Mis hermanos **come / como / comen** muchos helados. *(ellos)*
7 ¿Cuándo **escucha / escucháis / escuchan** música? *(vosotros)*
8 Irene y Ana **montan / montáis / monto** a caballo los sábados. *(ellas)*

Listos

2 Choose the correct verb from the box to complete each sentence. Then translate the sentences into English.

| montamos | leen | bailan | vivís | estudias | navega | comemos | escucho |

1 Todos los días ____ por Internet.
2 Normalmente ____ pizza.
3 ¿Cuándo ____ matemáticas?
4 A veces ____ en bici.
5 Siempre ____ en la discoteca.
6 Una vez a la semana ____ la radio.
7 ¿Dónde ____ ?
8 Nunca ____ novelas.

3 Translate these stem-changing verbs into Spanish. Remember, the stem-change doesn't affect all parts of the verb.

Example: **1** *empiezan*

1 they start *(empezar)*
2 she sleeps *(dormir)*
3 we prefer *(preferir)*
4 I return *(volver)*
5 you (singular) ask for *(pedir)*
6 they can / are able *(poder)*
7 you (plural) play *(jugar)*
8 it snows *(nevar)*

¡Ya!

4 Copy and complete the text by changing the verbs in brackets into the correct form. Watch out for stem-changing verbs!

En el insti **1** *(estudiar – nosotros)* muchas asignaturas. Mi amigo Adrián **2** *(preferir – él)* el inglés pero yo **3** *(odiar – yo)* los idiomas. No **4** *(poder – yo)* aprender en clase porque los otros alumnos **5** *(hablar – ellos)* mucho y no **6** *(escuchar – ellos)* al profe. En el recreo normalmente **7** *(jugar – nosotros)* al fútbol pero cuando **8** *(llover – él)*, no.

Gramática Hay que saber bien
The present tense – irregular verbs

What are irregular verbs?
Irregular verbs do not follow the normal patterns of regular –ar, –er and –ir verbs. Many of the most common and most useful verbs in Spanish are irregular.

How do they work?
You must learn irregular verbs by heart.

Some verbs are only irregular in the 'I' form. For example:

dar	→	doy	I give
hacer	→	hago	I do / make
poner	→	pongo	I put
salir	→	salgo	I go out / leave
ver	→	veo	I watch / see

Other verbs are more irregular.

	ser (to be)	**estar** (to be)	**tener** (to have)	**ir** (to go)
(yo)	soy	estoy	tengo	voy
(tú)	eres	estás	tienes	vas
(él/ella/usted)	es	está	tiene	va
(nosotros/as)	somos	estamos	tenemos	vamos
(vosotros/as)	sois	estáis	tenéis	vais
(ellos/ellas/ustedes)	son	están	tienen	van

Ser and **estar** both mean 'to be'. See page 57 for a reminder of when to use each one.

Look at the verb tables on page 222–224 for more irregular present tense verbs.

Preparados

1 Complete these sentences with the *yo* (I) form of the verb.

1 Nunca ___ deportes acuáticos. (*hacer*)
2 Normalmente ___ a las ocho. (*salir*)
3 Siempre ___ la tele por la tarde. (*ver*)
4 ___ clases de natación. (*dar*)
5 Me llamo Isa y ___ mexicana. (*ser*)
6 ___ ocho semanas de vacaciones. (*tener*)

Listos

2 Write down the <u>ten</u> irregular verbs in this text. Then translate them into English.

Soy profesora de idiomas y doy clases de francés y alemán. Mi insti está en Torremolinos, en el sur de España. Normalmente salgo de casa a las siete, pero en verano, no. Todos los días me pongo las gafas de sol y voy a la playa. Es muy relajante. A veces hago vela también. Por la noche veo películas en casa, y a veces mis amigos y yo vamos al cine.

¡Ya!

3 Complete these sentences with the correct form of the verb. Then translate the sentences into English.

1 Los alumnos ___ que llevar uniforme. (*tener*)
2 Luis y yo ___ adictos a los videojuegos. (*ser*)
3 ¿Y tú? ¿Cómo ___ al insti? (*ir*)
4 Las tiendas ___ en el centro. (*estar*)
5 Mi insti ___ una piscina grande. (*tener*)
6 Yo nunca ___ al centro comercial. (*ir*)

The present tense – reflexive verbs

What are reflexive verbs?
Reflexive verbs often describe actions that we do to ourselves. They are verbs that include a reflexive pronoun (e.g. *me, te*), and are useful when talking about your daily routine and relationships with others.

How do they work?
Reflexive verbs are formed in the same way as regular present tense verbs but they include a reflexive pronoun. In the infinitive the pronoun is shown at the end of the verb (e.g. *levantarse*). In the present tense the pronoun comes before the verb and changes according to the person (**me** levant**o**).

	ducharse (to shower)	**llevarse** con (to get on with)
(yo)	**me** ducho	**me** llevo
(tú)	**te** duchas	**te** llevas
(él/ella/usted)	**se** ducha	**se** lleva
(nosotros/as)	**nos** duchamos	**nos** llevamos
(vosotros/as)	**os** ducháis	**os** lleváis
(ellos/ellas/ustedes)	**se** duchan	**se** llevan

Some common reflexive verbs are also stem-changing:
despertar**se** → **me** desp**ie**rto — I wake up
vestir**se** → **me** v**i**sto — I get dressed
divertir**se** → **me** div**ie**rto — I enjoy myself
acostar**se** → **me** ac**ue**sto — I go to bed

Preparados

1 Complete these sentences with the correct reflexive pronoun. Then translate the sentences into English.

1. ¿____ llevas bien con tus padres? *(tú)*
2. Mi hermana y yo ____ peleamos mucho. *(nosotros)*
3. Elena ____ lleva mal con su hermano. *(ella)*
4. Siempre ____ divertimos en la playa. *(nosotros)*
5. Mis padres nunca ____ pelean. *(ellos)*

Listos

2 Choose the correct reflexive pronoun or verb form to complete each sentence. Then translate the sentences into English.

1. Siempre nos **despierto / despertamos** temprano.
2. Mis padres **se / os** acuestan muy tarde.
3. Pablo se **afeita / afeitan** una vez a la semana.
4. ¿Dónde **nos / te** vistes?
5. Luego me **laváis / lavo** los dientes.
6. ¿A qué hora **os / te** levantáis?

¡Ya!

3 Imagine you are the boy in the pictures. Write sentences comparing your daily routine with your brother's routine.

Example: **1 Me** despiert**o** a las siete, pero mi hermano **se** despiert**a** a las ocho y cuarto.

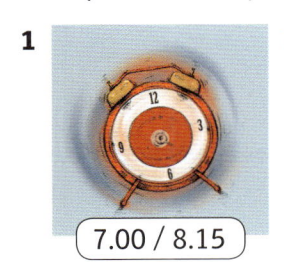

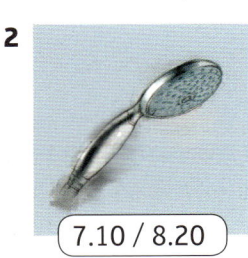

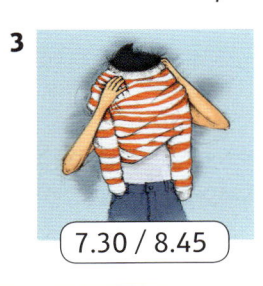

1. 7.00 / 8.15
2. 7.10 / 8.20
3. 7.30 / 8.45
4. 9.45 / 11.00
5. 10.00 / 11.30

doscientos uno **201**

Gramática Hay que saber bien

The preterite tense

What is the preterite tense?
The preterite tense is used to talk about completed actions in the past.

Fui a la playa. **I went** to the beach.
Viajó en coche. **He travelled** by car.

How does it work?

Regular preterite verbs

To form the preterite tense, take the infinitive, remove the –ar, –er or –ir, and then add the following endings. Note that –er and –ir verbs take the same endings in the preterite.

	visitar (to visit)	**comer** (to eat)	**salir** (to go out)
(yo)	visité	comí	salí
(tú)	visitaste	comiste	saliste
(él/ella/usted)	visitó	comió	salió
(nosotros/as)	visitamos	comimos	salimos
(vosotros/as)	visitasteis	comisteis	salisteis
(ellos/ellas/ustedes)	visitaron	comieron	salieron

- Take care to use accents correctly as they can change the meaning of a verb.
  escucho (I listen) but *escuchó* (he listened)

Irregular preterite verbs
- The most common irregular verbs in the preterite tense are:

	ser/ir (to be/to go)	**ver** (to see)	**hacer** (to do/to make)	**tener** (to have)
(yo)	fui	vi	hice	tuve
(tú)	fuiste	viste	hiciste	tuviste
(él/ella/usted)	fue	vio	hizo	tuvo
(nosotros/as)	fuimos	vimos	hicimos	tuvimos
(vosotros/as)	fuisteis	visteis	hicisteis	tuvisteis
(ellos/ellas/ustedes)	fueron	vieron	hicieron	tuvieron

- Note that **ser** and **ir** are identical in the preterite tense.
- Irregular verbs don't take accents in the preterite.

Look at the verb tables on page 222–224 for more irregular preterite tense verbs.

- Some preterite verbs have **irregular spellings** just in the first person singular (*yo*).

  sacar → sa**qu**é   I got/took
  tocar → to**qu**é   I played (an instrument)
  jugar → ju**gu**é   I played (a sport)
  llegar → lle**gu**é   I arrived

doscientos dos

Gramática

Preparados

1 Complete the sentence with the correct 'I' (yo) form of the verb in brackets. Then translate the sentences into English.

1. El año pasado ____ a hacer windsurf. *(aprender)*
2. Hace dos años ____ Nueva York. *(visitar)*
3. En septiembre ____ en un maratón. *(participar)*
4. El verano pasado ____ un móvil nuevo. *(comprar)*
5. Ayer ____ un accidente con mi bici. *(tener)*
6. El lunes ____ el saxofón en un concierto. *(tocar)*
7. La semana pasada ____ una buena película. *(ver)*
8. ____ mis deberes y luego ____ con mis amigos. *(hacer, salir)*

Listos

2 Find the eight preterite tense verbs from the box below. Then translate them into English.

fuimos	es	tuvisteis
bebió	viajé	tocas
hace	viven	comimos
hablo	vomitan	llegué
visitamos	habló	juego

> ⭐ In the 'we' form, –ar and –ir verbs are the same in the present tense and preterite tense, so some of these verbs have two meanings!
>
> cant**amos** — we sing / we sang
> escrib**imos** — we write / we wrote

¡Ya!

3 Copy and complete the text by choosing an appropriate verb from the box and changing it into the correct form in the preterite tense.

Example: **1** *fuimos*

| sacar | hacer | ~~ir~~ | perder | ver | comprar | jugar |

El verano pasado **1** ____ *(nosotros)* de vacaciones a Italia. **2** ____ *(nosotros)* muchas actividades diferentes. Por ejemplo, mi hermano **3** ____ *(él)* al voleibol en la playa y mis padres **4** ____ *(ellos)* recuerdos en el centro comercial. También **5** ____ *(nosotros)* muchos monumentos interesantes, pero no **6** ____ *(yo)* muchas fotos porque **7** ____ *(yo)* mi cámara nueva. ¡Qué desastre!

4 Translate the sentences into Spanish.

1. My dad hired a car. *(alquilar)*
2. We ate in the restaurant. *(comer)*
3. They sunbathed every day. *(tomar el sol)*
4. He took lots of photos. *(sacar)*
5. You (singular) went to the gym. *(ir)*
6. I played football on the beach. *(jugar)*

doscientos tres **203**

Gramática Hay que saber bien
Talking about the future

The near future tense

What is the near future tense?
The near future is used to describe 'what is going to happen' (for example, tonight, tomorrow, next week, etc.). It is the most common tense in Spanish for describing future plans.

| **Voy a comprar** un coche. | **I am going to buy** a car. |
| **Vamos a ir** de excursión. | **We are going to go** on a trip. |

How does it work?
To form the near future, you need:
ir (in the present tense) + *a* + infinitive

(yo)	voy		comer
(tú)	vas		jugar
(él/ella/usted)	va	a	tener
(nosotros/as)	vamos		salir
(vosotros/as)	vais		comprar
(ellos/ellas/ustedes)	van		hacer

Remember to include the preposition *a* when using the near future tense.

Other ways to refer to the future
There are also a number of other ways to talk about the future. These include:

- *Quiero* + infinitive
  This is used to say what you **want** to do.
  Quiero estudiar alemán.   **I want to study** German.

- *Me gustaría* + infinitive
  You can use this to say what you **would like** to do.
  Me gustaría ir a la piscina.   **I would like to go** to the swimming pool.

- The future tense
  The future tense is used to say what you **will** do. See page 218.

> ⭐ **Time phrases** which refer to the future include:
> | *mañana* | tomorrow |
> | *pasado mañana* | the day after tomorrow |
> | *esta noche* | tonight |
> | *este fin de semana* | this weekend |
> | *el próximo trimestre* | next term |
> | *el año que viene* | next year |
> | *en el futuro* | in the future |

doscientos cuatro

Gramática

Preparados

1 Unjumble the sentences and then translate them into English.

1. parque a Voy ir al
2. ser genial! a ¡Va
3. va Miguel piano tocar a el
4. chocolate profes van comprar Los a
5. viajar? a vas ¿Cómo
6. vamos noche a Esta cantar
7. voy estudiar No a geografía
8. a Internet navegar por Vamos

Listos

2 Match up the sentence halves and write them out in full. Then translate the sentences into English.

1. Mi hermano…
2. Mi madre y yo…
3. Mañana no voy…
4. Vamos a…
5. ¿A qué hora…
6. Voy a ir…

a. vas a volver?
b. va a participar en un intercambio.
c. a hacer turismo.
d. vamos a ir al cine esta noche.
e. al club de fotografía.
f. llegar a las cinco y media.

> ⭐ Pay attention to the person of the verb and check that each sentence contains part of **ir** (*voy, vas, va, vamos, vais, van*) + **a** + **infinitive**.

3 Read this blog about Alberto's plans for the weekend. In English, make a list of what he <u>is going to</u> do, what he <u>wants to</u> do and what he <u>would like to</u> do.

is going to	wants to	would like to
go to the town centre		

Este fin de semana voy a ir al centro de la ciudad porque quiero comprar unos vaqueros. Luego, si hace buen tiempo, voy a montar a caballo, pero si llueve voy a jugar a los videojuegos en casa. Por la noche me gustaría ir al cine, ya que quiero ver la nueva película de James Bond. El domingo por la mañana me gustaría ir al gimnasio, y luego quiero descansar en casa. También me gustaría ver un partido de fútbol en la tele.

¡Ya!

4 Copy and complete each sentence using the near future tense. Take care to choose the correct part of the verb *ir*.

1. Nosotros _____ _____ _____ música. *(to listen)*
2. Ricardo _____ _____ _____ a clase en mi insti. *(to attend)*
3. Yo _____ _____ _____ España el año que viene. *(to visit)*
4. Los alumnos _____ _____ _____ en el coro. *(to sing)*
5. ¡El concierto _____ _____ _____ flipante! *(to be)*
6. ¿Qué _____ _____ _____ con tu amigo español? *(to do)*

doscientos cinco 205

Gramática Hay que saber bien
The present continuous tense

What is the present continuous tense?
The present continuous is used to say what you are doing at the moment. It is made up of two parts: the present tense of **estar** and the **present participle**.
 ¿Qué **estás haciendo**?   What **are you doing**?
 Estoy jugando al fútbol.   **I am playing** football.

How does it work?
Take the present tense of **estar** and add the **present participle** (the '–ing' form). To form the **present participle**, take the infinitive of the verb, remove the –ar, –er or –ir and add the endings: **–ando, –iendo, –iendo**.

(yo)	estoy		**hablando** (hablar)
(tú)	estás		**comiendo** (comer)
(él/ella/usted)	está	+	**saliendo** (salir)
(nosotros/as)	estamos		
(vosotros/as)	estáis		
(ellos/ellas/ustedes)	están		

Estamos viendo la tele.   **We are watching** TV.

- Stem changing –ir verbs change their spelling for the present participle:
 d**o**rmir to sleep → d**u**rmiendo sleeping
- **Irregular present participles** include:
 leer to read → le**y**endo reading

Preparados

1 Write each of these verbs in the present continuous by changing the verb in brackets into the present participle. Then translate the whole thing into English.

1 Estoy *(beber)*
2 Estáis *(jugar)*
3 Están *(comer)*
4 Estás *(escribir)*
5 Estamos *(bailar)*
6 Está *(dormir)*

Listos

2 Complete the sentences by choosing a verb from the box and changing it into the present continuous.

Example: **1** Juan está navegando por Internet.

ver   sacar   ~~navegar~~   leer   descargar   vivir

1 Juan ____ ____ por Internet.
2 Yo ____ ____ una novela de ciencia ficción.
3 ¿Qué película ____ ____, Paco?
4 Mis hermanos ____ ____ fotos.
5 ¿Y vosotros? ¿Dónde ____ ____ ahora?
6 Mónica ____ ____ canciones.

¡Ya!

3 Translate the sentences into Spanish using the verbs in brackets to help you.

1 My gran is sunbathing on the beach. *(tomar)*
2 I am buying clothes in the shopping centre. *(comprar)*
3 My uncle is watching a film at the cinema. *(ver)*
4 My sister is running in the park. *(correr)*
5 My parents are swimming in the sea. *(nadar)*
6 My cousin is reading in the library. *(leer)*

The perfect tense

What is the perfect tense?
The **perfect tense** is used to talk about what you have done.

He perdido mi móvil. **I have lost** my mobile phone.
¿Has escuchado esta canción? **Have you listened to** this song?

How does it work?
The perfect tense is formed by using the verb *haber* in the present tense and the **past participle** of the verb. The **past participle** is formed by taking the infinitive, removing the *–ar*, *–er* or *–ir* and adding the endings: *–ado, –ido, –ido*.

(yo)	he		
(tú)	has		**hablado** (hablar)
(él/ella/usted)	ha	+	**comido** (comer)
(nosotros/as)	hemos		**salido** (salir)
(vosotros/as)	habéis		
(ellos/ellas/ustedes)	han		

Hemos comido la pizza.   **We have eaten** the pizza.

Some common **irregular past participles** are:

| hacer | to do | → | hecho | done | romper | to break | → | roto | broken |
| morir | to die | → | muerto | died | ver | to see | → | visto | seen |

Preparados

1 Complete the sentences with the correct part of the verb *haber*. Then translate the sentences into English.

1. Mis padres **han / he / ha** comprado un coche.
2. Yo **hemos / has / he** visitado Alemania.
3. Mi actor favorito **he / ha / habéis** muerto.
4. ¿Y tú? ¿**Has / He / Han** visto la película?
5. Mi novia **han / ha / habéis** marcado dos goles.
6. Nosotros **he / ha / hemos** perdido el campeonato.

Listos

2 Complete the sentences by choosing a verb from the box and changing it into the past participle. Then translate them into English.

| ganar | ver | romper | estudiar | hacer | comer |

1. Hemos _____ matemáticas y ciencias.
2. Ha _____ una comedia fantástica.
3. He _____ muchas hamburguesas.
4. Habéis _____ mi tableta.
5. Han _____ el partido de fútbol.
6. ¿Has _____ tus deberes?

¡Ya!

3 Change the verbs in brackets into the perfect tense.

1. Marta (*compartir*) fotos en Instagram.
2. Mi padre y yo (*preparar*) una paella.
3. Mis hermanos (*jugar*) al ping-pong.
4. Mi madre (*ver*) una telenovela nueva.
5. Yo (*descargar*) muchas canciones.
6. ¿Y tú? ¿Qué (*hacer*) hoy?

doscientos siete **207**

Gramática Hay que saber bien
Nouns and articles

Nouns

What are nouns?
Nouns are words that name things, people and ideas. You use them all the time!

How do they work?
In Spanish each noun has a gender: masculine or feminine.
Generally nouns ending in –**o** are masculine (**el** lib**ro**) and those ending in –**a** are feminine (**la** cas**a**). However, there are exceptions which you need to learn, for example: *el día, el programa, la mano, la foto*, etc.

- There are some other endings that are generally either masculine or feminine.
  Masculine: nouns ending in: –**or** (*actor*), –**ón** (*salchichón*) and –**és** (*estrés*).
  Feminine: nouns ending in: –**ción** (*natación*), –**dad** and –**tad** (*ciudad, libertad*).

- To form the plural of nouns you normally add:
  –**s** to words ending in a vowel   –**es** for words ending in a consonant
  bolígrafo   pen → *bolígrafo**s***   pens   *actor*   actor → *actor**es***   actors

- Nouns which end in –**z** in the singular, end in –**ces** in the plural.
  vez   time → *veces*   times

Articles

What are articles?
Articles are used with nouns and mean 'the', 'a(n)' and 'some'.
You use the definite article **el / la / los / las** for 'the'.
You use the indefinite article **un / una** for 'a', 'an' and **unos / unas** for 'some'.

How do they work?
In Spanish the **definite article** changes according to whether the noun is masculine or feminine, singular or plural.
  el *libro*   the book → **los** *libros*   the books
  la *casa*   the house → **las** *casas*   the houses

- The definite article is sometimes used in Spanish where we don't use it in English. You need to use it to:
  Talk about school subjects and languages (unless the subject/language comes straight after a verb):
    El español es genial.   Spanish is great.
    Estudio inglés.   I study English.
  Express an opinion, for example, *me gusta* or *me encanta*:
    Me gusta el pescado.   I like fish.
    Los concursos son aburridos.   Game shows are boring.
  Say 'on' followed by a day of the week:
    El sábado fui al cine.   On Saturday I went to the cinema.

  The **indefinite article** also changes according to whether the noun is masculine or feminine, singular or plural.
    un *libro*   a book → **unos** *libros*   some books
    una *casa*   a house → **unas** *casas*   some houses

- The indefinite article is sometimes not used in Spanish where we do use it in English. You do **not** need to use it:
  When you refer to jobs:
    Soy médico.   I am a doctor.
  In a negative sentence with **tener** + noun.
    No tengo coche.   I don't have a car.

doscientos ocho

Preparados

1 Complete these sentences with the correct indefinite article *un / una / unos / unas*. You need to decide whether the noun is masculine or feminine, singular or plural.

1 Comí ___ pizza enorme.
2 Voy a comprar ___ pantalones negros.
3 Visité ___ monumentos muy interesantes.
4 Necesito ___ secador.
5 Compré ___ gafas de sol muy baratas.
6 En mi pueblo hay ___ universidad famosa.
7 Quiero reservar ___ habitación.
8 Saqué ___ fotos fantásticas.

Listos

2 Change the following singular nouns into the plural form. Remember also to change the indefinite articles to the plural.

Example: **1 unos** barco**s**

1 un barco
2 una piscina
3 un móvil
4 una actriz
5 un bar
6 una playa
7 una noche
8 un lápiz
9 una montaña
10 un tren

⭐ Pay attention to the last letter of the noun to help you decide how to change it into the plural form. Do you need to add *–s*, *–es* or change it to *–ces*?

3 Fill in the gaps with the correct article. Be careful, you may not need to use one! Then translate the sentences into English.

1 Mi padre es ___ profesor.
2 Creo que ___ francés es difícil.
3 Llevo ___ camisa blanca y ___ pantalones grises.
4 Estudio ___ informática y ___ ciencias.
5 Soy una fanática de ___ equitación.
6 El hotel no tenía ___ restaurante.
7 Voy a descargar ___ nueva canción de Coldplay.
8 ___ miércoles vi ___ programa de deporte.

⭐ Ask yourself whether you need to use an article. If so, decide whether:
• you need the definite ('the') or indefinite article ('a'/'some')
• the noun is masculine or feminine, singular or plural.

¡Ya!

4 Use the words in the box to help you complete the following sentences. For each one decide whether you need to make it plural.

Example: **1 Las** tienda**s**

| estación | concierto | ~~tienda~~ | salón de actos |
| aula | luz | profesor | instalación |

1 *(The shops)* en mi pueblo son baratas.
2 En mi insti *(the classrooms)* son antiguas.
3 *(The hall)* es bastante pequeño.
4 Vivo cerca de *(the station)*.
5 *(The lights)* no funcionan.
6 No me gustan *(the teachers)* en mi insti.
7 *(The facilities)* son excelentes.
8 En mi opinión, *(the concert)* fue flipante.

doscientos nueve **209**

Gramática Hay que saber bien
Adjectives

What are adjectives?
Adjectives are describing words. You use them to describe a noun, a person or thing.

How do they work?
In Spanish adjectives have to agree with the person or thing they describe. They may have different endings in the masculine, feminine, singular and plural.

These are the common patterns of adjective endings.

adjectives ending in:	masculine singular	feminine singular	masculine plural	feminine plural
–o	bonit**o**	bonit**a**	bonit**os**	bonit**as**
–e	elegant**e**	elegant**e**	elegant**es**	elegant**es**
–ista	pesim**ista**	pesim**ista**	pesim**istas**	pesim**istas**
–or	hablad**or**	hablad**ora**	hablad**ores**	hablad**oras**
other consonants	azul	azul	azul**es**	azul**es**

- Some adjectives of nationality which do not end in **–o** follow different patterns.

adjectives ending in:	masculine singular	feminine singular	masculine plural	feminine plural
–s	inglés	ingles**a**	ingles**es**	ingles**as**
–l	español	español**a**	español**es**	español**as**
–n	alemán	aleman**a**	aleman**es**	aleman**as**

- Some adjectives always take the masculine singular form. They are mostly colours made up of two words (*azul claro, rojo oscuro*, etc.)

- Most adjectives come after the noun that they are describing.
  un vestido gris   a grey dress

- However, a few adjectives often come before the noun. These include:
  mucho (a lot of / many)   *bueno* (good)   *malo* (bad)
  primero (first)   *segundo* (second)   *tercero* (third)

  *No tengo **mucho** tiempo.*   I don't have a lot of time.

- A few adjectives are shortened when they come before a masculine singular noun. For example:

bueno	good	→	buen	Hace buen tiempo.
malo	bad	→	mal	Hace mal tiempo.
primero	first	→	primer	El primer día…
tercero	third	→	tercer	El tercer ciclista

210 *doscientos diez*

Gramática

Preparados

1 Unjumble the sentences, paying attention to the position of the adjectives. Then translate the sentences into English.

1. pelo el Tengo rubio
2. irlandesa la Me música encanta
3. paciente una muy persona Soy
4. gris llevar que un Tengo jersey
5. hizo tiempo mal Ayer
6. una Había climatizada piscina
7. insti laboratorios muchos tiene Mi
8. italiano buen un Tenía restaurante

Listos

2 Choose the correct form of the adjective. Then translate the sentences into English.

1. El hotel era **pequeñas / pequeña / pequeño**.
2. Me alojé en una pensión **cara / caras / caros**.
3. Las habitaciones eran **lujosa / lujosas / lujoso**.
4. El pueblo era demasiado **ruidoso / ruidosos / ruidosa**.
5. Mi madre es muy **trabajadoras / trabajador / trabajadora**.
6. Compré una chaqueta **amarillo / amarillas / amarilla**.
7. Mi novia es **alemana / alemán / alemanas**.
8. Tengo que llevar una corbata **roja / rojo / rojas** oscuro.

¡Ya!

3 Look at the picture and the description of this family. For each space, choose an appropriate adjective which agrees with the noun.

marrones	azul	liso	simpáticos
colombiana	corto	alto	gordo

Me llamo María, soy **1** ____ y tengo siete años. Tengo el pelo largo y **2** ____. En la foto, mi abuela lleva una camisa **3** ____ y mi abuelo tiene bigote. Mi abuela tiene el pelo moreno y **4** ____, y tiene los ojos **5** ____. Mi abuelo no es ni **6** ____ ni bajo, y es un poco **7** ____. Mis abuelos son muy **8** ____. Me gusta mucho mi familia.

4 Complete the sentences with the correct spelling of the word in brackets.

1. Me gustan las canciones ____. (inglés)
2. Mi asignatura ____ es el dibujo. (favorito)
3. Mi hermano es muy ____. (optimista)
4. Llevo unas medias ____ claro. (azul)
5. Ryan Gosling es un ____ actor. (bueno)
6. Pedro y José son bastante ____. (hablador)
7. Mi ____ coche fue un Porsche. (primero)
8. Las películas ____ son ____. (español, popular)

Gramática Hay que saber bien
Adverbs

What are adverbs?
Adverbs are words that describe how **an action** is done (slowly, quickly, regularly, suddenly, badly, well, etc).

How do they work?
In English you usually add **–ly** to an adjective to form an adverb. In Spanish you add **–mente** to the feminine form of the adjective.

| rápido/a | quick | → | rápid**a**mente | quickly |
| final | final | → | finalmente | finally |

- The adverbs from **bueno** (good) and **malo** (bad) are irregular and you just have to learn them.

  bien   well   mal   badly

- You can learn some irregular adverbs in pairs of opposites.

  mucho   a lot   –   poco   a little
  aquí   here   –   allí   there

- Expressions of time or frequency are also adverbs.

  siempre   always   de vez en cuando   from time to time
  a menudo   often   ahora   now
  a veces   sometimes   ya   already

Preparados

1 Change these adjectives into adverbs and translate them into English.

1 general
2 lento
3 normal
4 raro
5 reciente
6 ruidoso
7 frecuente
8 bueno
9 perfecto

Listos

2 Read the text and write down the ten adverbs which are used. Then translate them into English.

> En mi insti hay aproximadamente mil alumnos. Me gusta mucho el alemán, pero desafortunadamente, no lo hablo bien. El problema es que mi profe siempre habla rápidamente, y por eso aprendo muy poco. En el recreo normalmente juego al fútbol, pero de vez en cuando voy a la biblioteca, especialmente cuando llueve.

¡Ya!

3 Translate the sentences into Spanish using the verbs in brackets to help you.

1 ____ fuimos a Turquía. *(recently)*
2 Monto a caballo ____. *(often)*
3 ____ no como pescado. *(normally)*
4 Toco ____ el teclado. *(well)*
5 Mi abuela sale ____. *(rarely)*
6 Eva ____ escucha en clase. *(always)*
7 Mi padre canta ____. *(badly)*
8 ____ perdí mis llaves. *(unfortunately)*
9 Mis amigos estudian ____. *(a lot)*
10 Bebió el agua ____. *(slowly)*

Negatives

What are negatives?
Negatives are used with verbs when you want to say 'not', 'nothing', 'never', 'nobody', etc.
The most common ones are:

no…	not	no… ningún / ninguna	no, not any
no… nada	nothing / not anything	no… nadie	nobody / no one / not anybody
no… nunca	never	tampoco	not either
no… ni… ni…	neither… nor…		

How do they work?
In Spanish the simple negative is **no** and it goes immediately **before** a verb (or before a reflexive pronoun).

No como. I **don't** eat.
No me levanto temprano. I **don't** get up early.

- Negative expressions go either side of the verb, forming a 'sandwich' around it.

  No compro **nada**. I **don't** buy **anything**.
  No hacemos **nunca** deporte. We **never** do sport.
  No soy **ni** alto **ni** bajo. I **am neither** tall **nor** short.

- **Nunca** (never) and **tampoco** (not either) often go in front of the verb, without the word *no*.

  Nunca juego al ajedrez. I **never** play chess.
  Tampoco canto en el coro. I **don't** sing in the choir **either**.

Preparados

1 Translate the sentences into English.
1. No estudio ni historia ni geografía.
2. No había nadie en la playa.
3. La luz no funciona.
4. No como nada en el recreo.
5. No tengo ninguna idea.
6. Nunca hago deportes acuáticos.

Listos

2 Match up the sentence halves and write them out in full. Then translate the sentences into English.
1. Nunca monto…
2. En las vacaciones no hago…
3. Tampoco…
4. Mi escuela primaria no tenía…
5. No conocí a…

a. estudio francés.
b. ni gimnasio ni pista de tenis.
c. nadie en el camping.
d. nada porque me gusta descansar.
e. en bicicleta.

¡Ya!

3 Make each sentence negative by filling in the missing words.
1. Odio mi uniforme porque ___ es muy cómodo. *(not)*
2. ___ voy al insti en autobús. *(never)*
3. El hotel ___ tenía ___ bar ___ restaurante. *(neither… nor)*
4. Ayer ___ hice ___. *(nothing)*
5. ___ fui de vacaciones con ___. *(nobody / no one)*

doscientos trece 213

Gramática Para sacar buena nota

Pronouns

What are pronouns?
Pronouns are used in place of a noun, to avoid repeating it.

How do they work?

- **Subject pronouns** are normally only used for emphasis in Spanish, because the verb ending usually shows who is doing the action:

yo	tú	él	ella	usted	nosotros/as	vosotros/as	ellos	ellas	ustedes
I	you (sing)	he	she	you (polite sing)	we	you (plural)	they (masc)	they (fem)	you (polite pl)

- **Object pronouns** replace something or someone that has already been mentioned (e.g. Did you buy **the car**? Yes, I bought **it**.). The most common type are **direct object pronouns**:

  Some direct object pronouns have to agree with the noun they are replacing.
  Tengo una nueva falda.   I have a new skirt.
  La compré ayer.   I bought **it** yesterday.

me	me
te	you (singular)
lo / la	him/her/it
nos	us
os	you (plural)
los / las	them

- When you want to say 'to me', 'for him', etc. you use an **indirect object pronoun**. These are almost all the same as direct object pronouns, but 'lo/la' changes to 'le', and 'los/las' changes to 'les'.
  Le *mandé un SMS.*   I sent **him** a text. (I sent a text **to him**.)

- Object pronouns normally go immediately before the verb:
  No **lo** como.   I don't eat **it**.   ¿**La** has visto?   Have you seen **it**?

  However, they are attached to the end of verb forms such as the infinitive:
  *Voy a hacer***lo**.   I am going to do **it**.

Listos

1 For each sentence choose the correct direct object pronoun *lo / la / los / las*. Pay attention to the gender of the noun. Then translate the sentences into English.

1. Nunca como naranjas porque ___ odio.
2. Tengo un piano. ___ toco todos los días.
3. ¿Te gustan mis gafas? ___ compré ayer.
4. Mis amigos viven cerca. ___ veo mucho.
5. Soy adicto a la tele. ___ veo demasiado.
6. El inglés es difícil. No ___ hablo bien.
7. Gracias por el libro. Voy a leer ___ mañana.
8. Los videojuegos son caros. No ___ compro.

¡Ya!

2 Unjumble the words to answer each question. Then translate each question and answer into English.

1. ¿Dónde perdiste tus llaves? → estadio en el perdí Las
2. ¿Tienes mi número de teléfono? → lo no No, tengo
3. ¿Cuándo vas a visitar la Sagrada Familia? → agosto Voy en visitarla a
4. ¿Por qué me mandaste un mensaje? → te mensaje un mandé No
5. ¿Qué compraste para tu madre? → una compré camiseta Le verde

Connectives

What are connectives?
Connectives are used to link different sentences or phrases together. These include common words like:

y	and	*pero*	but	*también*	also
o	or	*porque*	because		

Other useful connectives include:

así que	so / therefore	*cuando*	when
aunque	although	*donde*	where
ya que / dado que	since / given that	*como*	like / as
por eso / por lo tanto	therefore	*que*	that / which / who
sin embargo	however	*para*	in order to
		si	if

How do they work?
- Connectives can be used at the start of a sentence, or can join two parts of a sentence together.

    Cuando hace calor voy a la playa **donde** tomo el sol.
    When it's hot I go to the beach **where** I sunbathe.

- **y** ('and') changes to **e** if it comes before a word beginning with 'i' or 'hi'.
  o ('or') changes to **u** if it comes before a word beginning with 'o' or 'ho'.

    Estudio francés **e** *inglés.*   I study French and English.
    ¿Llegaste ayer **u** *hoy?*   Did you arrive yesterday **or** today?

Preparados

1 Complete the sentence with the connective in brackets. Then translate the sentences into English.

1 Tengo una prima ___ habla chino. *(who)*
2 Había mucha gente en el cine ___ llegamos. *(when)*
3 Vamos a ir al parque ___ no llueve. *(if)*
4 Siempre uso YouTube ___ subir y ver vídeos. *(in order to)*
5 Nunca voy a Francia ___ hablo francés. *(although)*
6 Mi profesora de ciencias es paciente, ___ aprendo mucho. *(so)*

Listos

2 Match up the sentence halves and write them out in full. Then translate the sentences into English.

1 Fui al supermercado,…
2 Mi amigo nunca va al parque,…
3 En verano juego al baloncesto…
4 Muchos turistas visitan España…
5 Nunca veo documentales,…

a ya que son aburridos.
b para ir a la playa.
c donde compré pescado.
d si hace buen tiempo.
e aunque tiene dos perros.

¡Ya!

3 Complete each sentence with the most logical connective.

1 Fui a un restaurante italiano **porque / donde / si** comí espaguetis.
2 Me encanta hacer piragüismo, **dado que / aunque / donde** es divertido.
3 Mi madre es vegetariana, **o / que / así que** no come hamburguesas.
4 Vivo en Madrid, **que / donde / por eso** es la capital de España.
5 No me gusta el dibujo. **Cuando / Sin embargo / Para**, me encanta el teatro.

Gramática Para sacar buena nota
The imperfect tense

What is the imperfect tense?
The imperfect tense is another way of talking about the past. It is used in Spanish for:

- Descriptions in the past:
  *El camping **era** muy tranquilo.*
  The campsite **was** very quiet.

- Repeated actions in the past:
  ***Tenía** clases de baile cada semana.*
  I had dance classes every week.

- What people used to do:
  *Antes **jugaba** al fútbol pero ahora hago kárate.*
  Before **I used to play** football but now I do karate.

How does it work?

- The **imperfect tense** is formed by taking the infinitive of a verb, removing the infinitive endings (–ar, –er, –ir) and then adding the following endings. Note that –er and –ir verbs take the same endings in the imperfect.

	jugar (to play)	**hacer** (to do / make)	**vivir** (to live)
(yo)	jugaba	hacía	vivía
(tú)	jugabas	hacías	vivías
(él/ella/usted)	jugaba	hacía	vivía
(nosotros/as)	jugábamos	hacíamos	vivíamos
(vosotros/as)	jugabais	hacíais	vivíais
(ellos/ellas/ustedes)	jugaban	hacían	vivían

- There are three verbs that are irregular in the imperfect tense.

	ir (to go)	**ser** (to be)	**ver** (to see)
(yo)	iba	era	veía
(tú)	ibas	eras	veías
(él/ella/usted)	iba	era	veía
(nosotros/as)	íbamos	éramos	veíamos
(vosotros/as)	ibais	erais	veíais
(ellos/ellas/ustedes)	iban	eran	veían

- The imperfect tense of **hay** ('there is/are', from the verb *haber*) is **había** (there was/were). *Había* is useful for describing things in the past and saying what things used to be like.

  *En el hotel **había** una piscina.*
  In the hotel **there was** a swimming pool.

- However, if you are talking about a completed action in the past, you use the **preterite tense**:

  ***Llegué** tarde al trabajo porque **hubo** un accidente.*
  I arrived late to work because **there was** an accident.

Preparados

1 Translate the sentences into English.

1 La pensión estaba cerca de la playa.
2 El albergue juvenil no tenía piscina.
3 Mi escuela primaria era muy pequeña.
4 La gente era muy simpática.
5 La habitación estaba sucia.
6 No había ni champú ni jabón.
7 Las vistas eran preciosas.
8 La ducha no funcionaba.

Listos

2 Complete the sentences with the correct form of the imperfect tense. Then translate the sentences into English.

1 Cuando **era / tenía** más pequeña **jugaba / hacía** deportes acuáticos.
2 En verano **íbamos / teníamos** a la playa, donde **jugábamos / hacíamos** al voleibol.
3 Cuando **tenía / estaba** doce años **era / había** miembro de un equipo de balonmano.
4 Los sábados **veía / montaba** a caballo y a veces **iba / tenía** a un partido de fútbol.
5 Antes no **era / jugaba** muy deportista y nunca **estaba / jugaba** al baloncesto.
6 Mi hermano **era / veía** películas en casa, pero yo **iba / montaba** al cine.

3 Complete the sentences with the correct verb from the box.

| era | llevaban | había | veía | hacía | iba |

1 La montaña rusa ____ muy grande. ¡Qué miedo!
2 En mi escuela primaria los alumnos no ____ uniforme.
3 ____ ratas en la cama. ¡Qué horror!
4 Antes ____ atletismo, pero ahora prefiero el rugby.
5 ____ al insti en coche, pero ahora voy a pie.
6 Siempre ____ mi telenovela favorita, pero ya no.

¡Ya!

4 Complete the sentences with the correct form of the imperfect tense. Then translate the sentences into English.

1 Las tiendas ____ muy cerca del camping. *(estar)*
2 Siempre ____ mucha gente en la playa. *(haber)*
3 El hotel ____ lujoso y ____ una piscina climatizada. *(ser, tener)*
4 Mi amiga y yo ____ natación todos los días y ____ al tenis los lunes. *(hacer, jugar)*
5 ¿Y tú? ¿Dónde ____ cuando ____ nueve años? *(vivir, tener)*
6 Antes mis padres ____ aficionados del Barça y ____ todos los partidos. *(ser, ver)*

doscientos diecisiete

Gramática Para sacar buena nota
The future tense

What is the future tense?
The future tense is used to describe what **will happen** in the future.
    Mañana iré al cine.   Tomorrow **I will go** to the cinema.

How does it work?
To form the future tense of most verbs, you take the infinitive of the verb and add the following endings (these are the same for –ar, –er and –ir verbs):

(yo)	ser**é**
(tú)	ser**ás**
(él/ella/usted)	ser**á**
(nosotros/as)	ser**emos**
(vosotros/as)	ser**éis**
(ellos/ellas/ustedes)	ser**án**

- Some verbs have irregular stems in the future tense. You need to use these **stems** instead of the infinitive, but the endings are the same as for regular verbs.

decir	to say	→ **dir**é, **dir**ás, …	salir	to leave / go out	→ **saldr**é, **saldr**ás, …
hacer	to do / make	→ **har**é, **har**ás, …	tener	to have	→ **tendr**é, **tendr**ás, …
poder	to be able to	→ **podr**é, **podr**ás, …	venir	to come	→ **vendr**é, **vendr**ás, …
poner	to put	→ **pondr**é, **pondr**ás, …			

- The future tense of *haber* is **habrá** (there will be).

Preparados

1 Look at Daniela's plans for the week. For each day, write a sentence in the 'I' *(yo)* form of the future tense.

Example: El lunes **haré vela**.

> lunes – hacer vela
> martes – ir a la playa
> miércoles – salir con amigos
> jueves – jugar al pádel
> viernes – tener una clase de salsa
> sábado – ¡descansar!

Listos

2 Complete the sentences with the correct form of the future tense. Then translate the sentences into English.

1. ¿A qué hora **llegarás / llegaréis / llegarán** mañana? *(tú)*
2. En febrero **haremos / haréis / hará** esquí. *(vosotros)*
3. El viernes **bailará / bailaré / bailaremos** en la discoteca. *(nosotros)*
4. En el futuro **tendrás / tendré / tendrán** muchos hijos. *(yo)*
5. Los alumnos **podrán / podrá / podré** comer chicle en clase. *(ellos)*

¡Ya!

3 Predict the future! Make up future tense sentences using the verbs below. Take care to use the correct ending, and watch out for verbs with an irregular stem!

En el futuro…

1. Yo *(vivir)*…
2. Mi hermano/a *(hacer)*…
3. Mi familia *(visitar)*…
4. Los alumnos *(poder)*…
5. El insti *(tener)*…
6. Mi ciudad *(ser)*…

Gramática Para sacar buena nota
The imperative

What is the imperative?
The imperative is used to tell people to do things ('Turn left', 'Don't do that!'). It is particularly useful for giving instructions and directions.

How does it work?
The imperative has a different form depending on whether the command is positive ('Sit down!') or negative ('Don't sit down!') and who you are talking to.

Positive imperatives
- The positive imperative for one person (*tú*) is formed by removing the *–s* from the *tú* form of the verb.

  mirar → (tú) miras → ¡Mira!   Look!
  leer → (tú) lees → ¡Lee!   Read!
  escribir → (tú) escribes → ¡Escribe!   Write!

- These verbs have irregular imperatives in the *tú* form:

  decir → di   say
  hacer → haz   do
  ir → ve   go
  poner → pon   put

  salir → sal   leave / get out
  tener → ten   have
  venir → ven   come

- The positive imperative for more than one person (*vosotros/as*) is formed by taking the infinitive and changing the *–r* to a *–d*.

  escuchar → ¡Escuchad!   Listen! (you plural)

Negative imperatives
- To tell someone **not** to do something, you use a form of the verb called the present subjunctive. For most regular verbs it works like this:

  –ar verbs   hablar → ¡No hables!   Don't talk! (you singular)
  ¡No habléis!   Don't talk! (you plural)
  –er / –ir verbs   comer → ¡No comas!   Don't eat! (you singular)
  abrir → ¡No abráis!   Don't open! (you plural)

Preparados

1 Make these statements into positive *tú* commands. Then translate each one into English.

1 ____ más fruta. (*comer*)
2 ____ la primera calle a la derecha. (*tomar*)
3 ____ los deberes. (*hacer*)
4 ____ las fotos en Facebook. (*compartir*)
5 ____ español, por favor. (*hablar*)
6 ____ el regalo. (*abrir*)
7 ____ la calle. (*cruzar*)
8 ¡____ aquí! (*venir*)

Listos

2 Re-write the statements in exercise 1 using *vosotros/as* commands.

Example: **1** *Comed más fruta.*

¡Ya!

3 Translate these negative commands into English. For each one write 'singular' or 'plural'.

1 No comáis chicle en clase.
2 No pases los semáforos.
3 No corras en los pasillos.
4 No uséis el ascensor.
5 No bebas demasiada leche.
6 No habléis en la biblioteca.

doscientos diecinueve

Gramática Para sacar buena nota
Comparatives and superlatives

What are comparatives and superlatives?
You use **comparatives** to say that one thing is bigger, better, more expensive, etc. than another.
You use **superlatives** to say that something is the biggest, the best, the most expensive etc.

How do they work?
- The **comparative** is formed by making a 'sandwich' around the adjective:
  - *más* + adjective + *que* (more … than)
    La física es *más útil que* la biología. Physics is **more useful than** biology.
  - *menos* + adjective + *que* (less … than / not as … as)
    Bea es *menos inteligente que* Rosa. Bea is **less intelligent than** Rosa.
  - *tan* + adjective + *como* (as … as)
    Barcelona es *tan cara como* Madrid. Barcelona is **as expensive as** Madrid.
- The **superlative** is formed by using the following construction:
  el/la/los/las + *más/menos* + adjective
  Mi profesor de química es *el más serio*. My chemistry teacher is **the most serious**.
- With both comparatives and superlatives, the adjective must agree with the noun being described.
- Some comparatives and superlatives are irregular:

adjective	comparative	superlative	
bueno (*good*)	mejor (*better*)	el / la mejor	los / las mejores (*the best*)
malo (*bad*)	peor (*worse*)	el / la peor	los / las peores (*the worst*)

Preparados

1 Use words from the box to compare the two things in each sentence. There may be more than one correct answer and you can use each word more than once. Then translate the sentences into English.

1 Málaga es ____ bonita ____ Brighton.
2 La ciudad es ____ tranquila ____ el campo.
3 Las revistas son ____ aburridas ____ los libros.
4 Ir al cine es ____ barato ____ ver la tele.
5 Mi profe de español es ____ divertido ____ mi profe de inglés.

> más
> menos
> tan
> que
> como

Listos

2 Write a sentence comparing each pair of things. Make sure the adjective agrees with the first noun.

1 Inglaterra / España (*smaller*)
2 los aviones / los trenes (*quicker*)
3 un móvil / una tableta (*as useful*)
4 una pensión / un hotel (*less expensive*)
5 la música / el teatro (*better*)
6 los vaqueros / el uniforme (*more comfortable*)

¡Ya!

3 Unjumble these superlatives and translate them into English.

1 más simpática la Teresa es
2 religión de peor es profe la Mi
3 madre menos Mi paciente la es
4 amigos Mis son mejores los
5 guapo el es Iñaki más
6 el joven hermano es Tu más

doscientos veinte

Possessive and demonstrative adjectives

Possessive adjectives
What are possessive adjectives?
Possessive adjectives are words like 'my', 'your' and 'his'. We use them to say who something belongs to.

How do they work?
- Possessive adjectives have to agree with the noun they are describing. Most have two forms, singular and plural, but *nuestro* (our) and *vuestro* (your – plural) also have masculine and feminine forms.

	singular	plural
my	mi	mis
your (singular)	tu	tus
his/her/its	su	sus
our	nuestro/nuestra	nuestros/nuestras
your (plural)	vuestro/vuestra	vuestros/vuestras
their	su	sus

mis videojuegos — my computer games
vuestra casa — your (plural) house
nuestros padres — our parents

Demonstrative adjectives
What are demonstrative adjectives?
Demonstrative adjectives are words like 'this, 'that and 'those'. They are used with nouns to indicate which thing or person you are talking about.

How do they work?
- Demonstrative adjectives have to agree with the noun they are describing:

	singular		plural	
	masculine	feminine	masculine	feminine
this / these	este	esta	estos	estas
that / those	ese	esa	esos	esas
that / those … over there	aquel	aquella	aquellos	aquellas

esta película — this film
esos zapatos — those shoes
aquellas tiendas — those shops over there

- The difference between *ese* and *aquel* is that *aquel* refers to something further away.

Listos

1 Choose the correct possessive adjective. Then translate the sentences into English.
1 **Nuestro / Nuestra** tía es alta.
2 **Mi / Mis** abuelos viven en York.
3 Juan perdió **su / sus** llaves.
4 **Tus / Tu** zapatos están sucios.
5 Nunca usan **sus / su** coche.
6 **Vuestro / Vuestra** insti es feo.
7 No me gustan **su / sus** amigos.
8 ¿Cuándo es **tu / tus** cumpleaños?

¡Ya!

2 Write the correct demonstrative adjective. Make sure it agrees with the noun!
1 ____ revistas *(these)*
2 ____ hotel *(that)*
3 ____ niños *(those)*
4 ____ playa *(this)*
5 ____ bar *(that … over there)*
6 ____ sandalias *(those)*
7 ____ cinturón *(this)*
8 ____ casas *(those … over there)*

doscientos veintiuno **221**

Verb tables

Regular verbs

infinitive	See page 214 for Spanish pronouns (used for emphasis)	present	near future	preterite	imperfect	future	present / past participle
hablar – to speak	I	habl**o**	voy a hablar	habl**é**	habl**aba**	hablar**é**	(estoy) habl**ando**
	you	habl**as**	vas a hablar	habl**aste**	habl**abas**	hablar**ás**	
	he/she/you (polite)	habl**a**	va a hablar	habl**ó**	habl**aba**	hablar**á**	(he) habl**ado**
	we	habl**amos**	vamos a hablar	habl**amos**	habl**ábamos**	hablar**emos**	
	you (plural)	habl**áis**	vais a hablar	habl**asteis**	habl**abais**	hablar**éis**	
	they/you (polite plural)	habl**an**	van a hablar	habl**aron**	habl**aban**	hablar**án**	
comer – to eat	I	com**o**	voy a comer	com**í**	com**ía**	comer**é**	(estoy) com**iendo**
	you	com**es**	vas a comer	com**iste**	com**ías**	comer**ás**	
	he/she/you (polite)	com**e**	va a comer	com**ió**	com**ía**	comer**á**	(he) com**ido**
	we	com**emos**	vamos a comer	com**imos**	com**íamos**	comer**emos**	
	you (plural)	com**éis**	vais a comer	com**isteis**	com**íais**	comer**éis**	
	they/you (polite plural)	com**en**	van a comer	com**ieron**	com**ían**	comer**án**	
vivir – to live	I	viv**o**	voy a vivir	viv**í**	viv**ía**	vivir**é**	(estoy) viv**iendo**
	you	viv**es**	vas a vivir	viv**iste**	viv**ías**	vivir**ás**	
	he/she/you (polite)	viv**e**	va a vivir	viv**ió**	viv**ía**	vivir**á**	(he) viv**ido**
	we	viv**imos**	vamos a vivir	viv**imos**	viv**íamos**	vivir**emos**	
	you (plural)	viv**ís**	vais a vivir	viv**isteis**	viv**íais**	vivir**éis**	
	they/you (polite plural)	viv**en**	van a vivir	viv**ieron**	viv**ían**	vivir**án**	

Irregular verbs

infinitive		present	near future	preterite	imperfect	future	present / past participle
dar – to give	I	**doy**	voy a dar	**di**	daba	daré	(estoy) dando
	you	das	vas a dar	**diste**	dabas	darás	
	he/she/you (polite)	da	va a dar	**dio**	daba	dará	(he) dado
	we	damos	vamos a dar	**dimos**	dábamos	daremos	
	you (plural)	**dais**	vais a dar	**disteis**	dabais	daréis	
	they/you (polite plural)	dan	van a dar	**dieron**	daban	darán	
decir – to say	I	**digo**	voy a decir	**dije**	decía	**diré**	(estoy) diciendo
	you	**dices**	vas a decir	**dijiste**	decías	**dirás**	
	he/she/you (polite)	**dice**	va a decir	**dijo**	decía	**dirá**	(he) **dicho**
	we	decimos	vamos a decir	**dijimos**	decíamos	**diremos**	
	you (plural)	decís	vais a decir	**dijisteis**	decíais	**diréis**	
	they/you (polite plural)	**dicen**	van a decir	**dijeron**	decían	**dirán**	

doscientos veintidós

Verb tables

infinitive	See page 214 for Spanish pronouns (used for emphasis)	present	near future	preterite	imperfect	future	present / past participle
estar – to be	I you he/she/you (polite) we you (plural) they/you (polite plural)	**estoy** **estás** **está** estamos estáis **están**	voy a estar vas a estar va a estar vamos a estar vais a estar van a estar	**estuve** **estuviste** **estuvo** **estuvimos** **estuvisteis** **estuvieron**	estaba estabas estaba estábamos estabais estaban	estaré estarás estará estaremos estaréis estarán	(estoy) estando (he) estado
hacer – to do / make	I you he/she/you (polite) we you (plural) they/you (polite plural)	**hago** haces hace hacemos hacéis hacen	voy a hacer vas a hacer va a hacer vamos a hacer vais a hacer van a hacer	**hice** **hiciste** **hizo** **hicimos** **hicisteis** **hicieron**	hacía hacías hacía hacíamos hacíais hacían	**haré** **harás** **hará** **haremos** **haréis** **harán**	(estoy) haciendo (he) **hecho**
ir – to go	I you he/she/you (polite) we you (plural) they/you (polite plural)	**voy** **vas** **va** **vamos** **vais** **van**	voy a ir vas a ir va a ir vamos a ir vais a ir van a ir	**fui** **fuiste** **fue** **fuimos** **fuisteis** **fueron**	**iba** **ibas** **iba** **íbamos** **ibais** **iban**	iré irás irá iremos iréis irán	(estoy) **yendo** (he) **ido**
poder – to be able / can	I you he/she/you (polite) we you (plural) they/you (polite plural)	**puedo** **puedes** **puede** podemos podéis **pueden**	voy a poder vas a poder va a poder vamos a poder vais a poder van a poder	**pude** **pudiste** **pudo** **pudimos** **pudisteis** **pudieron**	podía podías podía podíamos podíais podían	**podré** **podrás** **podrá** **podremos** **podréis** **podrán**	(estoy) **pudiendo** (he) podido
poner – to put	I you he/she/you (polite) we you (plural) they/you (polite plural)	**pongo** pones pone ponemos ponéis ponen	voy a poner vas a poner va a poner vamos a poner vais a poner van a poner	**puse** **pusiste** **puso** **pusimos** **pusisteis** **pusieron**	ponía ponías ponía poníamos poníais ponían	**pondré** **pondrás** **pondrá** **pondremos** **pondréis** **pondrán**	(estoy) poniendo (he) **puesto**

doscientos veintitrés

Verb tables

infinitive	See page 214 for Spanish pronouns (used for emphasis)	present	near future	preterite	imperfect	future	present / past participle
salir – to go out / leave	I	**salgo**	voy a salir	salí	salía	**saldré**	(estoy) saliendo
	you	sales	vas a salir	saliste	salías	**saldrás**	
	he/she/you (polite)	sale	va a salir	salió	salía	**saldrá**	(he) salido
	we	salimos	vamos a salir	salimos	salíamos	**saldremos**	
	you (plural)	salís	vais a salir	salisteis	salíais	**saldréis**	
	they/you (polite plural)	salen	van a salir	salieron	salían	**saldrán**	
ser – to be	I	**soy**	voy a ser	**fui**	**era**	seré	(estoy) siendo
	you	**eres**	vas a ser	**fuiste**	**eras**	serás	
	he/she/you (polite)	**es**	va a ser	**fue**	**era**	será	(he) sido
	we	**somos**	vamos a ser	**fuimos**	**éramos**	seremos	
	you (plural)	**sois**	vais a ser	**fuisteis**	**erais**	seréis	
	they/you (polite plural)	**son**	van a ser	**fueron**	**eran**	serán	
tener – to have	I	**tengo**	voy a tener	**tuve**	tenía	**tendré**	(estoy) teniendo
	you	**tienes**	vas a tener	**tuviste**	tenías	**tendrás**	
	he/she/you (polite)	**tiene**	va a tener	**tuvo**	tenía	**tendrá**	(he) tenido
	we	tenemos	vamos a tener	**tuvimos**	teníamos	**tendremos**	
	you (plural)	tenéis	vais a tener	**tuvisteis**	teníais	**tendréis**	
	they/you (polite plural)	**tienen**	van a tener	**tuvieron**	tenían	**tendrán**	
venir – to come	I	**vengo**	voy a venir	**vine**	venía	**vendré**	(estoy) **viniendo**
	you	**vienes**	vas a venir	**viniste**	venías	**vendrás**	
	he/she/you (polite)	**viene**	va a venir	**vino**	venía	**vendrá**	(he) venido
	we	venimos	vamos a venir	**vinimos**	veníamos	**vendremos**	
	you (plural)	venís	vais a venir	**vinisteis**	veníais	**vendréis**	
	they/you (polite plural)	**vienen**	van a venir	**vinieron**	venían	**vendrán**	
ver – to see / watch	I	**veo**	voy a ver	**vi**	**veía**	veré	(estoy) viendo
	you	ves	vas a ver	viste	**veías**	verás	
	he/she/you (polite)	ve	va a ver	**vio**	**veía**	verá	(he) **visto**
	we	vemos	vamos a ver	vimos	**veíamos**	veremos	
	you (plural)	veis	vais a ver	visteis	**veíais**	veréis	
	they/you (polite plural)	ven	van a ver	vieron	veían	verán	

doscientos veinticuatro